中国少数民族设计全集

The Design Collection of Chinese Ethnic Minorities

高山族

中国少数民族设计全集编纂委员会 编

山西人民出版社　人民美术出版社

图书在版编目（CIP）数据

中国少数民族设计全集.高山族/中国少数民族设计全集编纂委员会编；李豫闽，罗礼平著.—太原：山西人民出版社，2019.7
ISBN 978-7-203-10849-8

Ⅰ.①中… Ⅱ.①中…②李…③罗… Ⅲ.①高山族-民族文化-研究-中国 Ⅳ.①K28

中国版本图书馆CIP数据核字（2019）第097120号

中国少数民族设计全集.高山族

编　　者：	中国少数民族设计全集编纂委员会
著　　者：	李豫闽　罗礼平
责任编辑：	阎卫斌
复　　审：	刘小玲
终　　审：	秦继华
装帧设计：	谢　成

出 版 者：	山西人民出版社　人民美术出版社
地　　址：	太原市建设南路21号
邮　　编：	030012
发行营销：	0351-4922220　4955996　4956039　4922127（传真）
天猫官网：	https://sxrmcbs.tmall.com　电话：0351-4922159
E — mail：	sxskcb@163.com　发行部 sxskcb@126.com　总编室
网　　址：	www.sxskcb.com

经 销 者：	山西出版传媒集团·山西人民出版社
承 印 者：	山西出版传媒集团·山西新华印业有限公司
开　　本：	889mm×1194mm　1/16
印　　张：	21.75
字　　数：	257千字
印　　数：	1—1 000册
版　　次：	2019年7月　第1版
印　　次：	2019年7月　第1次印刷
书　　号：	ISBN 978-7-203-10849-8
定　　价：	300.00元

如有印装质量问题请与本社联系调换

中国少数民族设计全集编纂委员会

总　主　编　（按年龄排序）
　　　　　　张夫也　王立端　戴晋明　廖　军　王　琥　李豫闽　过伟敏　顾　平
　　　　　　王　强　李　岗
执行主编　　王　琥
编务统筹　　张明山

中国少数民族设计全集编辑工作委员会

主　　任　　刘伟冬
编　　委　　（排名不分先后）
　　　　　　王　琥　王　峰　王　强　王立端　王浩滢　白　波　过伟敏　许　星
　　　　　　许边疆　李　岗　李　丽　李豫闽　成光虎　肖　飞　余　强　汪传跃
　　　　　　罗　力　杨明朗　陈　述　陈见东　邱　珂　胡万明　顾　平　郑　静
　　　　　　郭立忠　姬　莹　张夫也　张泽国　张明山　张秋平　张耀引　梁盛平
　　　　　　樊　进　谢　玮　熊　伟　熊　微　熊建新　蔡克中　葛　芳　鞠　斐
　　　　　　魏　洁　廖　军　戴晋明

中国少数民族设计全集出版工作委员会

主　　任　　胡彦威　周　伟
执行主任　　姚　军　欧京海
编务统筹　　阎卫斌　周小龙
编　　辑　　（排名不分先后）
　　　　　　王新斐　史美珍　冯　昭　冯灵芝　吉　昊　吕绘元　刘小玲　任秀芳
　　　　　　孙　琳　孙宇欣　李广洁　李建业　李　靖　员荣亮　张小芳　张志杰
　　　　　　张书剑　何赵云　陈俞江　吴春华　武　静　周小龙　柳承旭　郝文霞
　　　　　　赵　玉　赵晓丽　席　青　秦继华　高　雷　郭向南　阎卫斌　崔人杰
　　　　　　傅晓红　蔡咏卉　翟丽娟　樊　中　薛正存　魏　红　魏美荣
整体设计　　谢　成

中国少数民族设计全集·高山族

本册著者 李豫闽 罗礼平

参与撰写 方泽明 郭希彦 翁东翰 何 慧 叶成闻
朱 琳 柯芳怡 郑婷婷 詹黎明 毛 翔
王雪姣 韩学红 刘 颖 王 琳 邓雯静
许东仪 林 蕾 陈 茜 林宏健

求同存异　和合共荣

刘伟冬

中华民族，是一个由56个民族组成的大家庭。在漫长的文明发展史中，汉族和各少数民族都为中华文明的繁荣发展贡献了自己的聪明才智。纵观中华文明史，其实就是一部各族群之间"求同存异，和合共荣"的文化演进史。

从根子上讲，4000年前的"中国"，仅指北方中原地区，居住在这里的相传是上古时期黄帝部落和炎帝部落的后裔，故而自称"炎黄子孙"。其时的"中国"，不过是黄河中下游（西起陇山，东至泰山）区域。在千年发展与民族融合之后，尤其是晋末"衣冠南渡"，南迁的中原汉族与南方百越民族彻底融合，来自北方的鲜卑等民族融入汉族，使汉族前所未有地壮大发展，逐渐形成后来疆域辽阔、人口众多、物产繁盛、文化昌明的中华民族的主体族群。特别值得强调的是，自从作为一个民族整体之后，中华民族就从未中断过自己的民族发展史——这在世界历史上是硕果仅存、独一无二的。

中华民族具备兼容并蓄、虚心好学的民族天性。仅以设计学范畴的事例讲：在数千年文明发展历史中，中华民族在不断向外输出优秀的文明成果（如烧造之陶瓷砖瓦、营造之榫卯斗拱、织造之丝绸刺绣、锻造之"失蜡"分模等），影响全人类的日

常生活与生产方式的同时，也不断地吸纳域外各民族的优秀文明成果，如汉魏之印度佛教和西域音乐、隋唐之西亚服饰和家具、宋元之东洋印染和漆艺、明清之西洋机器与建筑……在中华民族内部，这样的文化交流更是从未停止过，而且是风生水起、枝繁叶茂，愈发流畅、深入，中华民族各族群之间"求同存异，和合共荣"的文化大演进，共同创造了中华民族极为灿烂辉煌的造物文明历史。仍以设计学范畴为例：原本是匈奴人发明的单足绳圈，被晋代的汉族人设计成铁质双镫；最早是鲜卑人原创的毡毯卷边，被晋代的汉族人改造成"高桥马鞍"，这宗中国式马具设计案例，被誉为"13世纪中国传入欧洲的最重要文化成果"（李约瑟语）。再如，西域（今新疆地区）是全世界最早的皮靴生产地，哈尼族为主的红河地区出现了全世界最早的梯田。再如，全世界最早的"干栏式建筑"和全世界最早的稻米人工育种、栽培，均起源于长江中下游的百越地区；全世界最早的竹藤编结器物起源于闽越地区……由中华民族共同创造、发明，后来又影响了全人类文明进程的优秀造物设计案例很多，不胜枚举。几千年中华民族的文明史，就是各种文化多元融合、共同发展的最好例证。不了解中华民族内部各族群的文明交流史，就无法真正理解中国文化史，也不能理解为什么中华民族总是能在逆境中成长强大。甚至可以说，能否完整地理解中华民族的文化史，是检验每一个当代中国知识分子（特别是文史哲专业的学者）文化立场的"试金石"。

随着改革开放的逐渐深入，各民族地区的经济与社会状态已发生了天翻地覆的变化。令人遗憾和担心的是，由于各地区政策执行力度不平衡，保护措施不得力，少数民族的文化特性正在逐步衰退，有些地区的少数民族文化特征甚至已经消失殆尽，仅仅

存在于徒具形式，充满口号、标语的民族文化村旅游景点中。有学者预言，再不加快整理抢救工作，中国的少数民族可能在物质形态和文化内涵的特征上，若干年后将不复存在。

从少数民族地区反映古代中国社会某些面貌的文化遗存看，这些少数民族之所以一直与汉族地区差距巨大，存在多方面的原因，其中历代汉族统治者对少数民族的歧视政策是主要原因。此外这些地区本身就处于偏僻荒地，不是沙漠就是山区，自然条件远不及汉族聚集地区，社会发展水平滞后。20世纪50年代，有相当比例的少数民族在当时仍处于原始农耕社会或奴隶制社会，不要说通电、通水、通汽车，不少人一辈子连铁器长什么样都没见过。部分少数民族聚集地的各种自然条件也较差，缺肥少水，基本生活来源，一靠老天爷恩赐的"望天收"农作物；二靠家庭手工作坊制作些竹藤编结物和土织、土陶等土特产来换取粮食；三靠养猪、兔、羊和鸡、鸭、鹅等家禽来换取日用品，如灯油、农具、衣物和油盐酱醋等；四靠为土司、头人和大户们出卖劳力（社会底层奴隶身份），年老即被抛弃。中华人民共和国成立后，党和政府在这些地区实行社会主义改造，打倒以土司、巫师和头人为首的剥削阶级，将土地和生产资料一律收归集体所有，解放了全体少数民族民众，使他们历史上第一次有了自由劳作和生活的权利。

中华人民共和国成立之初，党和政府就高度关注民族事务问题，为如何保护、关心各少数民族制定了一系列方针、政策，也为当代中国社会处理民族问题、保护民族文化树立了光辉典范。中央人民政府政务院于20世纪50年代初发布了《关于民族事务的几项决定》，为新中国民族政策奠定了最初的思想基础，其主要内容是：一、各大行政区军政委员会（人民政府）须指导各有关

省、市、行署人民政府认真推行民族区域自治及民族民主联合政府的政策和制度，并随时向政务院报告推行经验，请示者须事前向政务院请示。二、各大行政区军政委员会（人民政府）须指导各有关省、市、行署人民政府认真并有计划地实行政务院在1950年颁发的《培养少数民族干部试行方案》，并将该项工作进行情况定期加以检查，每半年向政务院报告一次。中央民族学院及西北、西南、中南各军政委员会和新疆省人民政府的民族学院，必须依计划实行，并向政务院报告。三、政务院于1951年下半年适当时间将同时召开有关少数民族的卫生、教育及贸易三个专业会议，责成政务院文教委员会、中财委指导中央卫生部、教育部、贸易部开始筹备，并责成中央民族事务委员会协助进行。有关部门如农业部、文化部也须派人参加。四、责成中央人民政府各委、部、会、院、署、行注意建立有关民族事务的业务。五、在政务院文教委员会内设民族语言文字研究指导委员会，指导和组织少数民族语言文字的研究工作，帮助尚无文字的民族创立文字，帮助文字不完备的民族逐渐充实其文字。六、扩大中央民族事务委员会委员名额，责成中央民族事务委员会提出补充名单的建议，并于1951年下半年召开中央民族事务委员会扩大会议，检查与总结关于推行民族区域自治及民族民主联合政府的经验。

20世纪50年代，中央人民政府和政务院，曾多次组织"中央慰问团""土改工作队"和"普查工作队"等，花费大量人力和物力，深入各少数民族地区，进行了大量较为翔实的社会历史调查。50年代这轮由政府统筹、由中央民委组织行政领导和人类学、社会学专家学者以及民族同志组成工作队与考察队的少数民族大考察活动，1953年正式启动，1956年结束（个别地区延期至1958年才结束）。直接成果之一，就是为1956年国务院公布的55

个少数民族的正式定名和划分，提供了可靠的依据。

从当时考察的资料看，各少数民族的社会发展水平参差不齐，不少民族呈现类似汉族曾经历过的各种历史发展状况，为我们今天考察、了解并研究过去的历史以及各学术分支问题，提供了绝好的活体范本。比如以"设计发生学"研究为例，以山寨（村落）为主的初级社会组织形态，原始手工业在农耕环境中的地位，原始造物的手工技艺与设备、工具等，都是我们极感兴趣的研究对象。

在西北、西南和东北各少数民族聚集地区，有些古时流传下来的本民族手工造物技术，迄今仍保存良好。其吸收了汉族和其他兄弟民族的技术长处之后演变出来的各时段手工造物技术，则印证了各民族互相融合、取长补短的史实。更有些原始手工艺，特别具有艺术和历史研究价值。以维吾尔族人为例，本世纪初，笔者在新疆喀什城艾格孜艾日克老街看到几样手工艺绝活：其一是整条街的维吾尔族乐器店，除了热瓦普、曼陀林和冬不拉等少数维吾尔族知名乐器外，全是些笔者叫不上名来却似曾相识的弹拨乐器和拉弦乐器，于是从心里认可了"西域古乐成就了中国传统民乐"这句话所言不谬。其二是亲眼所见一个拖着鼻涕的不到10岁的维吾尔族小男孩，拿着电砂轮在铜壶上信手飞快地刻着精美细腻的图案，一不要底稿，二没有图纸，真是佩服得五体投地，也相信了"汉族人长于热铸，西域人长于冷锻"这个说法。其三是在喀什近郊著名的大巴扎"金器一条街"上看见近百家金店生意红火，家家门前毡毯上都围坐着一群金店伙计和顾客，正在热烈讨论、共同设计着花样繁多的未来金饰嫁妆，感受到了"中国传统样式的金银首饰工艺，最富有创意的设计和最先进的工艺制作，原来在维吾尔族人手里"这句大实话。还有，笔者

求同存异　和合共荣

在云南景洪县城集市上，曾亲眼见过景颇族老乡用古老的"焖烧法"烧出的红彤彤的土陶——跟笔者一知半解的仰韶彩陶的烧制工艺几乎一模一样。还有，笔者在大西北甘陕宁各省亲眼所见的回族、保安族、裕固族和东乡族老乡巧手做出的那些花样繁多、样式复杂的面塑造型，真是个个精妙绝伦。这方面的事例实在太多了。

50年代的少数民族地区社会大普查，以及半个多世纪以来社会各界对其丰富而珍贵的考察、研究，意义深远，价值极为重大。这些地区客观上保存的较为完整的、与数千年前中国原始社会最初形态近似的许多社会特征，为我们研究社会的最初形态形成和当时的经济、文化、政治的基本状况以及"设计发生学"的相关课题，提供了珍贵的类型学"活化石"范本，价值非凡。改革开放以来，这些少数民族地区也获得了前所未有的巨大发展，人民生活日新月异；但与此同时，少数民族地区的民族性在不可避免地愈发衰减、退化，甚至消失。如果我们再不采取保护措施，若干年后，各少数民族的许多宝贵民族文化遗产将无法挽救地彻底消亡，这部分同属于全人类精神财富和中华民族集体智慧的宝藏，我们将再也看不到了。

在"设计发生学"问题上，我们一向秉持文化多元论的观点，认为人类文明是全世界人民共同创造的，各国家、地区、民族均做出过大小不一、形态各异的贡献；同理，中华民族的灿烂文明是中国的各族人民共同创造的，每个民族都对中华传统文化做出过贡献，也都应当得到尊敬和肯定。中国的各少数民族在中华文明漫长的演化过程中，都曾经以自己独特而充满智慧的文明成果，补充、完善甚至改良着中华文明。比如，古代西域的龟兹古国各民族创造或引自西亚的弹拨乐器和拉弦乐器以及音律、曲式，彻底改造了中国古代音乐，新创作出代表中国古乐精髓的江南丝竹；南疆的维吾尔族和北疆的哈萨克、塔塔尔、塔吉克等族首创了制革术，并引进古波斯革皮书籍装帧术和制靴术、制毡术、毛衣编结术；海南岛的黎族率先种植棉花并纺织棉布，传入内地后棉织业逐渐形成中国古代手工行业的"天下第一营生"……保护少数民族的民族文化特性，就是保护我们的历史遗产，就是传承我们的文明。我们应进一步发扬文化兼容的优良传统，把振兴中华的百年民族复兴梦，逐步落实为将大中华建设成为中国各民族共同拥有的美好家园。

由上千名来自全国各高等艺术院校的教授、研究生组成的55支团队参与编撰的《中国少数民族设计全集》（55卷），正是有识之士基于对各少数民族的民族文化特性正在快速衰减、消亡的严重现实问题的深切忧虑而进行的抢救、发掘、整理中国少数民族文化遗产的重要文化工程。经过两年精心筹划，六年努力写作，在国家出版基金管理部门的支持下，在山西人民出版社和人民美术出版社的策划和组织下，目前《中国少数民族设计全集》的书稿编撰工作已基本完成，即将付梓。在长达八年的漫长过程中，全国兄弟院校各团队涌现出的各种可歌可泣的事迹经常感动着笔者，并不时鞭策着全体作者克服千难万险，一路向前。有的分卷作者身患绝症仍不眠不休地忘我工作，有的分卷作者遭遇各种意外仍坚持工作。特别是，很多民族同志公而忘私、不计较个人得失，有人不惜将自己赚钱的企业关张歇业，全身心地投入各自所负责分卷的繁重编撰工作中；有人义无反顾地将自己珍藏多年的本民族实物、资料和研究成果无偿提供给相关分卷作者。大家万众一心，克服各种复杂得难以想象的困难，以确保这部凝聚了众人八年心血的巨著，能按计划如期完成。借此机会，笔者谨

求同存异　和合共荣

代表本丛书编委会全体成员,向领导、编辑和作者们表示衷心的感谢!

作为一项文化创举,笔者深信《中国少数民族设计全集》必将在未来岁月的长期检验中,愈发显现其非凡的、独特的文化价值。

2017年夏季于南京

前言

第一节 高山族的概念界定及地理分布

中国宝岛台湾，环海多山，美丽富饶，孕育滋养了高山族独树一帜的山地原始文化和他们勤劳、朴实、勇敢、无畏的民族性格。

1. 高山族的概念界定

高山族是中国56个民族之一，指台湾少数民族，亦称台湾原住民，包括泰雅、赛夏、布农、邹、鲁凯、排湾、卑南、阿美、雅美、邵、噶玛兰、太鲁阁、撒奇莱雅、赛德克等14个族群。

历史上对高山族的称呼普遍都与台湾当时的地名联系在一起。最早可追溯到三国时的"夷洲人"或"山夷"；隋朝时称"流求人"；宋元时称"琉球""流求"或"土人"；明代称"东番夷""淡水夷"；郑成功收复台湾后，称他们为"土番""土民"；清代称为"番族""番人"，称他们居住的地方为"番（蕃）社"，又以生产生活习俗和居住地的不同，分为"高山番""平埔番""东番""西番""南番""北番"以及"水沙连番""琅峤番""卑南觅番"等。西方人则称台湾少数民族为"福摩萨人"或"福摩萨土著"，意为"美丽岛上的土著民族"。明末，倭寇来到台湾西南部沿海，因为台湾岛上风光明媚，气候宜人，与日本播州海滨之地高砂相似，故称之为高砂。①丰臣秀吉1593年致国书给"高山国"以来，"高山国""高砂"这两个日语似音的称呼，就一直被日本人用来指称台湾，并以"高砂族"来称呼台湾的原住民。

1945年抗日战争胜利后，中国新闻媒体首次把"高砂族"改动

一字为"高山族",后为官方采用。中华人民共和国成立后,1953年全国人口普查中,国务院正式采用并公布了"高山族"这一名称,并在1954年在第一届全国人大确定高山族为第一批38个少数民族之一。②20世纪80年代台湾由于"原住民运动"的强烈要求,遂以"原住民"代替"山地山胞""平地山胞""高山族"等传统称呼。所以"原住民"之称,在台湾使用最为普遍,但大陆仍统称台湾少数民族为"高山族"。

2. 各族群的地理分布及自然地理特征

根据日本学者移川子之藏1935年所著的《台湾高砂族系统所属之研究》一书记载,当时台湾高砂族原住民有20多万人。其中,大约5万人在平原地带,混住于一般住民之间,后来几乎丧失了文化原形,一般称为平埔族。其余的大约15万人,分布于险峻的中央山地一带和东部平地,分别以"高山蕃"和"平地蕃"被一般人所认知。台湾高山族虽有语言,却没有文字;虽有传说,却仅止于口诵的资料。据台湾公布的高山族人口概况统计资料,截至2007年底,高山族人口总计48.4万人,占台湾总人口数的2.1%,呈逐年增加趋势。其中阿美、泰雅、排湾占高山族总人口数的70%。据各县市少数民族人口统计,花莲县约有9万人,数量最多,占县总人口数的26%;台东县约有8万人,占县总人口数的33.8%。③

高山族主要分布在台湾本岛的中部山区和东部纵谷平原以及兰屿岛上。在台湾12个县230个乡中,有30多个乡住有少数民族同胞,即台北县的乌来乡,宜兰县的大同、南澳乡,桃园县的复兴乡,新竹县的尖石、五峰乡,苗栗县的泰安乡,台中县的和平乡,南投县的信义、仁爱乡,嘉义县的吴凤乡,高雄市的桃源、三民、茂林乡,屏东县的三地、来义、春月、狮子、雾台、玛家、泰武、牡丹乡,台东县的海端、延平、金峰、达仁、兰屿乡,花莲县的秀林、万荣、卓溪乡。分布面积约1.6万平方公里,占台湾总面积的45%左右。原来一部分居于平

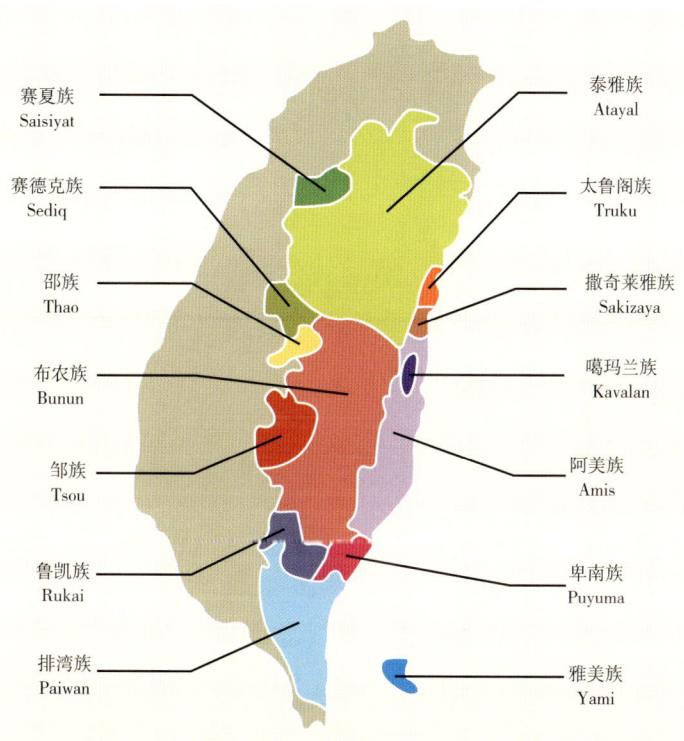

台湾高山族 14 个族群分布图

原和山麓丘陵地带称为"平埔族"的少数民族，因长期与汉族杂居，已与汉族很难区别。此外，还有数千高山族同胞散居在大陆福建、湖北、江西、山东、安徽、江苏、北京、上海等地。③

第二节　高山族各族群的历史及文化特征

高山族是台湾最早的居民。考古和文献资料证明，台湾与祖国大陆的文化有着密切的渊源关系。远古时期，台湾与大陆相连，后来因地壳运动，相连接的部分沉入海中，形成海峡，出现台湾岛。在台湾属于旧石器时代的人类遗迹"左镇人"化石和"长滨文化"

的发现，把高山族祖先的历史推溯到3万年前。

台湾有文字记载的历史可以追溯到三国时期，当时吴王孙权派将军卫温、诸葛直率领万人渡海到"夷洲"（台湾），就已与高山族的先民开始有了交往。7世纪初，隋朝大将陈稜率兵船到"流求"（台湾），《隋书卷六十四·列传第廿九·陈稜》称高山族先民"初见舡舰，以为商旅"，纷纷前往军中贸易，以精细洁白的"绢木皮布"向汉族商人换取铁制工具。宋代随着大陆航海业的发达，海峡两岸人民往来日益频繁，台湾的北港（云林）、鸡笼（基隆），已成为互市重要口岸。大陆汉族不断移入台湾，带去了先进的生产工具和技术，促进了当地社会经济的发展。明代，高山族先民的农业和狩猎已相当发达，他们已用铁链工具进行集体围猎，以剩余的鹿产品与大陆沿海居民贸易。清代，两岸的交流往来更加密切，高山族先民的社会经济有了更进一步的发展。

考古材料、历史文献以及民族学资料证明，高山族的先民主要来自祖国大陆东南沿海一带，是由大陆迁去的古越人的一支——闽越的后裔，但也融合了少数来自琉球群岛和菲律宾群岛等地的先民。高山族有自己的民族语言，属南岛语系印度尼西亚语族，与古越人语言一样，也是多音节的黏着语，不同于汉族一字一音的孤立语。但不同地区的各族群在语音、词汇、语法形态上差别很大。④

高山族人性情豪放、热情好客、重义尚武，更令人钦敬的是他们的团结精神，遇到外族侵侮时，便群起合力抵御。1895年，甲午中日战争战败后，清政府被迫签订了中日《马关条约》，将台湾岛割让给日本。日本侵略者凭借先进的武器、精良的装备登上台湾岛，岛上的民众奋起反抗。在侵占台湾的头五个月，日军伤亡人数高达10 841人，为中日甲午战争的4倍多。⑤在日据台湾的五十年间，台湾人民不断起义和反抗。日本统治者实施残酷的军事镇压和统治，敲骨吸髓的经济剥削，奴化教育的摧残，带给了包括高山族人民在内的台湾同胞无穷无尽的灾难，迫使他们掀起了无数次的起义和反抗斗争。千百年来，高山族人民和移居台湾的汉族人民一起，以勤劳的双手开发台湾，反抗外来侵略，维护祖国统一和领土完整。

1. 泰雅族⑥

泰雅是高山族中分布面积最广的一个族群，分布于北部中央山脉两侧，东至花莲太鲁阁，西至东势，北到乌来，南迄南投县仁爱乡。台湾地区 2009 年调查数据显示，泰雅群族（包括太鲁阁和赛德克二族群）有 112 524 人，仅次于阿美族群，是高山族中人口第二多的族群。⑦根据泰雅族传说，祖先起源于中央山脉大霸尖山一带的白石山，大约十八世纪时，开始往西北方向、东部及西南方向分散迁移，依其语言及风俗的不同可分为：赛德克、赛考列克、泽敖列三大群。其中赛德克群的一支，往东部迁移到今花莲一带，自称为"太鲁阁族"。

泰雅族素以男子勇武善猎，女子长于织布著称。昔日男女在脸部刺青，表示已成人或是荣誉的象征，同时在盛行猎首的当时，亦有辨识敌我的作用。该习俗自日据时期被严格禁止以后，已不复存，只有在居住深山中八十岁以上的老人脸上尚可见到。以泰雅族人从前的社会价值观来看，一个人脸上没有刺青是件羞耻的事，一个人必须能够忍过刺青时锥心彻骨之痛，才算得上是个成人。泰雅族社会中原来没有"头目"，每当族人需要一致行动时，大家才共商推举一位有能力的人为代表，这个代表者的地位并非恒久也非世袭。"头目"是日据时期，日本人为治理之便而产生的。

2. 赛夏族⑥

赛夏族分布于台湾北部中央山脉西侧新竹与苗栗的县界五峰乡、东河乡及狮潭乡。台湾地区 2009 年调查数据显示，其人口数为 5900 人，只占高山族人口总数的 1.15%。⑦四周为泰雅族及客家村落所环

绕，由于地缘关系，与平地汉人接触较频繁，受汉人和泰雅族之习俗影响亦深。根据语言学家的推测，赛夏族的语言是较古老的南岛语言，可能祖先到台湾的时间较早。

赛夏族是以取自于大自然的动植物或现象为其宗族的姓氏（19世纪中国清廷命其改从汉姓），如：日、风、樟、蟹、豆、丝、芎等姓氏。赛夏族人口数虽不多，但因其古老而神秘的"矮人传说"，每两年举行一次的矮灵祭典，近年来广受注目。

3. 布农族[6]

布农族从前分布在台湾中部中央山脉，海拔1500米的高山之上。台湾地区2009年的调查数据显示，其人口数为51 447人，在高山族中居第四位。[7]布农族曾经发生过二次的族群大迁徙，分布范围扩展，遍布于南投、高雄、花莲、台东等地。布农族又分为卓社、郡社、丹社、峦社、卡社五大社群。和泰雅族一样，布农族没有所谓的"头目"，而是以"推举能人"的方式产生领袖。父系氏族为主的大家族，平均一家人口十多人，最多也有二三十人共聚一堂之纪录。

布农人的始祖创生传说主要有以下几类：石生、动植物生、粪生和直接化鸟为人。粪生的传说在卓社群和峦社群相当普遍，所指的粪主要是犬粪和虫粪。这些起源传说也涉及了人的直立行走、男女结婚生子、火的获得、祖先迁移、工具和种植技术及种子的获取之道、祭祀的原因等问题。

相传从前布农族曾经有文字，却在一场大洪水中，兄弟俩分别带着先人留下的宝物避难，负责保管文字的哥哥不慎将文字丢失，从此布农族人便失去了文字。但是布农族拥有其他民族所没有的"画历"，以类似象形字的符号记载着农事、出猎等，是布农族先人所留下来珍贵的智慧遗产。1953年布农族的音乐曾经因日人黑泽隆朝在国际民族音乐学会上披露而大放异彩，自此深受民族音乐学界之重视，其中"祈祷小米丰收歌"是以多声部和音唱法，从低音渐高，一直唱到最高音域的和谐音，以美妙的和声娱悦天神，同时也依此判断当年小米之收成。

4. 邹族[6]

邹族旧称曹族，居住于中部中央山脉西侧，分布于物产丰富的阿里山乡至高雄市三民乡之狭长地带。台湾地区2009年调查数据显示，其人口数为6733人，[7]和布农族同样居处海拔较高之山区。一般所称的邹族，是由鹿族、伊姆兹、特富野、达邦、卡那卡那富及沙阿鲁阿6个部族所构成的。其中，前四个部族在语言和习俗方面大致上相同；后两个部族在语言和习俗方面与前四个部族差异性较大，所以前者被称为"北邹族"，后者被称为"南邹族"。北邹族居住在玉山以西，阿里山地区的南、北两边，所以又被称为"阿里山番"。家喻户晓的歌曲《高山青》"阿里山的姑娘美如水，阿里山的少年壮如山"就是以邹族人民的生活为背景创作的。

邹人在繁衍生息过程中，形成了众多口传历史、神话传说和传奇故事，如以山崩地裂说、树生说、神造说、神播种说、蛇生说、茅草说、泥造说为主的创世神话，以平原说、玉山说、洪水传说、海上漂来说为主的起源和迁徙神话，以及敌首神话等。邹族是父系氏族的社会，部落中的男子会所，是族人会商大事、举行祭典、训练男子的场所，禁止女性进入。邹族每年举行的"战祭"，原本是在战士出猎归来、男子成长仪式或房屋落成时举行的祭典，日据时代以后改为一年一次的小米祭，现在各村每年定期举行，将祭天神、去邪祈福及成年礼合并一起。祭典中的《迎神曲》《送神曲》等祭歌尚保留着邹族的古语，声调悠长缓慢，气氛庄严神圣。

5. 鲁凯族[6]

鲁凯族主要分布在台湾中央山脉南端山区。台湾地区2009年调

查数据显示，其人口数为11 850人。⑦鲁凯人主要居住在中央山脉南段东西两侧，西侧居住在海拔500~1000米的山区，有下三社群及西鲁凯群；东侧则为台东平原的边缘地带，有东鲁凯群(或称大南群)。下三社目前行政区属于高雄市茂林乡，包括茂林、万山、多纳三村。西鲁凯群目前行政区属于屏东县雾台乡，包括好茶、阿礼、去露、雾台、佳暮、大武；三地门乡，包括德文、青叶；玛家乡的三和村美园小区。

鲁凯族的社会组织与排湾族近似。从前村落的组织是以头目为中心，现在的社会阶级已不像从前区分得那么清楚，一般只有"头目""平民"之分，一村有几个不同氏系的"头目"，除本家的头目称为"大头目"外，其他称"二头目"或"小头目"，完全没有头目家血缘的为"平民"。但由于现在的行政体系和经济体制的关系，传统中头目的权威和地位已日渐没落，而由"村长"或民意代表取代，但是头目在婚礼或传统祭典中，仍是受到敬重的。

鲁凯族人佩刀持枪以护身，他们维持着"直系尊属"，也就是长子继承制度。另外，鲁凯族遵行屋内葬，死者的墓穴浅，让死者维持仰卧的姿势，脸朝上或朝南、朝西，依照部落的相对位置而有所不同；有的仰卧屈膝，有的伸直下肢(似乎是伸展葬)。屋式方面，鲁凯族的住屋用石板砌成低矮的住屋，分为附设茅顶高床式谷仓的住屋和不设谷仓的住屋两种。另外，鲁凯族视鸡为禁忌，不养鸡。因为一半的人住在内山，交通不便，鲁凯族在行事规范方面更加严谨，维持禁忌制度也比较彻底。勇武善猎的男性，在获得头目赐权后可以佩戴百合花，贞洁的女性也可获赐佩戴百合花，这是极高的荣誉象征。

6. 排湾族⑥

排湾族分布于中央山脉南端及东部海岸山脉的南端，以大武山为祖先发祥地。台湾地区2009年调查数据显示，其人口数为88 323人。⑦在台湾高山族中，排湾族和泰雅族、阿美族，并称为三大种族，排湾族是其中的一个大族，人口数居高山族各族群的第三位。排湾族又分为拉瓦尔群(北排湾)和伏主勒群两大系统。伏主勒群包括屏东玛家乡以南的南排湾，和台东地区的东排湾。北排湾由于和部分鲁凯族毗邻而居，在服饰、器物的风格形式上，反而与其他地区的排湾族差别较大。

排湾族的始祖创生传说类型相对其他族群来说最为复杂。这可能是排湾人口密度较大，与周围鲁凯人、卑南人长期互相交流而形成的文化混合的结果。其始祖创生传说包括太阳卵生、蛇生、石生、壶生、犬生、竹生等类型。同一种始祖创生传说在各社之间也存在一些差异。在排湾中心生活区域是以太阳卵生说和蛇生说为主。

排湾族和鲁凯族有社会等级，头目、贵族和平民之区分，世代相承，各司其职。从前头目及贵族的身份常借助房屋及器物上雕刻的图案或服饰衣着而表现，如：百步蛇纹、宇宙神图样等。从前排湾族有刺青之习俗，依社会阶级的认知不同，各家族有特定的刺青花纹，通常女子刺青在手背、小腿上，男子刺青在前胸、手臂、背部上，这是某些家族特有的权力，与泰雅全族的刺青习俗意义不同。在继嗣制度上，排湾族维持着不分男女，只要是长嗣就能继承的长嗣继承制度；在葬俗方面，排湾族也遵行屋内葬，但死者的墓穴很深，让死者于墓穴内维持蹲踞的姿势（即蹲踞葬），或从墓穴内的一个侧面，伸出一块板岩，当作死者的座椅。无论是采用蹲踞还是坐的方式，可以称为"竖式屈葬法"。

7. 卑南族[6]

卑南族集中于台东纵谷南方的平原上。台湾地区2009年调查数据显示，其人口数为11 463人。[7]目前人口主要集中在台东市的南王、宝桑、宾朗、上宾朗、初鹿、泰安、利嘉、知本、建和等地区。

卑南人的起源传说大致分为两个系统：以知本社为主，认为祖

先是从石头中诞生的石生系统；以卑南社为主，认为祖先由竹节中生出的竹生系统。"卑南"之名是取自本族八大社中最强盛的"卑南社"，大约17世纪时曾有一段盛极一时的"卑南王"历史。在清朝康熙年间，以南王部落为首的卑南人平定朱一贵的余党有功，被清廷赐予朝服，册封"卑南大王"。

卑南族具有强大的武力是因为实施严格的"巴拉冠"训练制度。"巴拉冠"是卑南族著名的少年会所，即举行男子成年礼，训练卑南族勇士的场所。卑南族传统的"猴祭""大猎祭"便是由会所制度延伸的祭典，大多在年底开始持续到跨年，合称为"年祭"，近十年来于各村轮流举办"联合年祭"，原已失落的旧俗因着仪式的复苏而凝聚了族人的向心力。传统上卑南族是属于母系社会，婚俗上以男子入赘于女方家为原则，由于社会发展，此风俗也渐改变，融入父系社会制度。卑南族婚姻方面的禁制，平等地适用于双方。同一个世代的人中，通常只禁止堂（或表）兄弟姐妹之间的婚姻而已，所以，旁系不具"族外婚"的倾向，与布农族、邹族那样具有"族外婚"倾向不同。在社会组织方面，由祭师负责部落的祭祀，头目负责政治与军事的领导。宗教方面，其传统宗教盛行，尚有女巫师为族人驱邪治病。另外天主教也广受族人信仰。

8. 阿美族[6]

阿美族分布于台东纵谷和海岸平原。台湾地区2009年调查数据显示，其人口数为183 799人，[7]是高山族各族群中人数最多的一族。十七八世纪时，因受到来自西边山区的泰雅族、布农族，南边卑南族的压迫，加上在西部被汉人压迫而往东部迁徙的平埔族等族群的影响，阿美族自身也产生相当大的差异性，依他们居住的地区由北往南可分为：南势阿美、秀姑峦阿美、海岸阿美、卑南阿美以及恒春阿美五大族群，大多住在平原地区，靠海或沿溪流而居。

阿美人的起源传说大多为兄妹婚配型的洪水故事。阿美族的分布区域，是沿着东部海岸狭长的平地，向南和向北伸展，不少的其他族群住区穿插于其中，所以语言、习俗的地方性差异显著；又因为彼此间的联络不足，有关同一事项的口碑传说并不一致。阿美族也并非向一个固定的方向移动，移动路线较复杂。因此，就某一个氏族而言，南方的人传述"北方起源说"，相反地，北方的人却传述"南方起源说"。再就双方的传说加以比较，可以看出这个氏族曾经作环状移动。

阿美族的母系社会和男子年龄阶级组织，均衡地维系着族群中男女社会分工与权力分配。男子年龄阶级组织崇尚敬老与服从，平时由头目与长老共议村落里的事，其下依年龄组执行各项事务，年幼者服的劳役较多。阿美族没有复杂的氏族组织，也极少有"族外婚规范"。每逢七八月间在各村落举行的"丰年祭"，原本是男子自卫御敌的军事训练演习，凭借严格的体能训练，培养族人的团结及服从精神，而今军事训练的内容已大幅缩减，仅存象征性的运动竞赛或下海捕鱼，并且有连日的歌舞共欢。但是，每逢有子弟应召入伍时，家人必定郑重其事地在入伍前夕为他举行隆重的送行晚宴，邀集众亲友在家中门前团聚歌舞。在族人的观念中，认为男子从军入伍即是接受国家的军事训练，是生命中重要的阶段。

9. 雅美族⑥

雅美人居住在台东东南方约50海里的兰屿上，行政区隶属于台东县兰屿乡。台湾地区2009年调查数据显示，其人口数为3784人。⑦兰屿面积仅约45平方公里，周长36公里，是座火山岛。全岛大部分为山地，大半为热带雨林覆盖，主峰红头山海拔548米。岛上四

周多礁岩。岛上的聚落多于背山面海、海岸平坦缓坡地筑屋定居，形成现有的六个村落：椰油、朗岛、红头、渔人、东清及野银，其中椰油为行政中心乡公所之所在地。兰屿四周环海，有其独特的生态环境，孕育出雅美人与太平洋相互依存的历法和生活方式，以及表现在建筑、造船、生活器具上独特的艺术风格。

雅美族从文化与语言这两方面来看，与菲律宾最北部的巴坦人明显有着密切的渊源关系，其先民也许是数个世纪之前从巴坦岛漂海迁徙而来。雅美人迁来兰屿岛后，在山海交接处的小岛四周建立村落，住屋为半穴居，以捕鱼为生，主要捕捞每年三至六月随着黑潮洄游到来的飞鱼，也种植并食用薯、芋、粟等。因为海洋在生活中的重要性，鱼舟下水礼成为雅美族年中的重要事项之一。由于地理隔绝，他们又是高山族中较晚接触汉人的一支。岛上住民没有氏族制度，也没有头目制度，人人有名字，但是没有姓。

雅美族是高山族各族群中唯一不酿造酒精性饮料、不猎头、不使用弓箭的民族。该族以妇从夫，子女从父居，每一家族房屋结构包括主屋、工作房、凉台与附属建筑物谷仓、猪舍等。若男子结婚，则先在父亲土地上建一小屋居住，待日后自己有田地与建材后另建新屋。其房屋通常只使用一代，父死则毁弃房舍，将建材分配给兄弟，通常旧址是由长子继承。

族称雅美（Yami）源于日本学者鸟居龙藏的研究著作《人类学写真——台湾红头屿之部》。近年来兰屿青壮年一代对此词产生怀疑，他们认为兰屿人一直以"Tao/ Tau"自称，其意为"人"，并认为日本人用"雅美"称呼兰屿人有歧视之意，因此坚持将"雅美族"改称为"达悟族"(Tao/Tau)。但很多50岁以上的老人坚持认为"雅美"的族称并无不妥，并举出很多传说及歌谣的词句作为证据，证明"yami"一词自古即用于称呼兰屿人。尽管争论双方的具体人数难以确定，但近年来确有渐渐改以"达悟族"作为兰屿原住民族名的趋势。⑧

10. 邵族⑥

近年来才被恢复族群认定的邵族,主要居住在日月潭畔的日月村,少部分头社系统的邵族人,则住在水里乡顶崁村的大平林,两地加起来的总人口数约500人。邵族擅于捕鱼,依傍日月潭而居的聚落环境,发展了具有特色的渔猎方式,如"浮屿诱鱼""鱼筌诱鱼"等等。

早在日据时代,邵族便以杵音闻名,"湖上杵声"是日月潭的八景之一,以此为中心而形成的展演活动,是高山族表演艺术朝向商业发展的滥觞。高山族各族群都有祖灵崇拜的习俗,祖灵能庇佑族人,让大家安康幸福,使子孙生生不息。邵族的祖灵崇拜以"公妈篮"(即祖灵篮)最具代表,凡族中重要的祭仪,都以"公妈篮"来祭祀供奉,呈现了该族独特的一种信仰文化。

11. 噶玛兰族⑥

噶玛兰族原居于宜兰地区。顺益台湾原住民博物馆数据显示,截至2005年底,噶玛兰族人口911人。清代以降,随着汉民族的不断迁入,土地与文化的纷争与对立,迫使族人大量南迁到花莲、台东的海岸线一带,目前仅有新社、立德等少数部落,还维持着语言、祭仪等风俗与传统。

噶玛兰族是母系制度的社会,巫师皆为女性,男性有年龄阶级组织。重要的祭仪活动有:出草胜利之后的仪式、丧礼以及年底的祭祖仪式等。紧接着邵族之后,"行政院"原住民族事务委员会在2002年正式认定该族为原住民的第十一族,更有利于噶玛兰族的文化传承与保存。

12. 太鲁阁族⑥

太鲁阁族分布于花莲县秀林、万荣、卓溪乡一带的山区。顺益

台湾原住民博物馆数据显示,截至2005年底,太鲁阁人口20711人。太鲁阁族原来被认定为泰雅族赛德克亚族东赛德克群,于2004年1月被认定为台湾原住民族第十二族。传说太鲁阁族起源于中央山脉白石山一带,祖居于现今南投县仁爱乡,因人口增加、耕地不足及寻找新猎场,越过中央山脉的奇莱北峰,迁移至立雾溪、木瓜溪、三栈溪流域,在山区建立新聚落。

太鲁阁族在传统命名上,父之名字联于子女名之后,为父系小家庭制结构组织,以男猎女织为主。部落中实行共同推举的方式,推举聪明正直的人为头目。族内成年男女都有纹面的习俗。太鲁阁族为泛灵信仰的族群,相信子孙如遵从祖先的"gaya"(即祖先的规范与教训),即会获得祖灵的庇佑。

13. 撒奇莱雅族⑥

撒奇莱雅族分布在今花莲县境内,主要有北埔、美仑、德兴、主布、月眉、山兴、水琏、矶崎、马立云等部落,其余人口散居于其他阿美族聚落及北部都会区。台湾地区2009年调查数据显示,其人口数为422人。⑦

据文献记载,1630年左右,撒奇莱雅族就居住在奇莱平原。1878年,撒奇莱雅人与花莲加礼宛社的噶玛兰人联合抵抗清朝军队,事败后撒奇莱雅人遭迁社,与阿美族人混居,因生怕清军报复,故隐藏身份,此后一直被视为阿美人的一个支系。撒奇莱雅人虽然与阿美人共同相处百余年,但是仍然相当程度地保持了其语言文化的独特性,如在年龄阶级祭仪上,"长者饲饭"的祝福典礼为撒奇莱雅族所特有,而撒奇莱雅每四年年龄阶级必种一圈的刺竹围篱,也是阿美族所没有的部落特色。

2001年起,撒奇拉雅族积极进行文化复振运动,重现撒奇莱雅族传统祭典、歌舞及服装:歌舞以艾萨克奇莱雅特有工作歌为主,服装色彩则以土金、暗红与黑色为主色，象征重回故土、纪念祖先的鲜血与暗夜的逃亡，并举办撒奇莱雅族特有的祭典火神祭，追祀祖灵。经过繁复的族群调查后，在历史上"消失"一百多年的撒奇莱雅族，终于在2007年正式成为台湾原住民族第十三族。

14. 赛德克族[6]

赛德克和太鲁阁都是泰雅族群内部的分支，以南投县北港溪与花莲县和平溪一线分界，北为泰雅亚族，南为赛德克亚族。赛德克的居住地范围较泰雅要狭小，在台湾中部地域，处于北方泰雅族及南方布农族间，集中于南投仁爱乡。泰雅与赛德克两亚族之间虽然共有许多词汇，但是语言并不能互通。以台湾中央山脉为界区分东西，可分为东赛德克和西赛德克，但是赛德克亚族包含三个方言群体：德固达雅、都达、德路固。德路固成为太鲁阁族后，其他的在2008年成为赛德克族，也是台湾原住民族第十四族，人口数千人。

赛德克族同泰雅族及太鲁阁族有纹面习俗，男子表示英勇，女子表示善于织布。

第三节　高山族的图腾崇拜与造物观念

高山族的宗教信仰基本上还处于原始宗教阶段，崇尚"泛神论"，即相信万物有灵。在他们的心目中，自然界中的一切事物和现象，从浩渺苍穹的日月星辰、霹雳电闪，到辽阔大地的山川湖海、飞禽走兽、草木鱼虫，无不具有神秘的灵魂。由于高山族没有民族文字与文献记录，所以只有凭借对其手工艺、祭祀与民间礼俗的考察分析，去探寻高山族的图腾崇拜与造物观念。

1. 高山族的图腾崇拜

在高山族的14个族群中，基本都出现过图腾崇拜的习俗。其图腾物象种类繁多，既有动物、植物，也有自然现象。如鸡、犬、牛、

猴、鹿、貂、狮、螺、龟、虫、鸟、蛇及巨石、树、竹、葫芦，还有云、太阳等。归结起来主要有以下三大类。

(1) 百步蛇崇拜

百步蛇崇拜遍布台湾中、南部族群，尤其以排湾族最为典型。该族群不但有蛇始祖神话、蛇禁忌流传，而且有异彩纷呈的百步蛇图腾艺术。排湾人认为，百步蛇不但是他们的始祖，还是保护神，他们相信百步蛇具有超自然的能力，能佑护排湾人。尤其是排湾人贵族头目以蛇图腾展示其社会地位与特权，其住宅（屋檐、柱子、门窗）、家具（屏风、雕版、椅子、枕头）、生活器具（烟斗、连杯、炊具、餐具、盛器）、武器（刀、枪、盾）、宗教法器（占卜箱、壶、瓢、罐）上都有蛇型标记。后来随着特权观念的淡化，百步蛇图腾艺术流入寻常百姓家，被广泛地运用在雕刻、编织、刺绣等艺术样式上，依然具有其宗教美学价值。

(2) 太阳崇拜

高山族图腾崇拜的另一个突出特点是太阳与百步蛇两种纹饰具有互补性。因为在高山族神话里，太阳、百步蛇和族人同源共生，血肉相依。太阳是人类祖先和朋友，有关太阳的神话十分普遍，而脱胎于太阳崇拜的艺术形式也耐人寻味——太阳一般被人格化，雕绘成五官俱全的人首；或者虚拟为几何图形，例如用圆形纹象形，用直线纹、十字纹象征光芒辐射与闪烁，还用贝壳、琉璃、磁片、金属片等的嵌镶，衬托太阳的亮点。太阳纹饰的位置与色彩运用也颇为别致。为了同象征灵魂崇拜的一般人首纹饰相区别，太阳图案置于高处或居中，表示丽日苍穹，雄视四宇。色彩常用红、橘红等暖色调，或者黑白反差，既突出太阳光明普照、沐浴万物的宗教含义，又显示太阳传人征服四方的强悍心理。⑨

（3）祖灵崇拜

祖灵崇拜是高山族万物有灵的核心与支柱，许多族群把开基创业的祖先奉若神明，顶礼膜拜，认为祖先生前能领导众人艰苦奋斗，为部落的生存和发展鞠躬尽瘁，死后其灵魂则具有庇荫子孙的能量。子孙为了安居乐业、荣耀祖先，就必须避免亵渎祖灵，做人做事也必须遵守祖先遗训旨意，与人相处更要受到祖灵信仰的束缚，违背祖先意志的将遭受惩罚，遵循祖先规矩的必然得到护佑。高山族人在各种农事、出猎、捕鱼以及祭祀庆典活动上，都要先祭祀祖灵。

长期以来，图腾崇拜渗透到高山族社会生活的各个方面，成为人们精神生活的一种强有力的支柱，也是高山族社会整合的重要手段。从17世纪起，由于汉族移民和荷兰、西班牙殖民者的影响，高山族宗教信仰发生了很大变化。汉族人民带去了佛教、道教信仰，西方传教士则带去了基督教、天主教等。高山族宗教生活中因此形成了原始宗教信仰、佛教、道教和西方宗教等交错并立的局面。

2. 高山族的造物观念

造物指人类通过人工劳动而获得物态化产品的过程或行为。造物是社会意识的反映，能够反映人与人、人与社会的关系，反应民俗意象，充分体现器物中隐含的民俗概念和生活智慧，以及和先人血脉相连的感情。由于高山族长期处于原始社会，生活环境较为单一、稳定和封闭，故而其造物保持了鲜明的民族地域特征。

《考工记》总叙中这样写道："天有时，地有气，材有美，工有巧，合此四者，然后可以为良。"指出造物观念与天时气候、生态环境、风土材料、工艺技术有关，不仅如此，其实还与经济制度、生活水平、宗教信仰、风俗习惯、社群组织、社会意识、审美品位等因素息息相关。

众所周知，造物观念直接体现了造物者的价值观。高山族处于传统农耕社会，其基本生存方式是"依赖自然""以氏族为核心"。

依赖自然，形成的审美观念是"自然是美的源泉"，由此形成审美方式是"效法自然"。作为自然材料的植物、岩石、泥土、树木等都是高山族人最了解的物质，所以高山族人在农闲休猎之时，利用各种天然材料进行手工艺创作，将材质特性发挥得淋漓尽致，创作出巧夺天工的工艺品。例如南部高山族的排湾人、鲁凯人、布农人用漫山遍野的月桃作为材料来编织器物，早期平埔族群撒奇莱雅、马卡道人常用月桃叶包粽子。以氏族为核心，一个典型的例子是，雅美族造船、雕舟的工作，是由一群具有血缘关系的男性渔团组员共同合作完成。

高山族是典型的海岛农耕渔猎民族。农耕和渔猎构成了高山族文化的物质基础。其特定的地理分布区域，形成了高山族山地猎耕型文化的鲜明特征。在长期的历史发展中，高山族各自形成了独具民族特色的风俗习惯。例如高山族人深信神灵的威力，认为神灵可以帮助他们驱除噩运，保护族人健康和平安。所以各族群有着各种各样的祭祀不同神灵的仪式。各种祭祀活动是他们生产和生活中非常重要的一部分，也是展现他们遵循农作物耕作季节、重视与珍惜收获、绝不因为生存而违反自然法则的理念，维持整个族群稳定，培养勇士精神的重要载体。如泰雅族和太鲁阁族的祖灵祭、赛夏族的矮灵祭、布农族的射耳祭、邹族的战祭、排湾族的五年祭、阿美族的丰年祭、卑南族的猴祭、雅美族的飞鱼祭、撒奇拉雅族的火神祭等等。由于早期高山族没有历法，他们的祭祀日是根据自然环境的变化而定。即使同样一个族群，由于所处地理位置不同，丰收时间各异，形成丰年祭的时间也就不尽相同。随着现代生活的开始，有些祭祀时间逐渐被固定下来。许多祭典上使用的物品，也成为高山族的造物经典，如赛夏族矮灵祭祭旗和臀铃、排湾族五年祭刺球、雅美族飞鱼祭银盔等等。

社会习俗方面，排湾族视结婚为一生大事，完成结婚才纳入家族秩序，正式成为部落"成人"——意味着经过婚礼仪式成了"家"被部落社会认定，才能分配到生活的资源，耕种和收成才有自主权。所以排湾族的礼服织布、刺绣的手艺和华丽的装饰便反映了他们对婚礼的重视。

高山族的原始图腾崇拜，除体现在纷繁的祭祀制度外，还积淀于别具一格的雕刻艺术中。高山族的雕刻艺术，兼具观赏与研究价值，堪称其民族古代宗教文化的"活化石"。如排湾木雕的纹样以人像纹、人头纹、蛇纹、野猪纹和鹿纹为主，其他还有重圆纹、太阳纹、网形、风车形、四叶形、人体生殖器形等等。这些题材与原始宗教、神话内容有密切的关联。还有被称为"排湾三宝"的陶壶、青铜刀与琉璃珠，是排湾人极为重视的三项部落圣物，分别代表着祖灵在人间的居所、守护部落的力量（男人）、稳定部落的力量（女人）。

高山族各族群居住环境与社会组织不同，发展出各自特色，在手工艺上的成就各有不同，并非每项都均匀发展。各族群之间相互影响也有所交融，即使是同一族群但不同部落之间也有风格上的差异存在。比如排湾族木雕、藤编等工艺相对发达，陶艺等工艺水平相对落后；比如在美感表现方面，泰雅族和赛夏族有很多近似，排湾、鲁凯、卑南三族在工艺造型上也有相似的地方，而排湾和鲁凯成就最高；再如兰屿的雅美族，作为唯一一支海洋族群，手工艺表现与台湾本岛各族群有明显差异。

在多数情况下，这些民间手工艺品的作者都没能保留下名字。然而正是历史上这些无名工匠们的代代传承，才将各种技艺乃至器物背后包含的文化与艺术因素沉淀下来。后世看到的种种高山族器物，都是来自这些无名工匠们的默默劳作，蕴含了人类的智慧和心血，丰富了人类的审美体验。

第四节　高山族的手工艺传统与发展现状

高山族强韧的生命力，造就了各族群手工艺的丰富面貌，排湾、鲁凯、阿美的陶器，排湾、鲁凯、雅美、卑南的木雕，排湾、鲁凯、卑南、泰雅、赛夏的夹彩织布，泰雅、排湾和鲁凯的缀珠工艺，排湾、鲁凯的贴布和刺绣，以及各族群的饰物、编织器都堪称艺术精品。这些高山族传统手工艺在社会现代化的进程中受到冲击，如何保护和继承高山族传统手工艺并使之重新焕发出生命力，成为民间艺术研究者共同关心的话题。

1. 高山族的传统手工艺分类

高山族的传统手工艺多姿多彩，大致可分为编织、织绣、雕刻、制陶、造船等几大类。

（1）植物编织工艺

编织是高山族各族群最普遍的手工工艺，以赛夏族、阿美族的编织工艺最为著名。由于台湾地处亚热带且属于海岛型气候，加上海拔高度变化大，生长的植物品种非常丰富，如草本的蔺草、咸草，杆茎的竹、藤、香蕉丝、月桃，鞘皮部的玉米皮、竹箨、棕；取叶脉的琼麻、林投，韧皮纤维的亚麻、黄麻、苎麻等等。高山族人因长期的实践观察而深知各类植物的特性，于是就地取材，广泛采用一些植物作为编织材料，制成精巧实用的生活用具和生产工具。其中有大型的搬运用器（如邹族背负猎物用的网袋），有细长的背负形编器（如背篓），有作储存用的编器，有用浅型竹笆技法所制用于盛放的编器，还有用于渔捞的鱼篓和鱼筌等等。

高山族编织工艺主要由男性从事，阿美人常以一个人家里藤、竹编器数量的多少来衡量一个男人编器手艺的高低。高山族的编织方法如赛夏族密实的缠绕螺卷技法等与汉人的基本编法大异其趣。

他们使用小刀将竹皮削劈成长竹篾，利用竹篾的扁、阔、硬、直的特性，编织成各种器物。黄藤是北部高山族中的泰雅、赛夏、鲁凯、邹、阿美等族群最喜爱的编织材料，虽然多刺，但它的防蛀性及柔韧度比之竹子有过之而无不及。由黄藤编织的生活器物，能长久保持不变形，所以目前在台湾的博物馆中所藏的百年以上的高山族编织器物多为黄藤制品。另外，排湾族、鲁凯族的月桃席冬暖夏凉，是家里必备的日用品。月桃还能编织细密的篮子，如婴儿的摇篮、针线盒等。排湾人还将月桃叶编成行李箱、用具袋，用槟榔叶编织雨衣、雨具等。雅美男子则采集兰屿省藤、兰屿念珠藤编成藤盔藤甲，有些藤甲还加入鲀鱼皮。雅美男子到其他村落探望亲友，参加战斗，或是护送遗体时都要穿戴。

（2）服饰织绣工艺

17世纪荷兰、西班牙入侵台湾后，海洋贸易逐渐影响了台湾原住民固有的衣饰文化。各族群的衣饰不再仅是深浅对比，而是色彩鲜艳，装饰美巧，穿着日趋多元化。各族群都有自己独特民族形式的服饰。其中布农人喜欢在黑色系的褂子上装饰银饰；排湾人则利用各式毛线绣出富含图腾文化的精美衣饰；鲁凯、阿美、卑南等族群常用亮片、铃铛来作为衣饰的主要配件。

泰雅人织布技术精湛，织品花色繁复，质感柔韧，民族风格鲜明，是泰雅人最具代表性的工艺。该族的纺织工作由女性专任负责。麻线是该族的传统纺织材料，后来与汉人、日本人接触引进了毛线和棉线，织法常见有平织和挑织两种。

排湾族衣饰的织绣方式有夹织、贴饰、刺绣、缀珠等技法。"夹织"是妇女在织布过程中视情况加入色彩斑斓的纬线织出绚丽的花纹；"贴饰"是先在彩色布料上勾勒各种图案，再依序剪裁、拼贴、

缝制在衣服上；"刺绣"是经过穿针引线，一块看似平凡的布料变得十分生动；"缀珠"是直接以线穿珠缝制衣饰图样，或是先串联成一串串珠子，再缝在服饰上。

布农族最传统的衣料材质是兽皮与麻，与泰雅族一样，棉线与毛线是后来与外界接触后交易得来的。布农族和邹族都有高超的鞣皮工艺技术。

噶玛兰人会利用各种材料编织衣物，过去曾用苎麻、黄麻及一些野生树的纤维，后来改用毛线、棉线等。噶玛兰族的香蕉丝织布最为特别。香蕉丝是从香蕉树上剥下的纤维，用香蕉丝织成的衣服，由于使用自然纤维，每根丝线的色泽都不一样，交错成纹，朴素别致，还散发出植物的清香。

（3）木石雕刻工艺

高山族擅长雕刻，雕刻的材料以木头和石头为主，尤以排湾族和鲁凯族最为出色。他们在生活用具、生产工具乃至住房的便宜雕刻的地方无不雕刻着精巧的图案。雕刻的图样有人像、人头、百步蛇、陶壶、太阳，以及山猪、黑熊、山鹿等，包括人物、动物、花卉和各种几何形纹饰；雕刻的题材以神话传说、狩猎生活、祖灵像为主，反映狩猎、劳动和社会生活等方面的情况，富有浓厚的民族特色。

家屋的木雕取材于质地坚硬的樟木、台湾榉、二叶松等乔木，木桶、木臼、木椅等器物，除选取坚硬木材外，也选择樟木、乌心石等，而木勺、烟斗、木梳等，则选取月橘类的材质。木雕技法有凹刻、浮雕、透雕等，造型粗犷，线条洗练，许多纹饰都带有宗教信仰或咒术的意义，看似夸张的图样，充分显示出高山族雕刻的拙野之趣与质朴之美。

布农族的雕刻以传统社会生活为题材，雕刻者常刻画猎人们背负着重物、半蹲姿态，头仰望着天，神情坚定的形象。阿美人的木雕显得简单拙稚，常见一些刻在住屋的木柱和横梁上的线条纹饰，如太巴塱部落会所的柱子上刻有祖先像,刀法拙朴粗犷,线条简洁,尚未发展出复杂的艺术手法。

南部高山族因住在溪流附近,便于从河谷取得石材制作工艺品和建筑房舍,布农、排湾、鲁凯等族群的石板屋便是例证。在高雄市茂林乡浊口溪上游万头兰山、万山旧部落以北的险峻溪谷两岸,现存有三块刻有花纹的巨大石块,初步判定为鲁凯或排湾族早期留下的遗迹。[1] 如今在高雄、屏东、台东等地,仍然可以见到部落的族人家中有新旧交错的石雕艺术品及石桌石凳等生活器物。排湾族和鲁凯族颇具特色的立柱石雕、壁板石雕主要叙述家族神话、起源传说或表彰家族的特殊事迹。其中祖灵柱是个中翘楚。祖灵柱是排湾人和鲁凯人每一户人家的守护神,每个图样都有一则故事,述说始祖起源、家族沿革等。贵族、头目家的祖灵柱更是精美,他们的屋檐下横挂着雕刻品,屋内立柱上雕刻着大型的祖灵像,以显示地位的尊贵。雕刻师多是男子,而且多具贵族身份。

(4) 陶器制作工艺

相对于竹木藤等有机材料,陶器是黏土高温烧结而成的无机材料,致密而有一定的强度。在高山族的各族群中,泰雅族和赛夏族从无陶工。古陶壶是排湾人三宝之一,也是鲁凯人的珍贵的礼器,都是从祖先那里一代一代传下来的,象征贵族的名分与价值,只有贵族、英雄、望族才能拥有,其形状大小、有无耳、有无纹饰及花纹的样式图案,都代表不同的家庭地位。农业耕作技术比较先进的阿美人,其所制作的陶器多见于日常生活用品、祭祀与农业器具上。雅美人在农闲时节会制作陶器,以泥条盘筑法塑形,即用泥土搓成条状层层盘绕制成需要的形状,以陶碗、陶锅、陶壶、陶坛等陶器为主,多为敞口形制,然后露天裸烧,胎体素面无纹饰,色泽为黏土自然色,剩下的泥土则捏塑成拼板舟、山羊、猪、人等陶偶作为娱乐玩赏物品，朴拙可爱。由于烧制陶器的地方是沙滩，一些陶土中混入了夜光贝的碎壳，陶器烧成后有点点闪烁的光泽。这两个族群的制陶工作专门由妇女来完成，而布农族则由男子担任。

（5）舟船制造工艺

捕鱼是雅美人的重要生计，因此造船为其特色工艺。拼板舟是雅美族的传统渔船，船身由厚板刳造成适合的曲度以后，以数块板相互拼接再加以雕绘而成，体现了高超的手工艺技巧。雅美人认为船是男人身体的一部分，造船是男子神圣的使命，女子不能参加。造船的工作非常浩繁，且需精良的木工技术，一般造船需要3个月，若精雕细琢需要多两个月，由较年长的渔船主人（即舵手）指挥工作、设计图案，雕绘纹饰则由全体成员一起完成。建好一艘雕饰精美的大船后，都会举行新船下水礼。

雅美拼板舟的不同部分使用不同的木材，例如龙骨取材要坚固耐水，船底板要耐磨，上层的船板要求质轻，船板的结合处则使用桑木削的木钉，最后在船身雕刻上图案，刷上红、白、黑三色的天然漆。船体上细致的雕绘纹饰，展现了雅美人艺术上的天分，那些人形纹、太阳纹、玛瑙纹、银盔纹、波浪纹，都是他们生活的一部分。人形纹传说是为纪念当初帮助雅美人造船、捕鱼、耕种的教导者，也有人认为其长手长脚的图案象征游得快，可以捕到很多鱼，寄托了族人对丰收的希望；波浪纹是常见的纹样，是模仿海浪的形状简化而来，呈连续V字形；漩涡纹则是一种野生植物的芽叶，族人将具体事物形象化，成为拼板舟上的重要纹饰；最重要的图案是太阳纹，是放射纹样同心圆，又称为"船眼"，有避邪的作用，可以保佑出海平安，也能指引船只到鱼群多的海域。

独木舟是日月潭畔邵人最原始、最重要的交通工具，往来潭中载人、运货、捕鱼最为便利。大的独木舟可坐十余人，小的也可坐

三五人。当年邵人聚居拉鲁岛时，就是靠着独木舟和外面的访客沟通往来。邵人善于制作独木舟，将大樟树的主干一剖为二，再把当中的木心部分剖除，制成独木舟，邵语称为"Ruiza"。

2. 高山族的传统手工艺现状

伴随着现代化的进程，勤劳的高山族人民依靠自己的努力，使高山族地区的社会生活也发生了变迁，经济建设和文化教育有了很大的发展，社会组织和经济结构已完全转型，高山族的传统手工艺受到冲击。

杨梅等编著的《台湾少数民族概况》一书中写道：20世纪中叶以来，泰雅人一般只在祭典、婚礼或表演等特殊场合才穿着传统服饰，导致泰雅纺织工艺一度濒于失传。布农人、邹人的纺织工艺也日渐衰微，尤其是邹人妇女中已无懂纺织技术的人了。邹人的制陶工艺也已失传。以前雅美族所在的整个兰屿有大船100多艘。现在机动船代替了拼板舟，大船已经很少见了，仅在朗岛部落还存留数艘。三四十年前，噶玛兰人擅长的造独木舟的工艺已经失传，只有竹筏还能偶见。如今的噶玛兰人会织布的已经不多，织成的布只能缝制短衣、背带、腰间小袋等。开通公路后，大量现代物质涌入，传统编织工作逐渐遭到淘汰。1997年的调查报告显示新社噶玛兰人中只有3个老妇人能从事编织工艺，手艺最好的当年已71岁，近况不明。

但是近20年来，高山族民权运动兴起，台湾少数民族中一些代表人士呼吁：在发展观光旅游业时，也要注重传统文化的保留与发扬，继承和振兴固有文化，在下一代进行双语教学，开展传统技艺的学习，开办各种民族文化工作室，发展民族工艺品生产。

2004年，设在台湾东部花莲县的东华大学，设立了原住民民族学院。该院设有民族文化学系、民族语言与传播学系，以及族群关系与文化研究所和民族发展研究所，招收这方面的本科与硕士生，

以培养民族文化与民族语言方面的高级人才。为了挽救台湾少数民族濒于消失的传统手工艺，也采取了一系列有效措施，如辅仁大学联合台湾民族事务主管部门，于1999年启动了"原住民传统染织工艺及设计学程规划师资培训计划"，由辅仁大学织品服装研究所承办，每期招收高山族学员若干人，进行为期两年的培训。学员在经过对传统民族纺织技艺的学习后，又结合现实的社会需求，对传统技艺既有继承，又有创新，所织出的产品实用美观，受到社会各界欢迎。而这些学员回到各自的村落以后，又办起了若干家庭教学班，就地吸收本民族的学员。这种形式的技艺传承很受当地族人欢迎，很有生命力。还有，2001年，宜兰县开始筹划设立"宜兰县原住民部落大学"。这所大学并非学制阶段意义上的大学，而是以灵活的教育方式，在泰雅人社区内，以当地民族为主体，举办若干传统文化讲习班、泰雅纺织技艺讲习班，以培养富有传统部落文化内涵与现代文化技能的原住民社区。不少中年泰雅妇女再度系上腰机自己纺织，连年轻女子也乐意跟随学习。泰雅人还成立传统纺织工作室，利用现代先进的设备、原料，纺织具有泰雅传统风格的精美现代织品，对外开放，可供参观。

结语

台湾高山族传统造物文化，历史悠久，特色鲜明。高山族设计，简练实用，是历代无数默默无闻的艺人智慧的结晶，看似华丽的装饰，往往也是从实用功能演化而来。

台湾高山族父系文化、母系文化、山地文化、海洋文化等各种文化多元共生，共同孕育出高山族文化的丰富性和多样性。在崇山峻岭的阻隔之下，高山族在这样有限的地域形成如此多样的民俗文化与艺术风格类型，在世界范围内也是不多见的，堪称一份宝贵的文化艺术财富，对当代而言也是一份巨大的地域文化资源。台湾现当代设计的迅速发展，很大程度上得益于对地域文化资源的开掘，台湾原住民的传统造物艺术无疑是其创意灵感的重要来源。台湾原住民造物设计，有着重要的文化价值，是台湾地域文化形成的重要因素，也是华夏民族共有的一份物质与精神财富。

注释

①《高山族中国概况》，中国人民中央政府网 www.gov.cn/guoqing/2015-07/24/content_2902200.htm

②郑启五:《关于"高山族"的族称》，《台湾研究集刊》2000年第4期。

③杨梅等:《台湾少数民族概况》，民族出版社，2009。

④陈金结、姜莉芳、杨梅等:《中国高山族》，宁夏人民出版社，2012。

⑤张崇根、刘元如:《台湾少数民族研究论丛》，民族出版社，2007。

⑥顺益台湾原住民博物馆网站 http://www.museum.org.tw

⑦余光弘、李莉文:《台湾少数民族》，福建人民出版社，2012。

⑧韦东超:《台湾雅美族研究综述》，《广西民族学院学报（哲学社会科学版）》2006年第6期。

⑨曾思奇:《山族的雕绘艺术与原始崇拜》，《中国典籍与文化》1996年第2期。

参考文献

①杨南郡.台湾原住民族系统所属之研究[M].台北：南天书局有限公司，2012.

②陈杰.台湾原住民丛书[M].北京：台海出版社，2008.

③张崇根，刘元如.台湾少数民族研究论丛[M].北京：民族出版社，2007.

④许良国，曾思奇.高山族风俗志[M].北京：中央民族学院出版社，

1988.

⑤ 田富达，陈国强. 高山族民俗[M]. 北京：民族出版社，1995.

⑥ 天工四艺——台湾手路夺天工[M]. 宜兰："国立"传统艺术中心，2003.

⑦ 林秀娟. 工艺印记：台湾百年工艺文化特展[M]. 南投：台湾工艺研发中心，2011.

⑧ 刘军. 高山族排湾人的蛇图腾文化[J]. 中央民族大学学报（哲学社会科学版），2008（6）.

⑨ 巫建，王宏飞. 从文化价值观念的发展看造物思想的转变[C]. 2013国际工业设计研讨会暨第十八届全国工业设计学术年会论文集，2013.

⑩ 中华人民共和国民委网站

⑪ 顺益台湾原住民博物馆网站

目录

第一章　高山族传统建筑

阿美族木屋　002
阿美族竹屋　006
布农族木板屋　012
布农族石屋　016
高山族谷仓　020
排湾族木屋　024
排湾族青年集会所　028
排湾族石板屋　032
泰雅族木屋　037
泰雅族竹屋　042
雅美族干栏式凉亭　046
邹族竹屋　050

第二章　高山族传统服饰

高山族绣饰　056
排湾族兽皮帽　059
鲁凯族帽饰　062
阿美族男子霞帔　065
邹族女子长袖短上衣　068
阿美族女子长裙　071
阿美族女子长袖短上衣　073
卑南族男子无袖长上衣　075
卑南族男子后敞裤　078
卑南族女子胸兜　081

布农族男子无袖长上衣　084
鲁凯族女子长衣　087
鲁凯族女子半裙　090
排湾族琉璃珠项链　093
排湾族男子长袖缀珠短上衣　096
排湾族男子长袖短上衣　098
排湾族男子后敞裤　101
平埔族男子长袖短上衣　104
平埔族男子无袖短上衣　106
赛夏族男女无袖背心　108
泰雅族男子无袖贝珠衣　111
泰雅族男子长袖长上衣　115
泰雅族女子对襟长袖短上衣　118
雅美族男子无袖短麻衣、丁字带　121
雅美族女子无袖短上衣　125

第三章　高山族传统餐饮

高山族小米酒　128
高山族阿拜　131
高山族竹筒饭　134
阿美族糍粑　137

第四章　高山族传统生活用具

阿美族陶器　142
阿美族陶甑　145
排湾族陶壶　148
鲁凯族竹编碗　151

邹族密编式藤编背篓　153
鲁凯族摇篮　156
排湾族提水筒　159
排湾族竹制烟盒　161
泰雅族提水用葫芦　164
泰雅族盛衣篮　166
排湾族藤背包　169
排湾族木凳　172
排湾族连杯　174
排湾族浅浮雕木盆　177
排湾族木梳　180
鲁凯族皮制火药袋　182
排湾族火药筒　185
排湾族羽扇　189
阿美族竹琴　191
泰雅族木琴　194
布农族口弓琴　197
高山族口簧琴　199
排湾族双管鼻笛　202
排湾族铝管口笛　205
阿美族木鼓　207
排湾族牛皮木鼓　210

第五章　高山族传统生产工具

高山族织布机　214
泰雅族整经架　218
阿美族手执捕鱼网具　221

阿美族漏斗形鱼筌　224
泰雅族负薪架　227
邵族木臼、木杵　230
泰雅族木钩　233
邹族手锹　236
雅美族斧头　238
雅美族拼板舟　241
雅美族准绳　244

第六章　高山族传统手工艺和宗教造像

雅美族陶偶　248
雅美族木雕人偶　251
排湾族木雕人偶　253
平埔族木雕人像　255
排湾族雕刻木盒　257
排湾族头目诞生陶壶　260
排湾族占卜箱　263
高山族图腾柱　265
排湾族浮雕立柱　268
卑南族女人像板雕　271
排湾族房檐雕刻　273
卑南族成年礼用竹棍（少年级）　276
雅美族礼棒　279
雅美族椰须藤帽　281
雅美族战甲　283
雅美族银盔　286
雅美族盾牌　289

排湾族人头纹红漆木盾牌　291
雅美族八角帽　293
邹族陀螺　295

第一章 高山族传统建筑

阿美族木屋

图一　阿美族木屋主图

阿美族为台湾岛内人口最多的原住民族群，主要分布于台湾东部一带的平地。由于与汉人及日人移民的交流甚早，其所受文化影响也反映于建筑形式和使用材料上。阿美族的传统建筑主要为木屋，其建筑方位，以朝向东方居多。住家的平面大体上分为两种格局，一是由正面出入的单室，二是由侧面出入的复室。前者分布于阿美族北方部落，后者集中于南部。在材料与建筑构造方面，柱子使用扁平的板状木材，墙壁可分为茅壁、竹壁、木板壁等三种，屋顶形式多为双倾斜式，表面以藤或竹编制而成，而内部铺设藤或竹所编制的地席。木屋通常居住十多年后就需拆除重建，屋顶上的茅草则每年需要填填补补，每隔三四年则需要全部更换。

修建房屋的程序包括：奠定地基、构建屋架、盖屋顶、编墙壁与连床、安门。房屋落成时要杀猪祭神。整修或重建房屋通常会利用九、十月水稻收割后的农闲时节。在阿美族的家屋里，炉灶很重要。传统炉灶用三块石头组建而成，为家人煮饭、取暖与团聚之处，是家屋的重心。以往若家人要迁移至其他地方，母亲会将这三块灶石用藤绑好，与自织的布、陶甕一并赠予迁出的家人。

本案例为千千岩助太郎所著《台湾高砂族住家调查测绘手稿全集》一书中台湾花莲县阿美族传统木屋。该案例考察于1939年。木屋建筑平面为长方形，其长15米，宽6米，高3.5米。正门开设在长立面，短立面两边设有窗户，属于正面出入的单室。房屋材料以木板竹藤为主，前后两侧共立有11根扁平板状木柱。屋内设有火炉、衣柜、神棚、竹床等。屋顶为两坡式，表面以藤或竹编制而成，前面檐下有廊柱。阿美人房屋周围以竹枝排树为篱，庭院四周多种植槟榔与椰子等树木。

图片来源

图一 宋文薰.跨越世纪的影像——鸟居龙藏眼中的台湾原住民.台北：顺益博物馆，1994.

图二至图七 〔日〕千千岩助太郎.台湾高砂族住家调查测绘手稿全集.台北：台北科技大学，2012.

图一至图七 毛翔 制图

参考书目

〔日〕千千岩助太郎.台湾高砂族住家调查测绘手稿全集.台北：台北科技大学，2012.

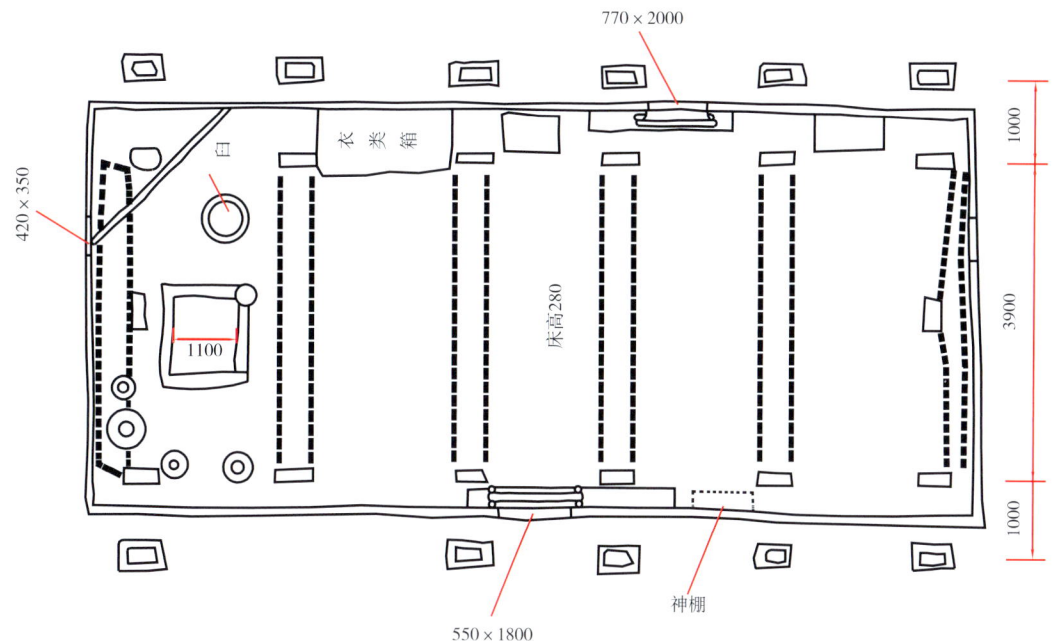

图二 阿美族传统木屋平面图（单位：mm）

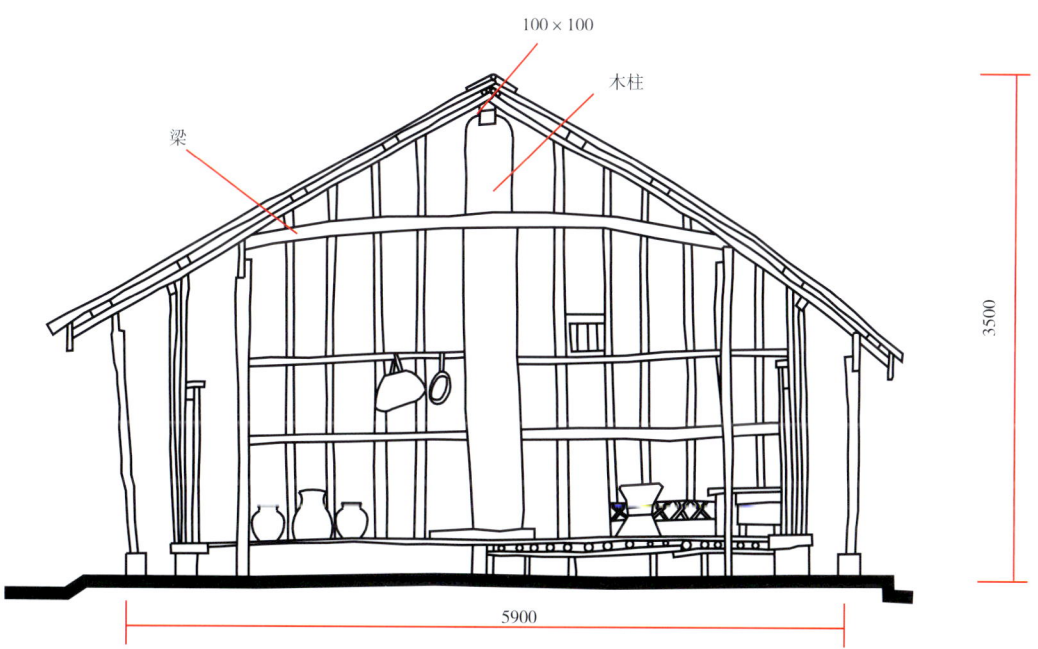

图三 阿美族木屋剖面图（单位：mm）

图四　阿美族木屋侧立面图

图五　阿美族木屋正立面图

竹编屋顶

木板壁

扁平板状木柱

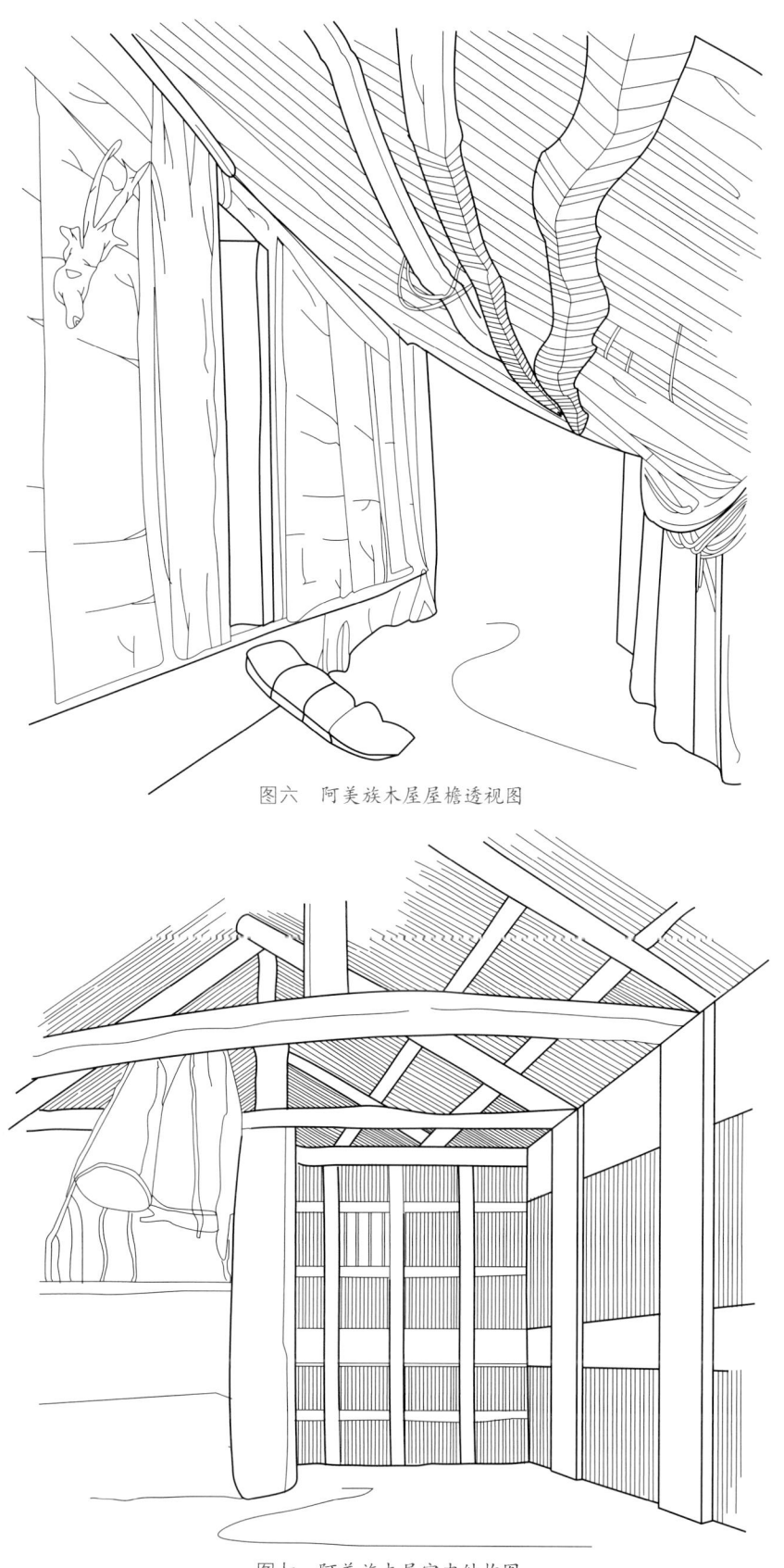

图六 阿美族木屋屋檐透视图

图七 阿美族木屋室内结构图

第一章 高山族传统建筑

阿美族竹屋

图一　阿美族竹屋主图

阿美族人大部居住在平地，很少一些居住于山地。由于属于群居社会，阿美族的房屋宽大，由大家族形成聚落，是台湾原住民中最具规模的部落。又因为防卫上的需要，住宅四周喜种槟榔树、椰子树与芭蕉树等热带树木围成庭院，极具南国情调和族群特色。阿美族的建筑可分为两种，一为单室正入式，以北部部落居多，另一为复室侧入式，以南部部落居多。功用上通常可分为住宅（包括主屋、厨房、工作场、谷仓、畜舍、头骨架）和集会所。

本案例为台湾阿美族传统竹屋，位于花莲港少风林县风林庄富田，整座建筑栋高4.45米，轩高1.35米，床高0.45米，地基为长方形。在建筑材料方面，多以茅草为顶，木材为柱，竖竹为侧壁，通常居住十多年后就需拆除重建。该竹屋为单室正开门式家屋，正门宽0.95米，进屋后左右两侧有藤制编绕的高架连床，室内地面铺有竹条。在室内南北两侧各设有一个炉灶，分别由三块石头组建而成。室内主柱上雕刻有该社祖先图腾，划分出屋内的仪式空间，梁柱上均刻有装饰纹样。建筑屋顶为两坡式，屋顶覆盖以茅草，厚达50~60厘米，具有可使室内冬暖夏凉的作用。梁柱采用木材，多立于四周，屋顶架在梁柱上。总而言之，阿美族的传统式住屋是一室兼作睡眠作息及炊事的场所，草席、被褥、衣饰、饮食器皿及耕作工具等都放置在屋内，但各物有其自身放置的位置。

值得一提的是，在阿美族传统社会中阶级制度是非常明显的，区别屋主身份地位的依据是以宅入口数量多少和屋内主要梁柱有否雕刻图案。此外，阿美族人还认为主屋具有一种神灵存在的空间场域感，是用来沟通天地界的媒介物，这些也与阿美族传统社会文化有着很深的渊源。本案例中的竹屋在功能布局、营造形式上都体现了浓厚的地域文化和建筑特色，为研究阿美族传统建筑提供了重要的参考资料。

图片来源

图一 宋文薰.跨越世纪的影像——鸟居龙藏眼中的台湾原住民.台北：顺益博物馆，1994.

图二至图七 〔日〕千千岩助太郎.台湾高砂族住家调查测绘手稿全集.台北：台北科技大学，2012.

图一至图五 陈茜 制图

参考书目

1.许玉香.台湾少数民族——阿美.北京：台海出版社，2008.

2.周颖君.阿美族传统家屋之研究.台中：东海大学建筑研究所.

3.李乾朗.台湾民居.北京：中国建筑工业出版社，2009.

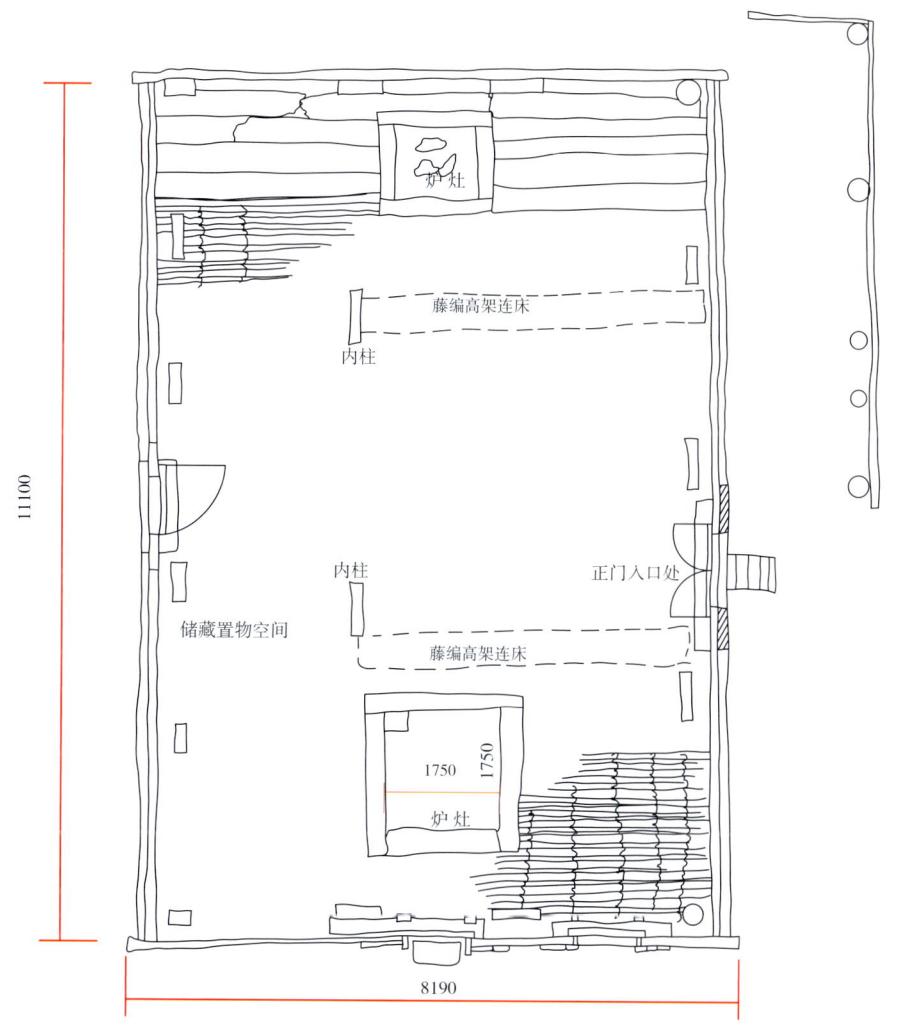

图二 阿美族竹屋平面图（单位：mm）

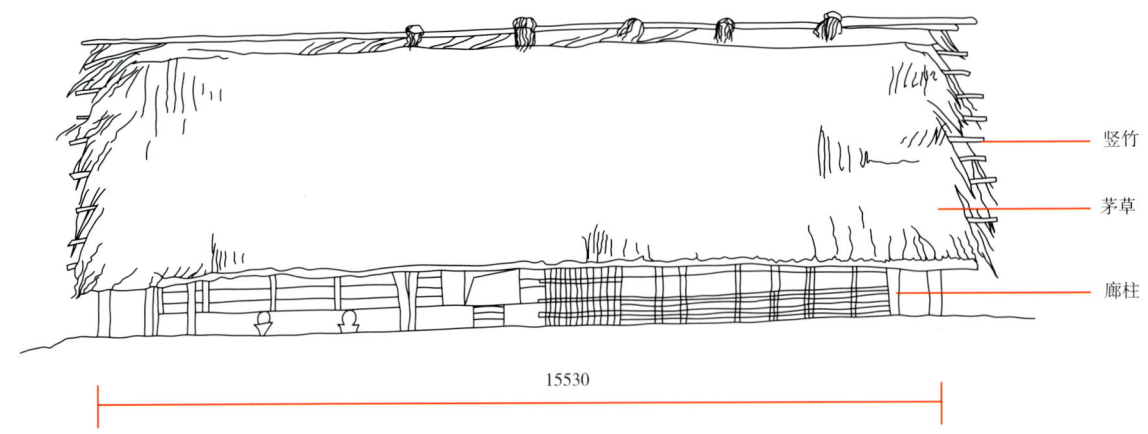

图三　阿美族竹屋正立面图（单位：mm）

图四　阿美族竹屋侧立面图（单位：mm）

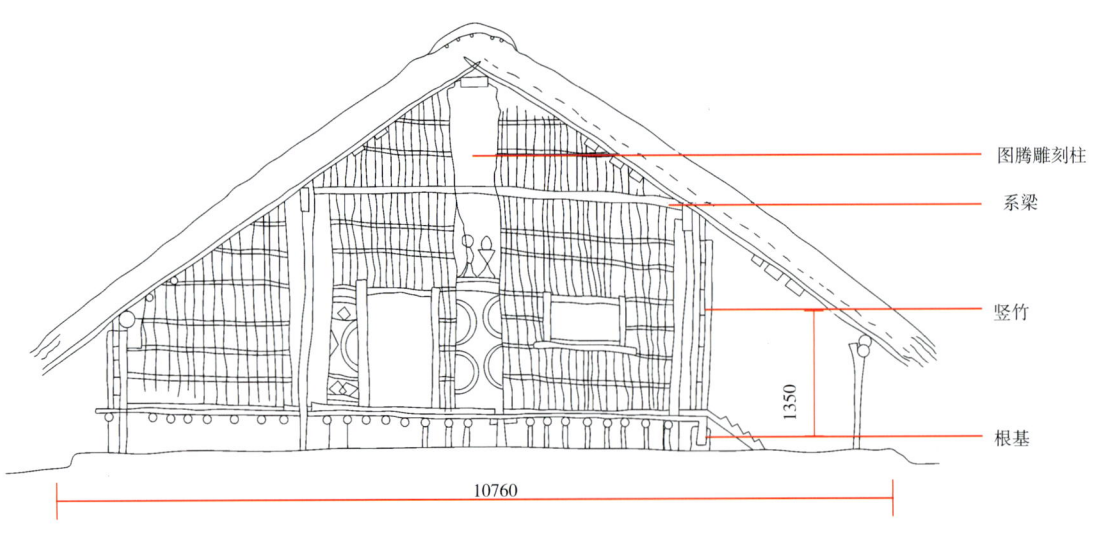

图五　阿美族竹屋剖面图（单位：mm）

卑南族少年会所

图一 卑南族少年会所主图

卑南族分布于台湾台东附近的地区，基本上住在平地，与其他原住民族相比，其建筑风格深受汉族文化的影响。同时，又因其紧邻排湾族，建筑文化亦与排湾族相近。不同的是，排湾人常用石板建屋，卑南族则一般少用石板，而多用竹木及茅草来建屋。

卑南族人很重视少年儿童教育，所以达到一定年龄的男孩，都必须集中起来，接受生活技能训练及传统礼仪教育，例如求生、格斗、学习礼仪等等。而为其提供这种功用的则是卑南族一种重要且独特的建筑物，即高架式的少年会所。本案例中的少年会所属干栏式的高架建筑，主要用木、竹及茅草搭建而成，一般高五六米，最高的可达十米。会所整体平面为圆形，屋顶呈伞形，主要为木竹结构，使用捆绑的技巧来建造，顶部由茅草覆盖，底下则用20余根圆木柱作为支柱，且四周设有45度斜撑柱，来支撑巩固会所使之不致摇晃。此外，其底下设有竹梯，少年可沿竹梯登上高台，而后进入屋内。整个圆形竹屋外圈留有一米左右的环形走道，且边缘围有木竹栏杆。在室内中央，设有火炉可供取暖，而床铺则是沿着四周墙壁架设而成。

卑南族先前有较完整的会所制度。除了少年会所，还有成人会所，建筑落于地面，供成年人处理公共事务。少年会所作为少年男子学习传统礼仪、适应集体生活的场所，其主要功用是供少年住宿并进行训练教育，建筑形式的自由度较大。而其高架形式需要爬上爬下，一定程度上也对少年起到了锻炼作用。

目前，卑南族群的会所制度已经消失，现在许多部落成立了以传统会所形式为基础的青年会等组织，来作为部落传统文化传递的载体。而少年会所作为卑南族群一种重要且独特的建筑形式，也为研究台湾原住民建筑提供了重要的参考价值。

图片来源
图一 李乾朗.台湾民居.北京：中国建筑工业出版社，2009.
图二至图四 刘颖 制图

参考书目
1.李乾朗.台湾民居图解事典.台北：远流出版社，2003.
2.陈杰.台湾原住民丛书·卑南族.北京：台海出版社，2008.

图二 卑南族少年会所线描图

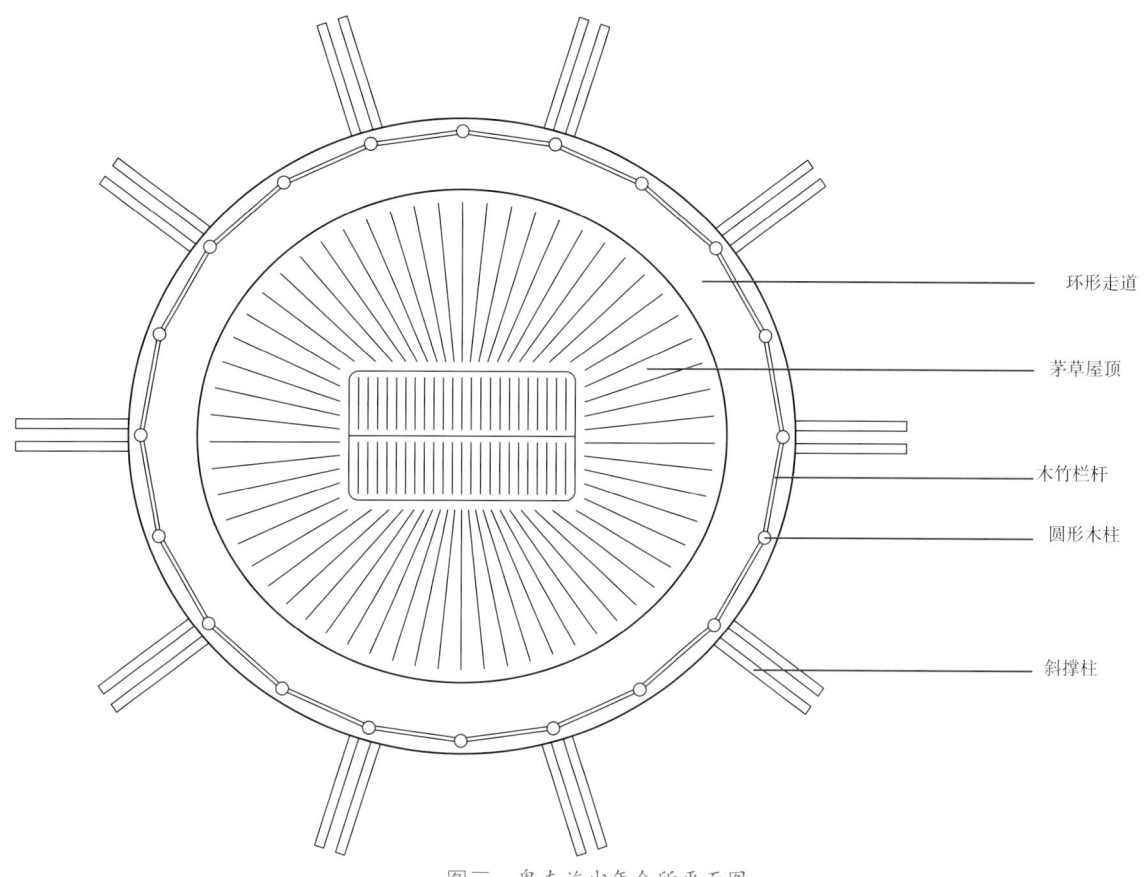

图三 卑南族少年会所平面图

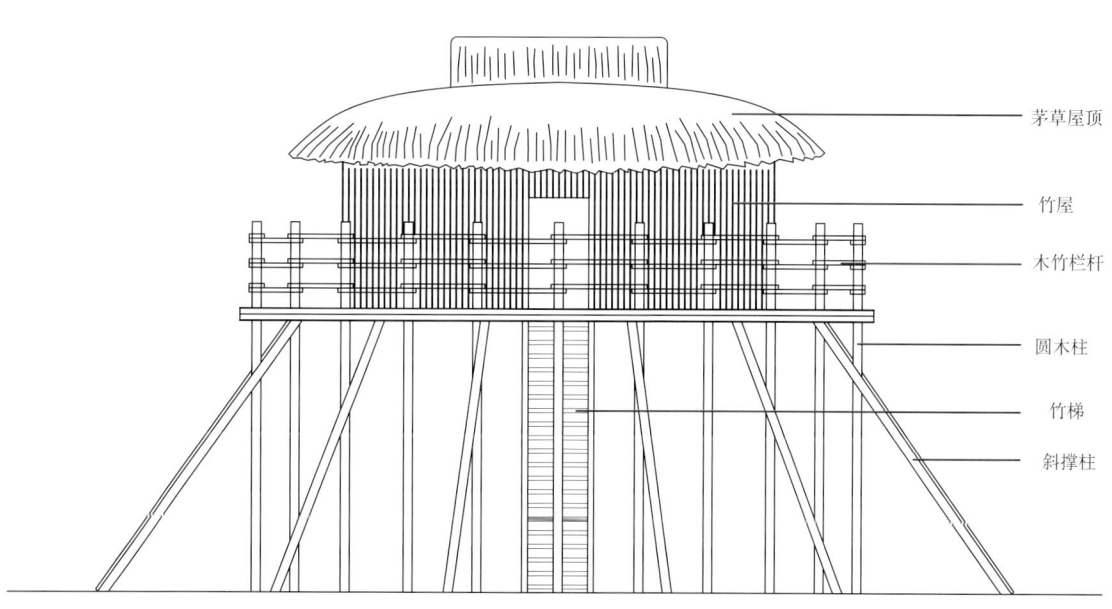

图四 卑南族少年会所立面图

第一章 高山族传统建筑

011

布农族木板屋

图一 台湾布农族传统木板屋主图

布农族分布于台湾南投、高雄与台东等几个市县交界山区，是原住民住得最高的一族。布农族可分为六个部族，各有其严密的组织。布农族的住屋形式上大致分为两种：一种是低地式的建筑样式，前有庭院，后有住家；一种是住家地板和地基一样高，但也有比地基低的。如果就建筑材料而言，有铺盖岩板、木板和五节芒草等不同类型。

本案例是Kakitalan Dahu氏的住家，地处于荖浓溪上游。该住宅属于平地式建筑，是具有代表性且颇具规模的布农族传统木板屋。整座建筑梁宽7.6米，栋宽20.7米，屋檐高2.5米，栋高4.4米。建筑的屋顶及墙面用材均以台湾桧木板为主。入口左右两侧沿着长立面墙体是寝室和放置农具的隔间，寝室上方堆积着小米和玉米，住屋中央是内庭，内庭地面铺有石板。在内庭的东西两侧各设有一个炉灶，炉灶的上方有放置食物的吊棚，同时东西面的墙上也各设有一个0.5米×1米的窗户。为了避风雨，窗户设置不多，也缺少排烟的设备，室内光线较灰暗。屋内最里面是堆满小米的谷仓，长18米，深2.4米，高3.5米，在靠内庭一侧的墙脚处设有距地面高约0.3米的木板寝台。

布农族木板屋的建造始于石造房屋之后，主屋呈长方形，以圆木当柱子，较小的圆木并排陈列当作墙，屋内设有谷仓，将收成储存于此，周围以石板划分空间，左右两间带有石板床的寝室，也寓有保护谷仓之意。传统的木屋在建造时，在墙和柱梁接缝处利用藤条捆绑连接，近年使用铁钉。本案例中的木屋极具代表性，其功能布局、营造形式都体现了浓厚的地域文化和建筑特色，为研究布农族传统建筑提供了重要的参考资料。

图片来源

图一至图六　〔日〕千千岩助太郎.台湾高砂族住家调查测绘手稿全集.台北：台北科技大学，2012.

图一至图六　陈茜　制图

参考书目

1.〔日〕汤浅浩史.濑川孝吉台湾原住民族影像志·布农族篇.台北：南天书局有限公司，2009.

2.李树义.台湾少数民族——布农.北京：台海出版社，2008.

3.李乾朗.台湾民居.北京：中国建筑工业出版社，2009.

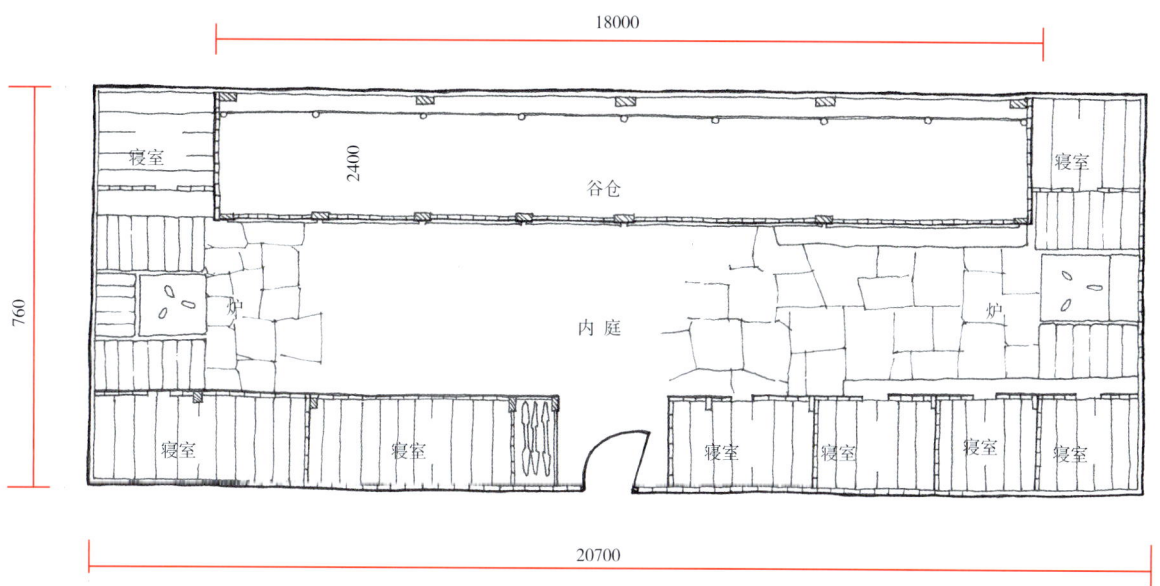

图二　布农族木板屋平面布置图（单位：mm）

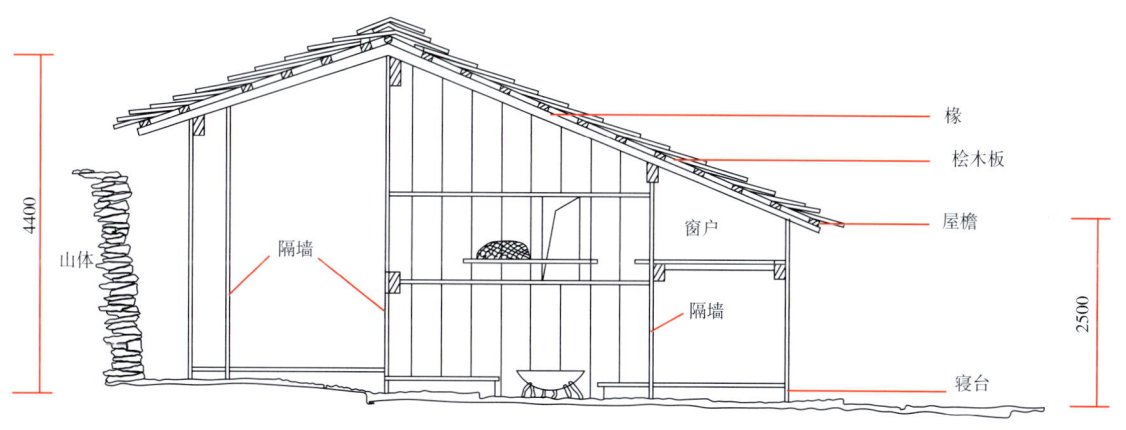

图三　布农族木板屋横切面图（单位：mm）

图四 布农族木板屋剖面图（单位：mm）

图五 布农族木板屋全景图

图六　布农族木板屋室内场景白描图

布农族石屋

图一 布农族石屋主图

布农族的传统建筑较为精致，因为是大家族制，住屋规模都比较大，建筑平面多半呈长方形或四方形，屋顶中间高耸，两边倾斜。一般以石板、木材搭成，墙壁多用石板，但室内的梁柱主要用木材，也有部分选用石材、竹子等材料。布农族住屋的屋檐都盖得非常低，进出房屋需佝偻着腰背才行。在伦理方面做解释的话，入屋低头，是对祖先和长辈建屋的辛劳表示尊敬之意。为了避风雨，住屋窗户不多，更没有排烟的设备，屋内光线比较灰暗。

本案例是Kanaituan Kaisulu Manlawan氏的住家，地处于台中州新高郡丹大溪左岸，海拔约1500米。该建筑为一般的住家，从左至右为物置间、石墙出入口、工作间、住屋以及鸡舍。住家周围有高3米，厚约为1.8米的石墙，再由石墙进入前庭院，前庭院地面铺有石板。整座建筑的核心部分就是住屋，住屋顶上覆盖着千片岩，即利用当地采集的页岩一片片铺设成顶。依着山势地形，把大大小小的石块叠起来成为墙壁，不用辅料，也不使用任何铁丝和铁钉，布农族人称这种屋子为"会呼吸的墙"。住屋入口是一扇朝内推开的木门，木门左右两侧为谷仓和寝室，寝室上方挂有兽皮。住屋中央是内庭或称泥地间，在泥地间两侧都设有炉灶，这里除了可以烹饪食物外也是家人的聚会场所。最里面则为小米谷仓，小米高高地堆积着，谷仓的背后则是石材砌成的石壁。布农人喜欢大家族居于一屋，将长方形屋子分成好几间寝室，每一间住一对夫妻和其子女。

由于经济的发展和生活水平的提高，钢筋水泥等现代建筑材料开始大量的使用，部落传统朴素的面貌已大为改观。逐渐退出历史舞台的布农族传统石屋展示了布农人的营造智慧，也体现了一种极具地域特色的传统文化，对于研究布农族传统建筑具有参考价值。

图片来源

图一至图四 〔日〕千千岩助太郎.台湾高砂族住家调查测绘手稿全集.台北：台北科技大学，2012.

图五 李乾朗.台湾民居.北京：中国建筑工业出版社，2009.

图一至图五 陈茜 制图

参考书目

1.〔日〕汤浅浩史.濑川孝吉台湾原住民族影像志·布农族篇.台北：南天书局有限公司，2009.

2.李树义.台湾少数民族——布农.北京：台海出版社，2008.

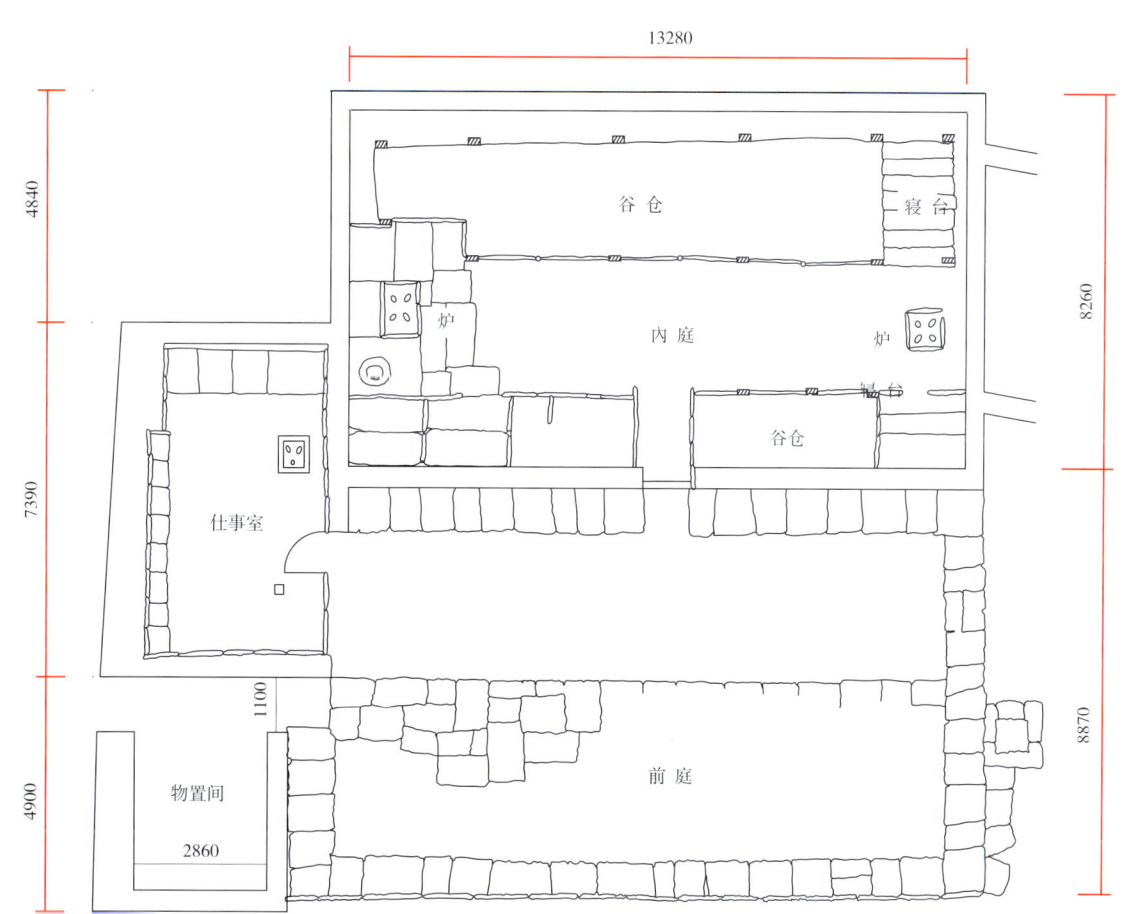

图二 台湾布农族石屋平面布置图（单位：mm）

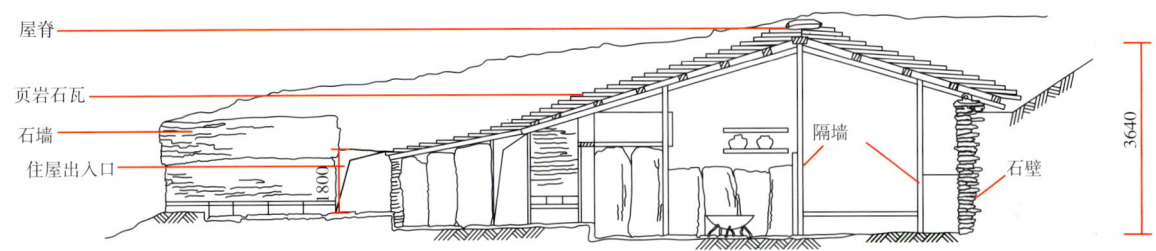

图三 布农族石屋横切面图（单位：mm）

图四 布农族石屋室内场景白描图

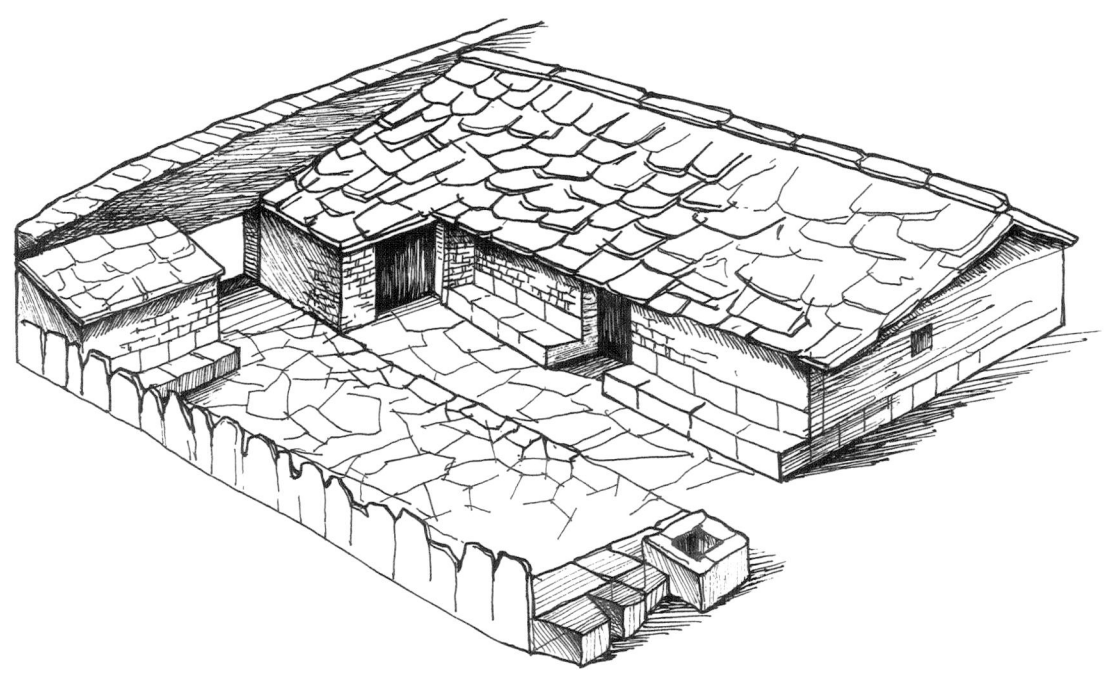

图五 布农族石屋手绘鸟瞰图

高山族谷仓

图一　高山族谷仓主图

本案例为台湾原住民各族常见的干栏式高架谷仓。传统谷仓在原住民各族中叫法不同，排湾族、鲁凯族称为kubau，赛德克族称为lepun，阿美族称为alili。谷仓是建于主屋之外最主要的附属建筑，是原住民用于存储大宗农产品（如玉米、小麦、大麦、燕麦、高粱、稻米、黄豆、向日葵籽等）的建筑设施。据《台湾内山番地风俗图·禾间》记载："……其贮米之屋名曰'圭茅'，或方或圆，高倍常屋，下木上簟，积谷于上，每间可容三百余石……"

台湾原住民生活在高山密林中，当地为湿热多风的气候条件且鼠类较多，因此常见的谷仓多为干栏式建筑，以便于通风、避潮、防鼠害。谷仓通常建于住屋附近或耕地中央，原则上每户有一间。谷仓高约3米，底座设有4~6根插入地里的支撑脚柱，每根脚柱在离地高约1米之处，套有直径约0.7米且中央打孔的圆形石板（或木板），并用藤条绑好。此圆形板称为防鼠板，可以防止鼠类对谷物的侵害。存储谷物的仓室，采用竹子和黄藤捆绑构成基础架构，并在架构之上铺设茅草或铁皮作为屋顶。谷仓底下既是很好的乘凉聊天之处，又可以避雨。

在谷仓建筑材料的选定方面，由于台湾早期山区桧木多，且桧木质地厚实，木料内含油质，不易被虫蛀或朽坏，因此，谷仓的防鼠板和脚柱多以桧木为材质。也有采用石板做防鼠板的。仓室则多以竹子为支架，以藤条为线，捆绑固定成形。屋顶最早铺设茅草，后来也有采用铁皮或木板等材料的。

谷仓作为一种传统的专门储放粮食的建筑设施，与原住民生活息息相关，是原住民传统生活不可或缺的一部分。因此搭盖谷仓便是家族中的大事，谷仓的落成或搬迁等仪式都要依传统礼俗进行。如泰雅族人通常在计划搭盖谷仓的前两三个月，就要准备养鸡及酿造小米酒，搭盖谷仓时至少要四人以上一起合作，男女皆可参与，小孩也要在一旁帮忙及学习。工作开始，先凿6个插脚柱的洞，深约1米，再进行其他部位的构筑。完工之后，主人便拿出先前准备的酒肉宴请大家，还特别邀请泰雅族长老吟唱传统歌谣，当作谷仓落成的庆祝仪式。

图片来源

图一至图六　毛翔　制图

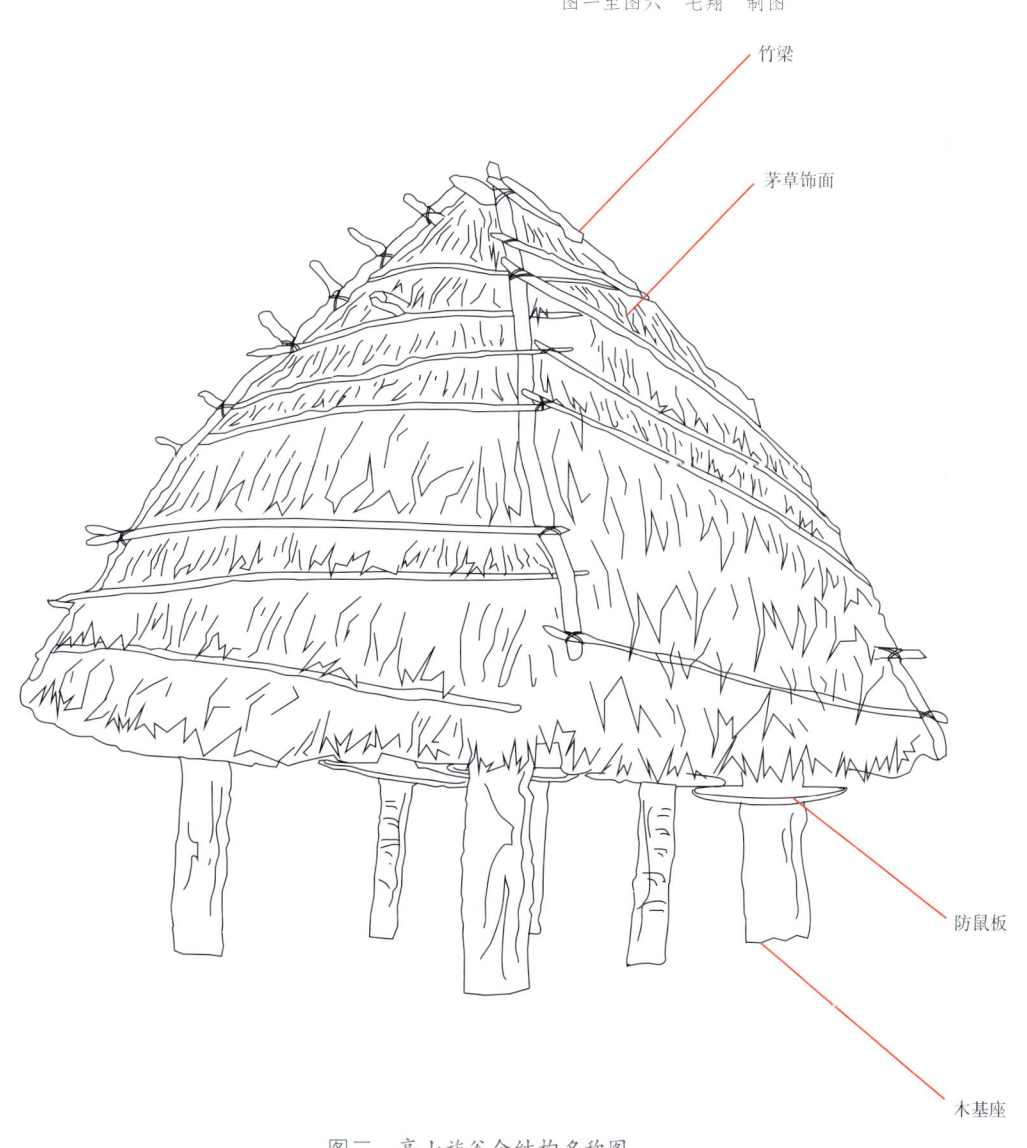

图二　高山族谷仓结构名称图

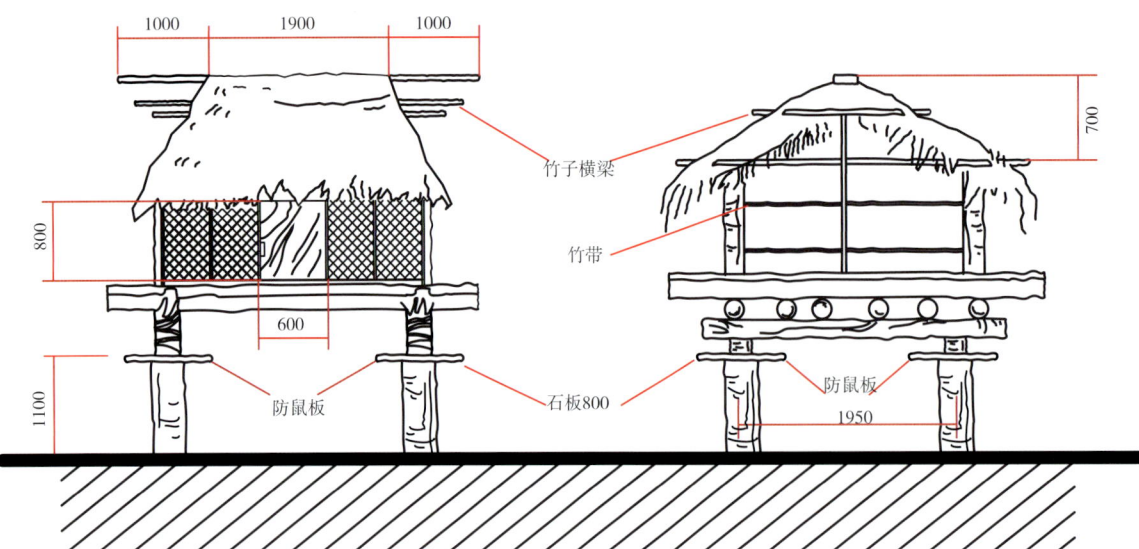

图三　高山族谷仓正、侧立面标注图（单位：mm）

图四　高山族谷仓架构示意图

图五　高山族谷仓脚柱模型分析图

长方形谷仓示意图　　　　　　布农族多纳社谷仓示意图

铁皮屋顶谷仓示意图　　　　　　赛夏族谷仓示意图

图六　高山族其他形制谷仓造型

排湾族木屋

图一　排湾族木屋主图

　　排湾族屋舍建筑背山面谷,以所凿断面为后墙,成畚箕式屋基,建材皆取自于山林河谷,以木、石材料为主。住屋形态也主要以石板屋和木屋为主。排湾木屋的主结构为方形或圆形木柱,大门设在正面中央或两侧,墙面使用木板或石板,屋顶则使用木板或茅草覆盖。

　　本案例为排湾族传统木屋,位于高雄市潮州郡。该木屋属纵深式,地基属簸箕式,两侧与后墙皆为开辟坡地的泥土。木屋平面为矩形,双入口,长约7.75米,宽约4.45米,占地面积约35平方米。屋身以掘穴砌墙边的方式构筑侧壁及后壁,前壁则以厚木板组立而成。室内分前后两间,前土间两侧为木制寝台,从二门通入正室即后土间,在后土间设有寝台、物置及谷仓等。谷仓即存放谷物的仓库,寝台即床铺,是用大的厚木板做成。屋内空间配置和物品摆设以开放而便于活动为原则。在后室物置部分,一般为木质储藏柜,其功能为储藏小米、芋头干及其他贵重物品。其他日常所需的器具,则按照空间配置和取用的便利性而吊挂于梁柱或摆放在墙角。整个木屋的屋顶为龟背形,以穹木为支架,主梁落于谷仓前缘,且为全屋最高点（约3~4米），因未落于边壁而是架于距边壁约1米处的立柱上，使得屋架形成四坡的形式，其前后坡的比约为3∶1，两侧落水坡度极陡，屋顶敷面材料则为茅草，再压以竹条固定。

一般而言，排湾族的建筑十分低矮，室内地板低于室外地面，是旧时排湾住屋的特色之一。本案例中的木屋门设置较为低矮，高约1.5米，出入时须弯腰而行，其目的是防风及利于防卫敌人来袭。

木屋作为排湾族一种传统的住屋形态，有着一定的建筑特点和地方特色，其建筑技术与建筑审美表现都具有一定的研究价值。

图片来源
图一至图五　〔日〕千千岩助太郎.台湾高砂族住家调查测绘手稿全集.台北：台北科技大学，2012.
图一至图五　刘颖　制图

参考书目
陈杰.台湾原住民丛书·排湾族.北京：台海出版社，2008.

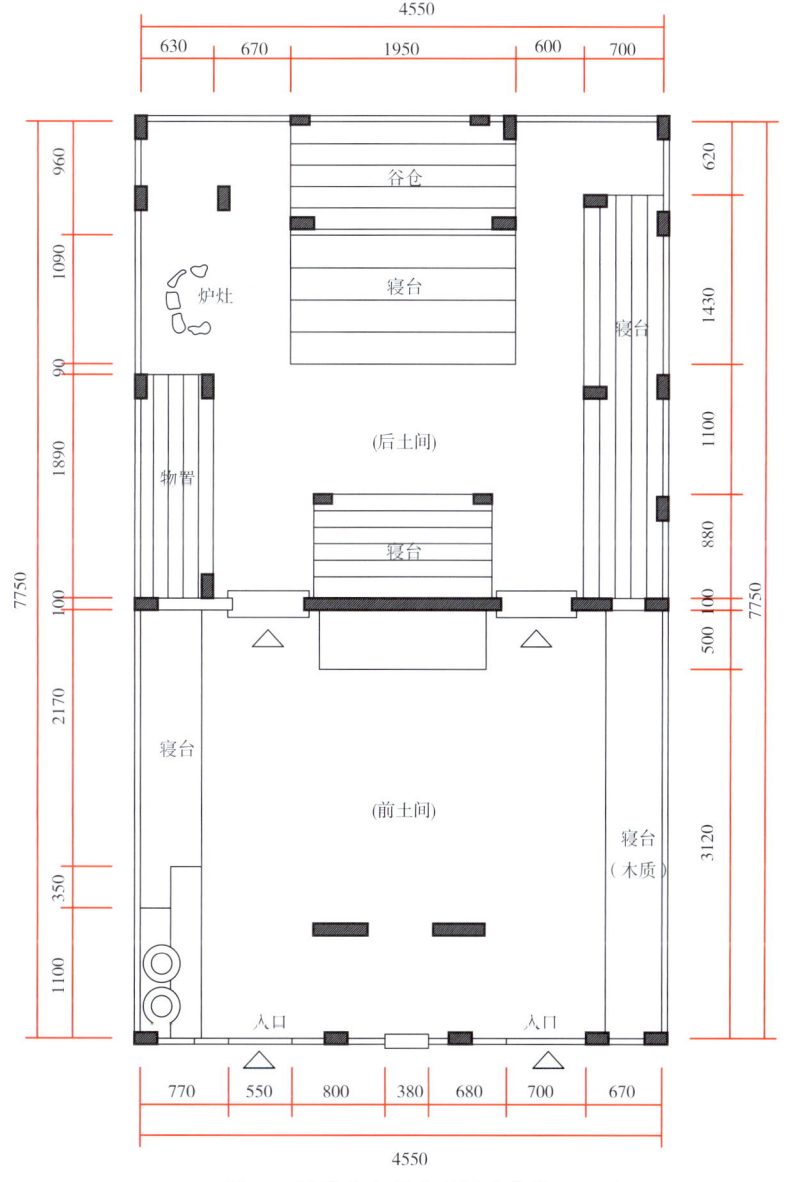

图二　排湾族木屋平面图（单位：mm）

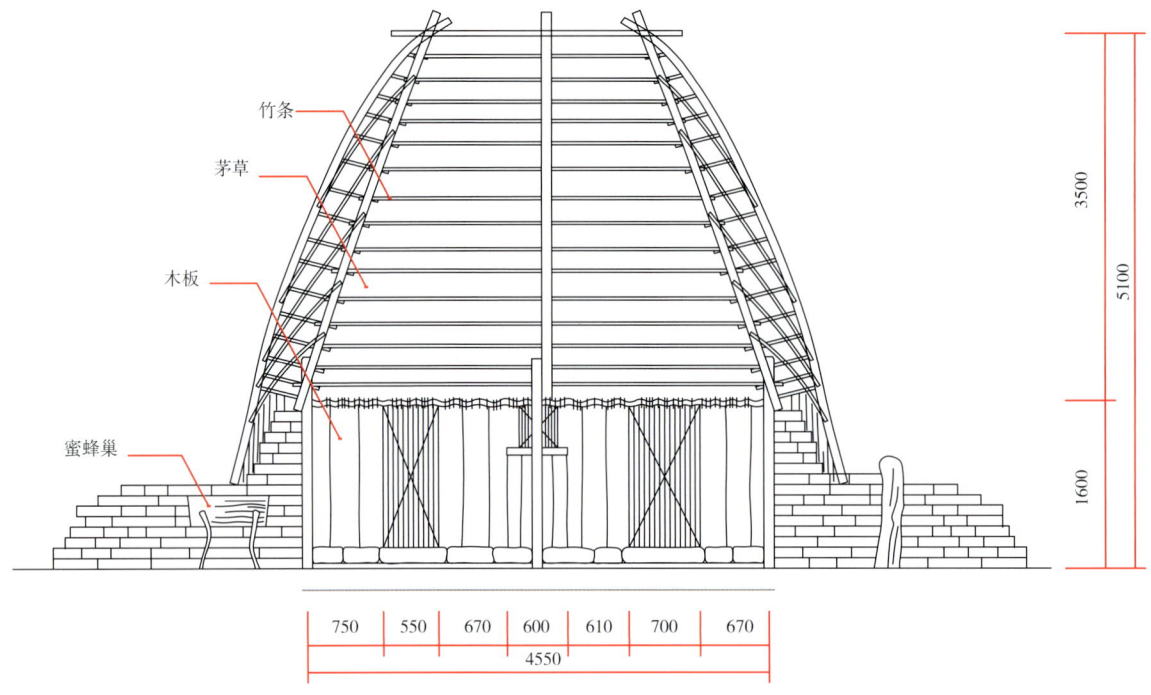

图三 排湾族木屋正立面图（单位：mm）

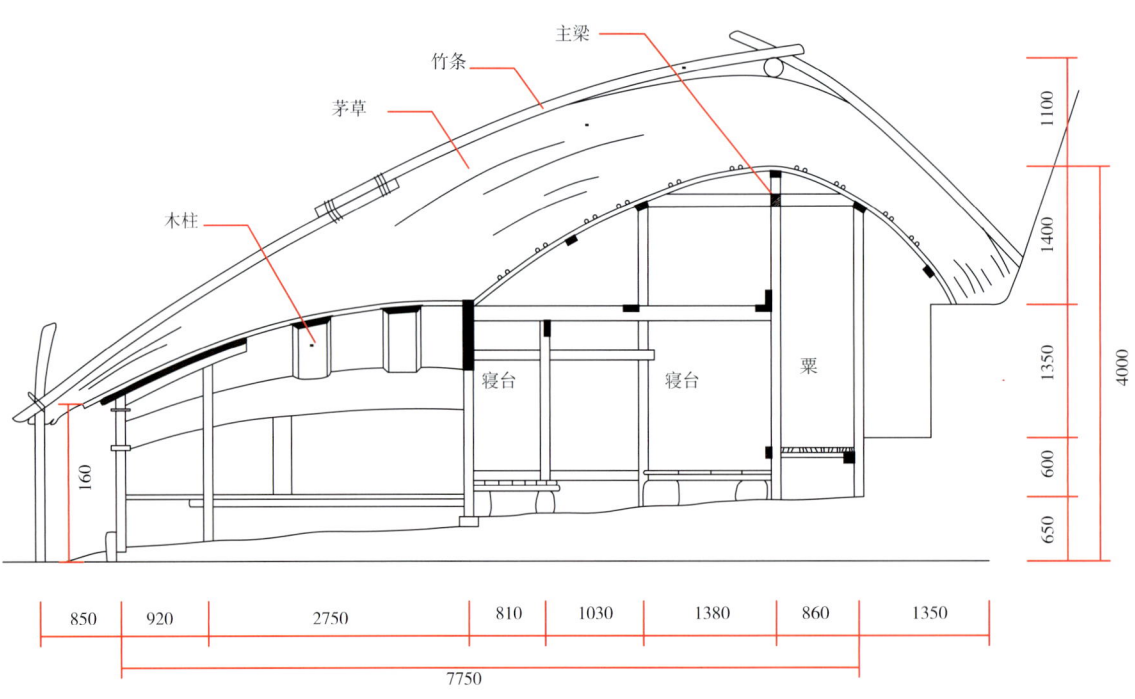

图四 排湾族木屋剖立面图（单位：mm）

图五　排湾族木屋室内场景图

排湾族青年集会所

图一 排湾族青年集会所主图

青年集会所即会所、公廨或青年公廨，是排湾族青年组织的教育训练中心，同时又是部落活动的机构。

本案例中的青年集会所位于台东县排湾族大南社。会所平面整体为矩形，由木头和竹子搭建而成，结构和一般住屋大致相同，但面积会比一般的住屋大。集会所屋前有一片较为宽广的广场空地，四周由堆石垒砌围成，主要是用于集会和训练。会所只三面筑墙，朝向屋前广场的一面为开放式的入口，集会所建筑长约12.7米，宽约10米，占地面积约127平方米。屋内的正中央设有炉灶，炉灶长约3米，宽约2.5米。为了防止敌人的攻击，集会所的炉火常年日夜燃烧，表示日夜都有人警戒的意思。炉灶的两侧为床铺，有木质寝台和竹制寝台。寝台离地较高，约1.15米，在其边上均设有木梯。寝台厚约0.2米，下面的空间可存放木材和其他物品。房屋的四个角落为物置空间，并备有木鼓、竹鼓等，以便于发布警报或集合令。一般而言，集会所为男子专用，女子禁止靠近。集会所在白天是本部落青年男子聚会、训练的场所，夜间则是未婚男子集体住宿的地方。

此外，会所屋内立柱上的人像雕刻是一大特点。木柱平面上雕刻有立体的祖先人像，外形为左右对称的正面男性人像，此雕像具有圆头、长鼻、小眼、细口、双手举拳于肩、双腿略弯、足趾尖向外等特点。从建筑角度来看，这种具有绘画特性的木雕具有装饰性和实用性。排湾族为注重建筑装饰的族群，他们认为在室内的立柱上雕刻祖先像或百步蛇图腾可以带来平安，并能使立柱带有能量以支撑房屋的结构。

青年集会所作为一种部落组织、防卫组织及青年组织的训练教育中心，不仅具有居住、防卫、集会功能，而且在排湾人的心目中也有着特殊的定位，有一定的地方建筑特色和艺术研究价值。

图片来源

图一至图六 〔日〕千千岩助太郎.台湾高砂族住家调查测绘手稿全集.台北：台北科技大学，2012.

图一至图六 刘颖 制图

参考书目

1.陈杰.台湾原住民丛书之排湾族.北京：台海出版社，2008.

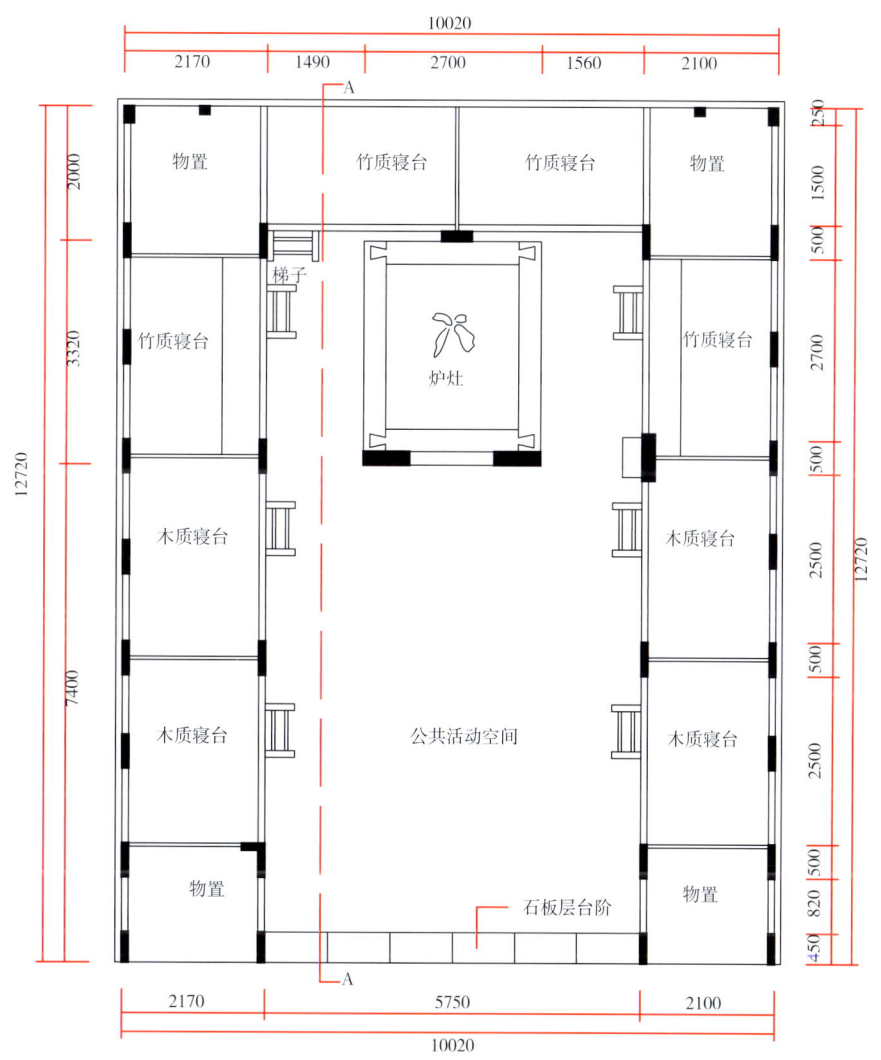

图二 排湾族青年集会所平面图（单位：mm）

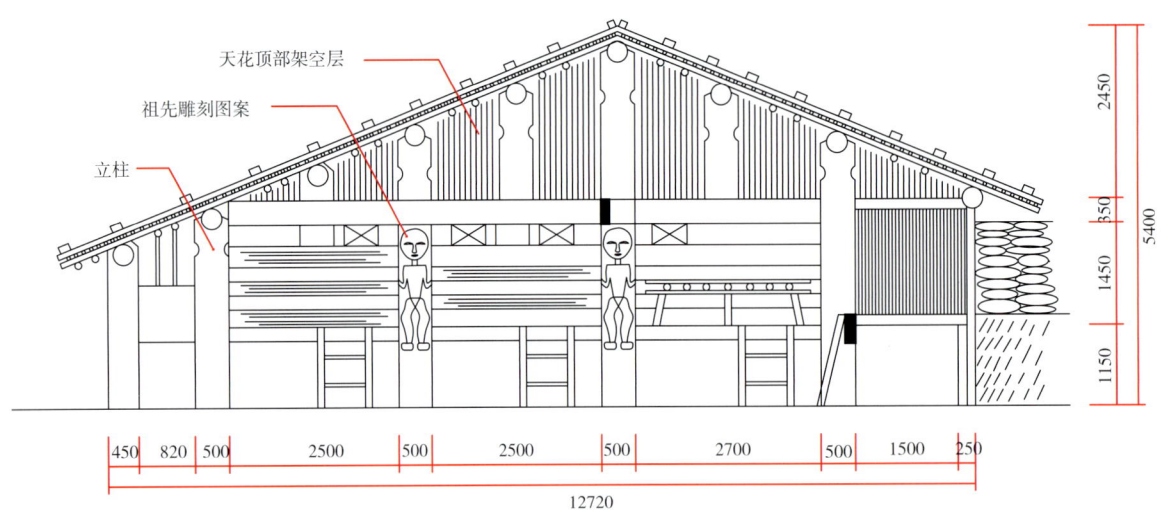

图三　排湾族青年集会所A-A断面图（单位：mm）

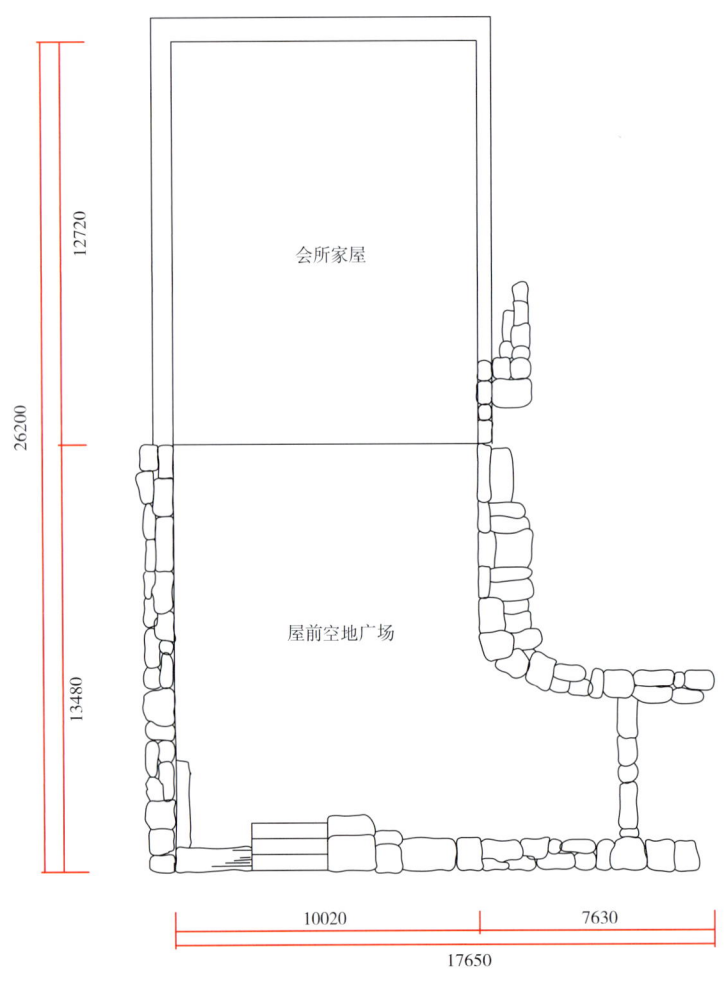

图四　排湾族青年集会所整体平面示意图（单位：mm）

图五 排湾族青年集会所室内场景示意图

图六 排湾族青年集会所室内入口示意图

排湾族石板屋

图一　排湾石板屋主图（台湾自然科学博物馆模型）

石板屋是排湾族最传统的建筑，是排湾最具特色的住屋。北起三地门，南至萃茫溪以北，是排湾石板屋建筑的典型地区。石板屋依地势而建，主要取材于当地的板岩、页岩。在石板屋里，随处可见石板、石桌、石椅等，各家的庭院和围墙一般也都用石板铺就或围成。

排湾族存在等级制度，一般分为头目、贵族和平民。贵族头目的房屋在屋前横楣有雕刻，室外有台阶，前庭有起坐台，起坐台的上面有代表灶神的石柱。室内中柱与床柱上有祖先的雕像，房屋的前部有床台，后面内壁上设有墙橱用来放置陶罐。一般平民住宅没有这些设施，其他则大致相同。且头目除了拥有许多土地和财富外，同时也拥有许多图案的专用权，比如太阳纹、人形纹、百步蛇纹和人头纹。除非因为特殊功劳得到头目的赏赐，一般平民不得使用头目专用图案，仅可装饰动植物图纹及几何纹等图案。

本案例位于高雄市潮州郡，属于头目的家屋。该石板屋平面呈矩形，长约8.85米，宽约7.4米，占地面积约65.5平方米。屋顶为双坡式屋顶，用板岩石材累砌堆叠而成。房屋的最高点位于谷仓前缘的梁柱上，高约3.5米。整个屋内空间主要分为起居活动、寝台休息、储物谷仓及便所猪舍等几个区域。排湾住家有一个特色：厕所与养猪的畜舍在屋内的同一空间，常位于屋内的最侧边。如果住屋的入口开在左侧，则猪舍与厕所即设在右侧墙边，此石板屋亦如此。在房屋的正前方一侧，有个小而低的入口，高约1.5米，一般出入时须弯腰而行，其目的是防风及利于防卫敌人来袭。排湾人一般将室内地板建得较室外低，因此该房屋入口虽然低窄，但进入屋内后，则显得开阔宽敞。

住屋建筑正立面有板岩斜板支撑，此斜板除了有支撑屋顶及立面石墙的作用之外，同时可用作阶梯，以供人爬上屋顶晒东西，或放食物等。屋前的石板台阶可供休息，妇女们也会常坐在这里一边捻纱、刺绣，一边聊天。此外，值得一提的是，在石板屋前的横楣即檐下有一条长长的雕刻檐桁，檐桁上雕刻着太阳纹、百步蛇和人头纹等图案，这些图案代表了排湾人的神灵信仰和图腾崇拜，不仅具有装饰性，同时具有象征意义。

图片来源

图一至图五　〔日〕千千岩助太郎.台湾高砂族住家调查测绘手稿全集.台北：台北科技大学，2012.

图六　任先民摄影，吴燕和协助，傅君编辑.屏东县排湾族民族志影像图录.台东：台湾史前文化博物馆，2012.

图七　李乾朗.台湾民居.北京：中国建筑工业出版社，2009.

图八　屏东县春日乡老七佳石板屋聚落文化协会编著，埋藏在绿色丛林的宝藏.台北市：顺益台湾原住民博物馆，2011.

图一至图八　刘颖　制图

参考书目

陈杰.台湾原住民丛书之排湾族.北京：台海出版社，2008.

图一　排湾族石板屋场景效果图

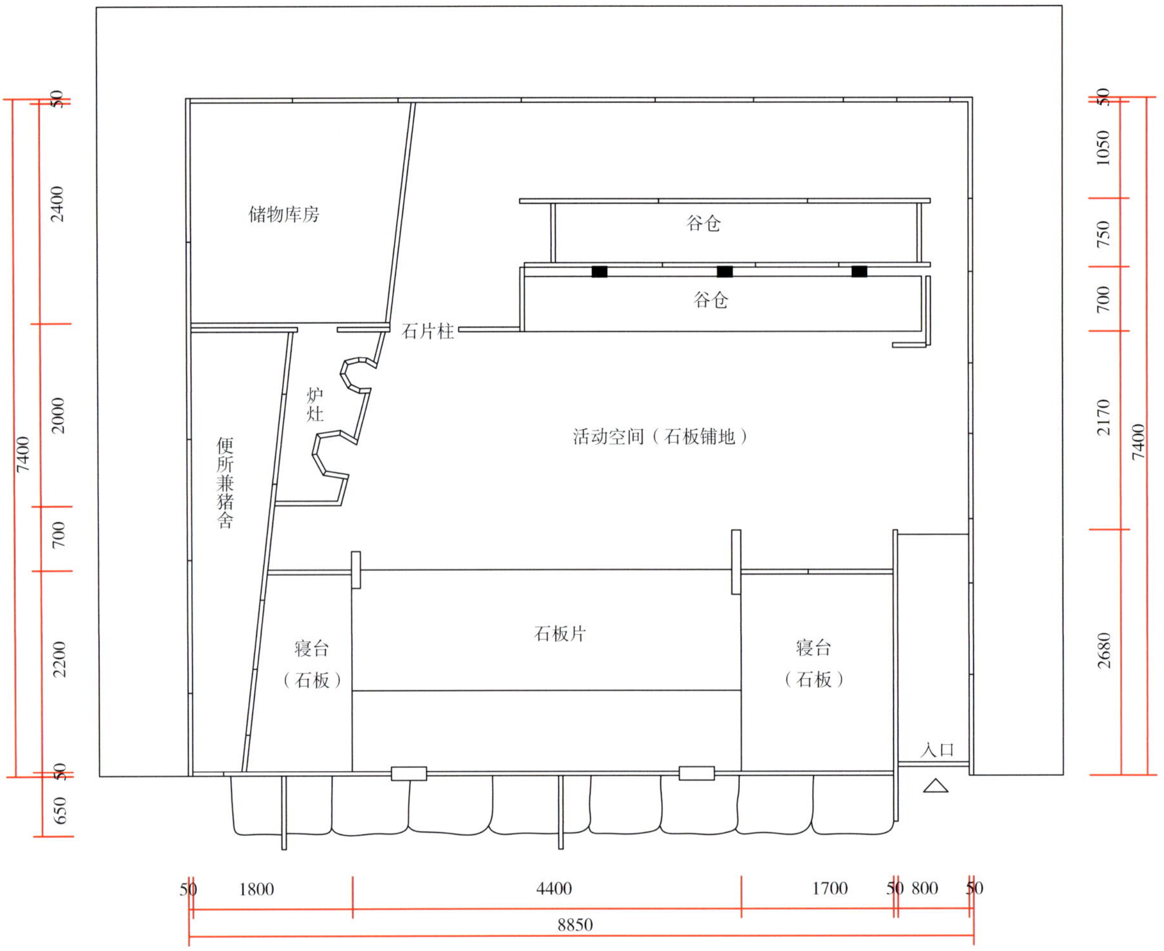

图三 排湾族石板屋平面图（单位：mm）

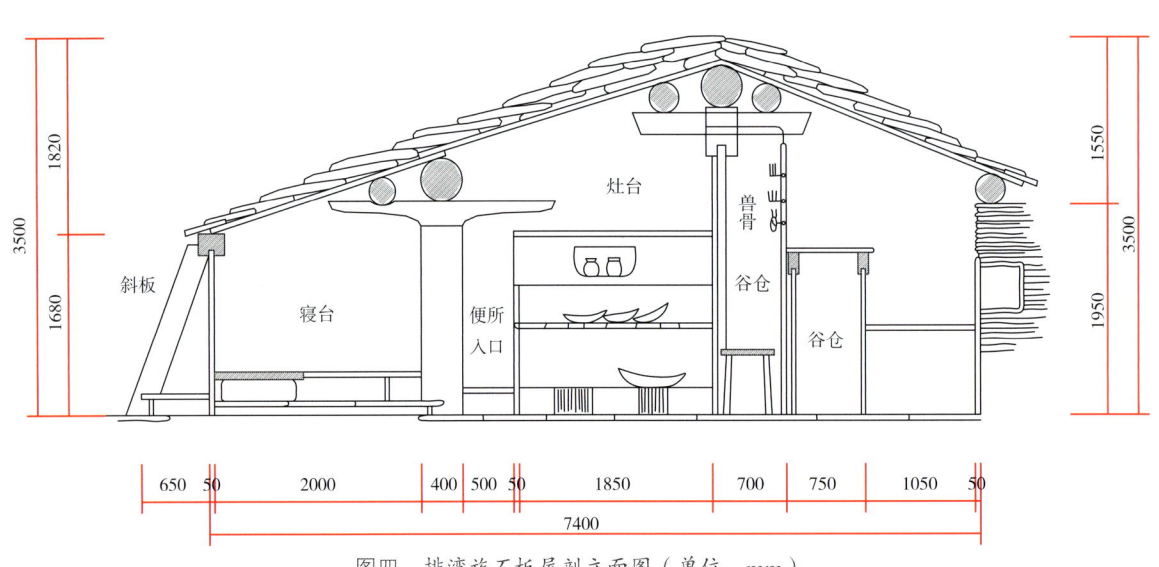

图四 排湾族石板屋剖立面图（单位：mm）

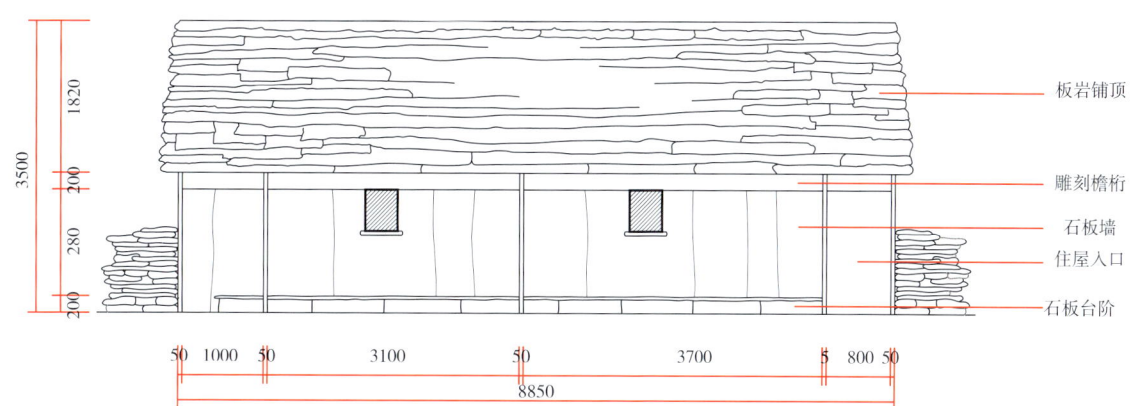

图五　排湾族石板屋正立面图（单位：mm）

图六　排湾族石板屋檐桁雕刻图

图七　排湾族石板屋室内场景示意图

图八　排湾族七佳部落石板屋

泰雅族木屋

图一 泰雅族木屋主图

泰雅族的居住地域面积占了台湾全岛原住民分布地的三分之一，其族群内部之间的语言、风俗习惯各有不同，因此住家形式有差异，而建筑材料和构造手法亦多元化。基本上，泰雅族的住家营建方法以祖先口耳相传为主，且以就地取材为原则。

泰雅族传统木屋主要位于台北、台中两地的部落，住家材料以木材为主；常设于山腰，入口都朝向地势低平之处，屋内地面低于屋外，呈下沉状，属竖穴型建筑。建筑物平面格局多为矩形，仅设一个出入口于建筑物的长向侧，屋内无隔间，就寝用的卧铺抬高，屋内地面并无铺设材料。四周墙壁有用木料横放堆叠的木式壁、木板壁等。

本案例为千千岩助太郎《台湾高砂族住家调查测绘手稿全集》一书中台湾台北泰雅族传统木屋。该案例考察于1938年，建筑平面呈长方形，其长12米，宽5.5米，高3米，外围墙距离住房有3.5米。该建筑采用地穴式，屋内地面向地下陷入1米左右，可取暖，内部无隔间。地面上的墙体以横木上下并成，内外夹以木柱，以木片、竹片、竹材、茅草来围造墙壁，屋顶材料大部分是茅草或桧木皮。木屋前面中央处设有木板门的正式入口，室内的四个角落设有竹编的卧铺，也可以当座椅使用，在其附近开设小窗户增强室内光线。共用的炉子放在两个卧铺之间。炉上还有用小圆木或竹子排成的吊式棚架。室内墙壁装有用小圆木、竹子或木板等做成的放置物件的棚架。

图片来源

图一至图七 〔日〕千千岩助太郎.台湾高砂族住家调查测绘手稿全集.台北：台北科技大学，2012.

图八 李乾朗.台湾民居.北京：中国建筑工业出版社，2009.

图一至图八 毛翔 制图

参考书目

〔日〕千千岩助太郎.台湾高砂族住家调查测绘手稿全集.台北：台北科技大学，2012.

图二 泰雅族木屋场景图

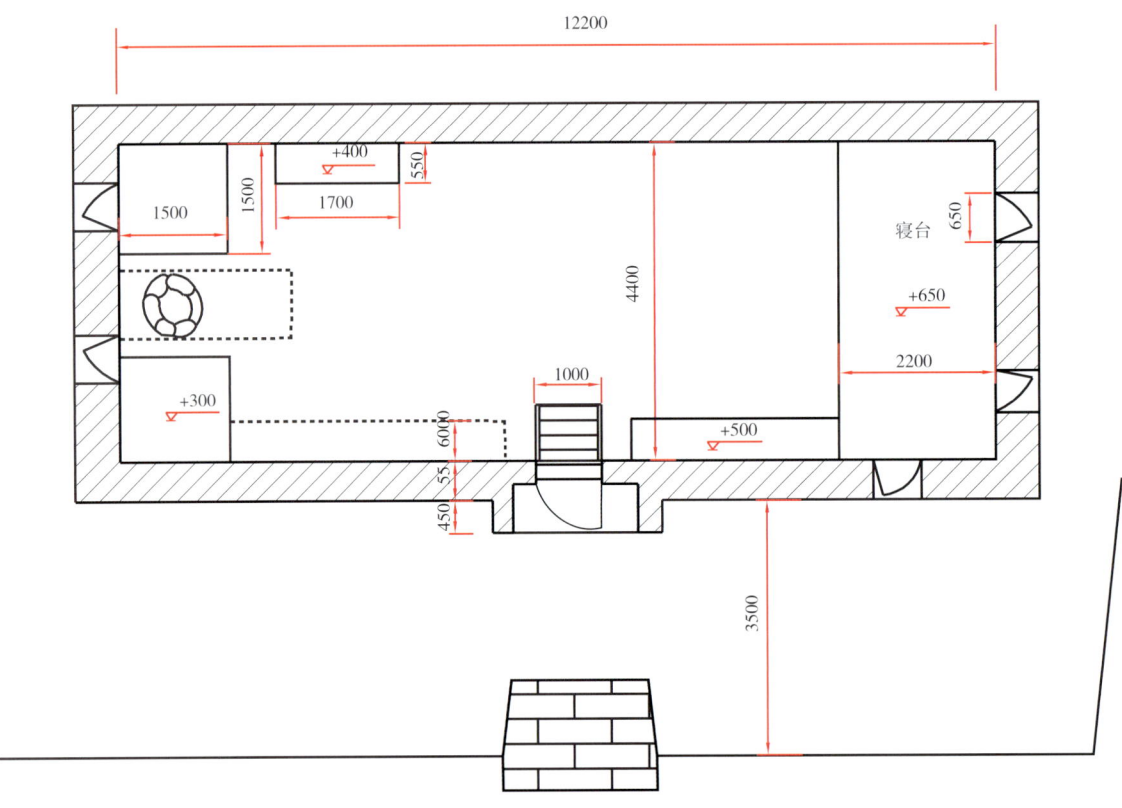

图三 泰雅族木屋平面图（单位：mm）

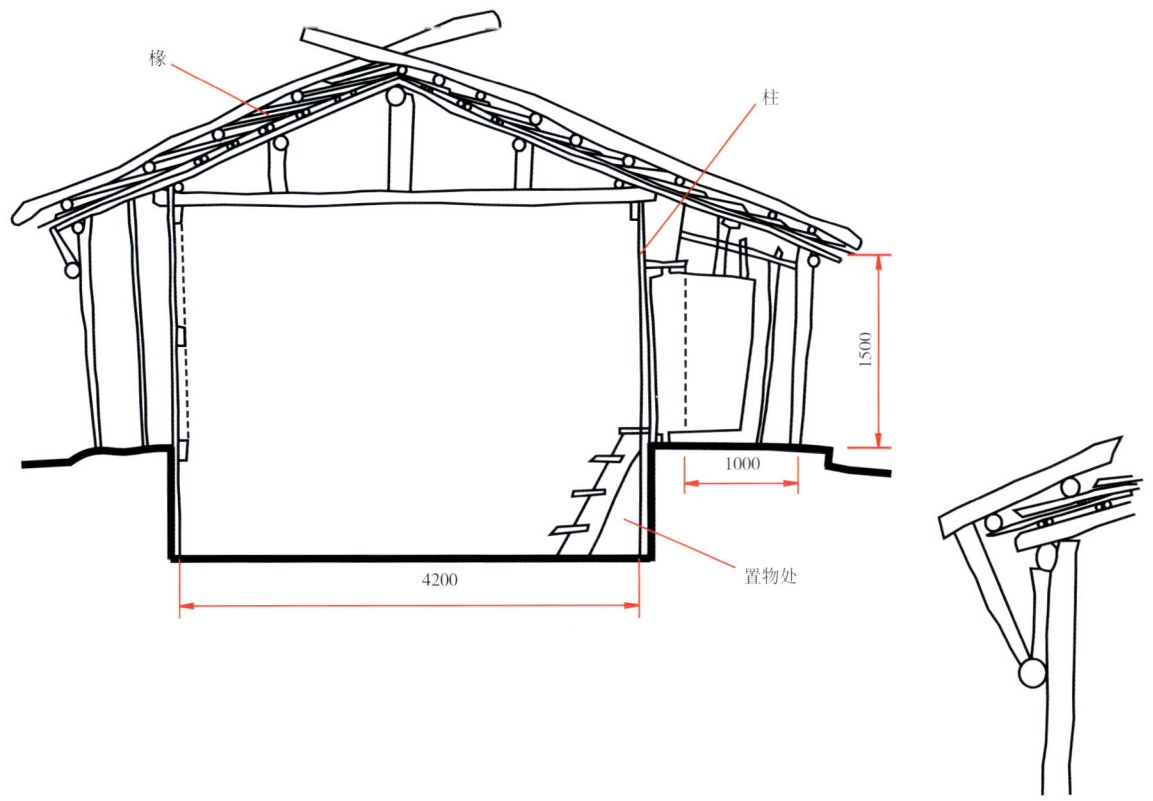

图四 泰雅族木屋剖面图（单位：mm）

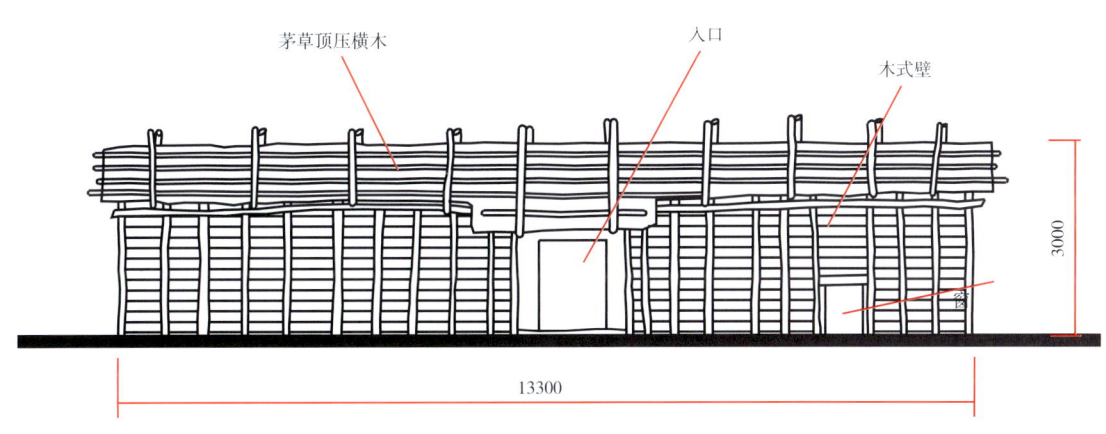

图五 泰雅族木屋正立面图（单位：mm）

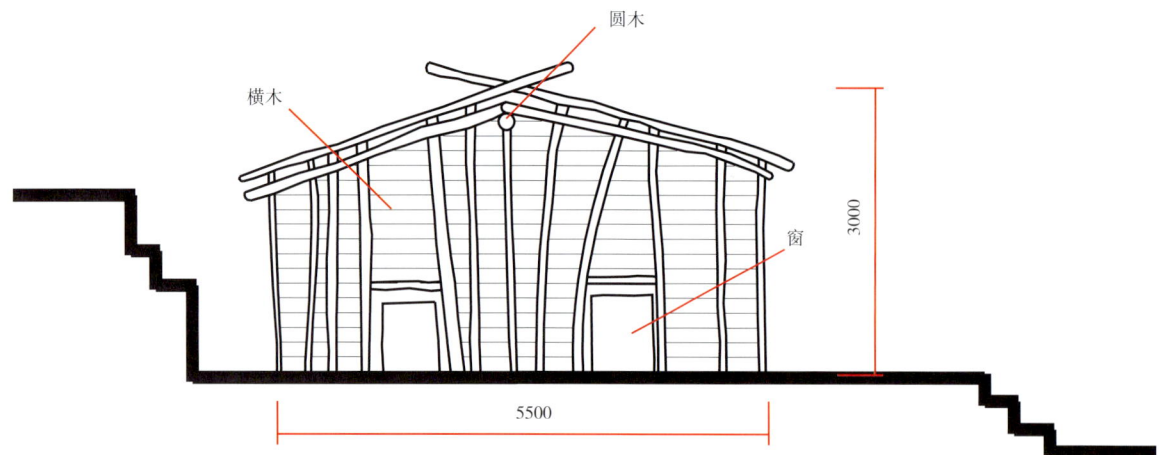

图六　泰雅族木屋侧立面图（单位：mm）

图七　泰雅族木屋室内白描透视图

图八　泰雅族木屋室内剖面透视图

泰雅族竹屋

图一　泰雅族竹屋主图

台湾地区气候多变，促使原住民在建筑方面要与自然相协调。为了配合气候和环境，泰雅族的建筑地基多半分为平地式、凹陷式、高架式三种，而基地在选择条件上，需要避开山腰上风大之地，日照充分而忌潮湿，也忌讳曾有人居住过。其中平地式建筑有相当大规模，主要位于新竹和花莲地区，材料以竹子为主。正入山墙式，墙壁和屋顶全部都是竹造，与其他类型有较大差异。传统竹屋平面以长方形为主，室内采用一室制。追溯历史，竹屋是由木屋演变而来。

本案例为千千岩助太郎《台湾高砂族住家调查测绘手稿全集》一书中台湾新竹泰雅族竹屋。该案例考察于1937年，其建筑平面为长方形，长8米，宽6米，高4米。在基地面以上建筑形态与竖穴型相同，为矩形两坡屋顶家屋。屋内与室外在同一水平线上，除梁柱使用木材外，墙壁、屋顶均用竹材，室内土地，墙壁下垫以石片，室外沿屋墙，拥土垫高为走廊，用以防水。竹壁的建造方法：首先必须竖立若干圆木柱，然后再横向排上圆竹，最后于外侧再以剖竹竖起衔接而成。屋顶的建造方法：墙壁的中央竖立木柱，然后在屋顶脊梁和屋檐下的横梁之间排放倾斜的梁，以建造山墙顶。梁上层以剖半的竹子，互相扣合，可以建一层或双层，最后在上层屋脊部分用圆竹做压条。整体来说，屋顶的倾斜度相当缓和，屋檐出挑得很长，因此房屋外观呈现轻快的美感。

传统竹屋是泰雅族原住民通过智慧与劳动，从木屋当中演变而来。他们将随处可见的桂竹剖成两半交错搭建，可起到防风效果。在这建筑与艺术统一的载体中，蕴含着无数的智慧。

图片来源

图一、图二、图七　毛翔　制图

图三至图六　〔日〕千千岩助太郎.台湾高砂族住家调查测绘手稿全集.台北：台北科技大学，2012.

参考书目

〔日〕千千岩助太郎.台湾高砂族住家调查测绘手稿全集.台北：台北科技大学，2012.

图二　泰雅族竹屋群落场景图

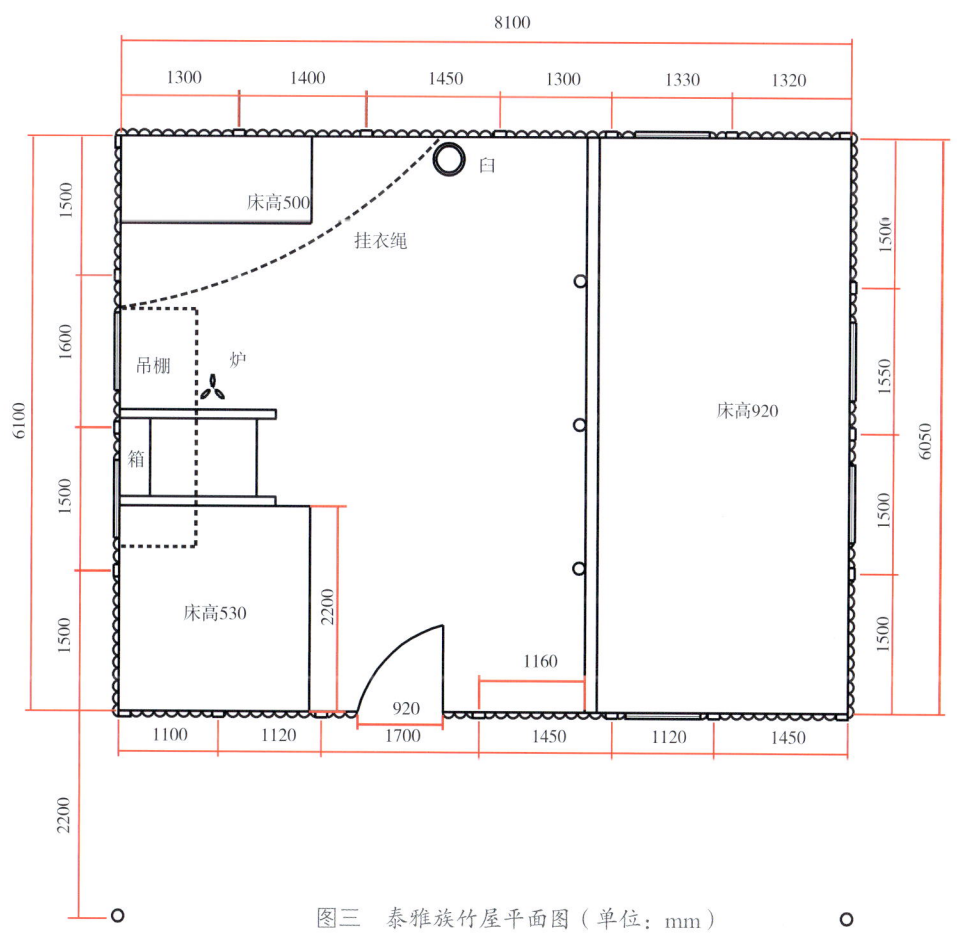

图三　泰雅族竹屋平面图（单位：mm）

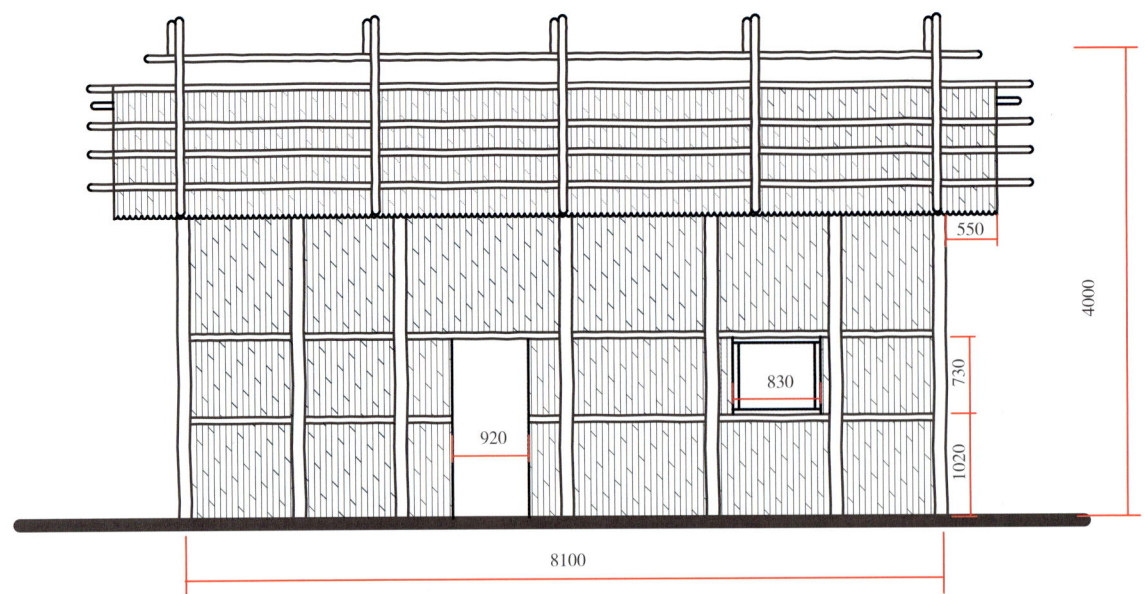

图四 泰雅族竹屋正立面图（单位：mm）

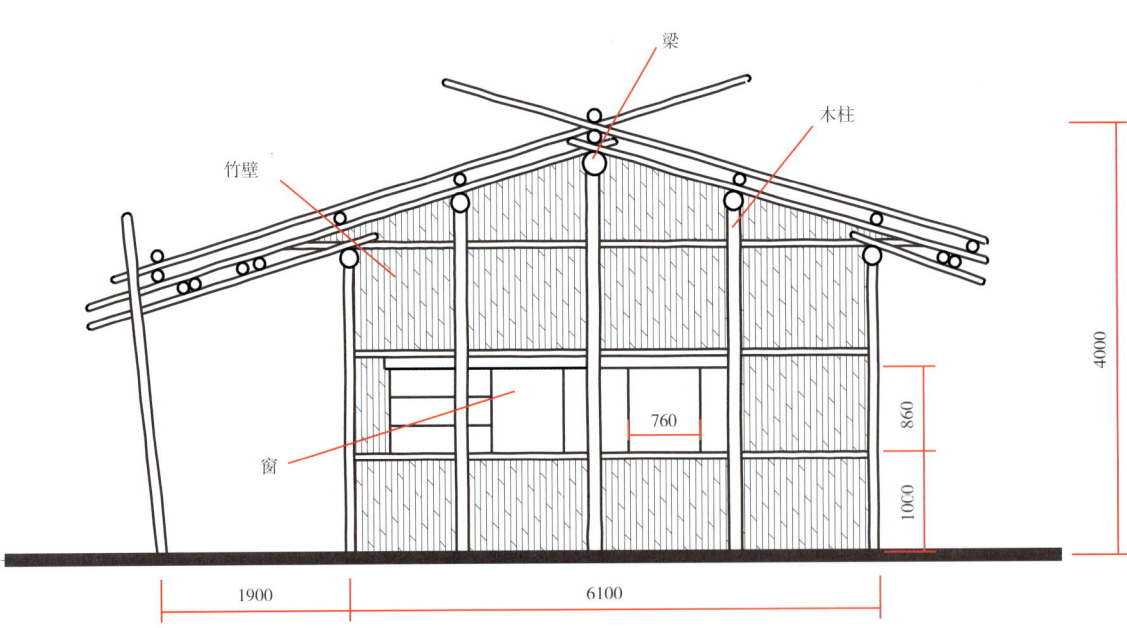

图五 泰雅族竹屋侧立面图（单位：mm）

图六　泰雅族竹屋室内结构透视图

图七　泰雅族竹屋室内器物摆放图

雅美族干栏式凉亭

图一 雅美族干栏式凉亭主图

雅美族居住在台湾与巴士海峡间的兰屿岛上，他们的聚落大多在靠海的斜坡地上，四周有石头围墙，房屋建筑有高有低，颇具特色。族群内部建筑可分为住家主屋、工作室、凉亭等。住家主屋大多低于地平面1.5至2米，从前庭至室内呈竖穴状，因此在户外只能看得到部分屋脊的外观。在主屋前的地面上建有干栏式凉亭，底部高出地面1米以上。凉亭形态各异，主要以四木柱、六木柱或八木柱为主，木柱支撑屋顶，亭内地面用木板铺设，屋顶为矩形两坡屋顶，以干茅草堆砌而成，并用藤条和圆竹固定。凉亭旁边设有简易木梯可供人攀爬，这些梯阶大多以直径约20厘米的独木组成，一面刻有深痕，作为踩踏防滑之用。

兰屿岛地处热带气候，全年高温且常有台风侵袭。雅美族竖穴式的住屋地势低，可有效地防御台风，但其屋内通风采光均不足,需要搭建干栏式凉亭来满足人们日常的避暑纳凉。除此之外,凉亭还可以供人织网、编筐、做小工等,底下可以饲养家畜,储存茅草,放置树根,制作陶器等。族人在一天工作之余,常在凉亭上生活。盛夏之夜,人们为避暑纳凉多在凉亭上过夜。在雅美族的习俗上,凉亭要八木柱以上的才能举行落成仪式。

本案例为千千岩助太郎《台湾高砂族住家调查测绘手稿全集》一书中台湾雅美族传统干栏式凉亭,考察于1937年。其建筑平面为正方形,长2.1米,宽2.1米,高3米,是一座六木柱、两坡型茅草顶凉亭。旁边设有供人上下的简易木梯。

图片来源
图一至图七　毛翔　制图
图二至图六　〔日〕千千岩助太郎.台湾高砂族住家调查测绘手稿全集.台北:台北科技大学,2012.
图七　屏东县春日乡老七佳石板屋聚落文化协会编著,埋藏在绿色丛林的宝藏.台北:顺益台湾原住民博物馆,2011.

参考书目
〔日〕千千岩助太郎.台湾高砂族住家调查测绘手稿全集.台北:台北科技大学,2012.

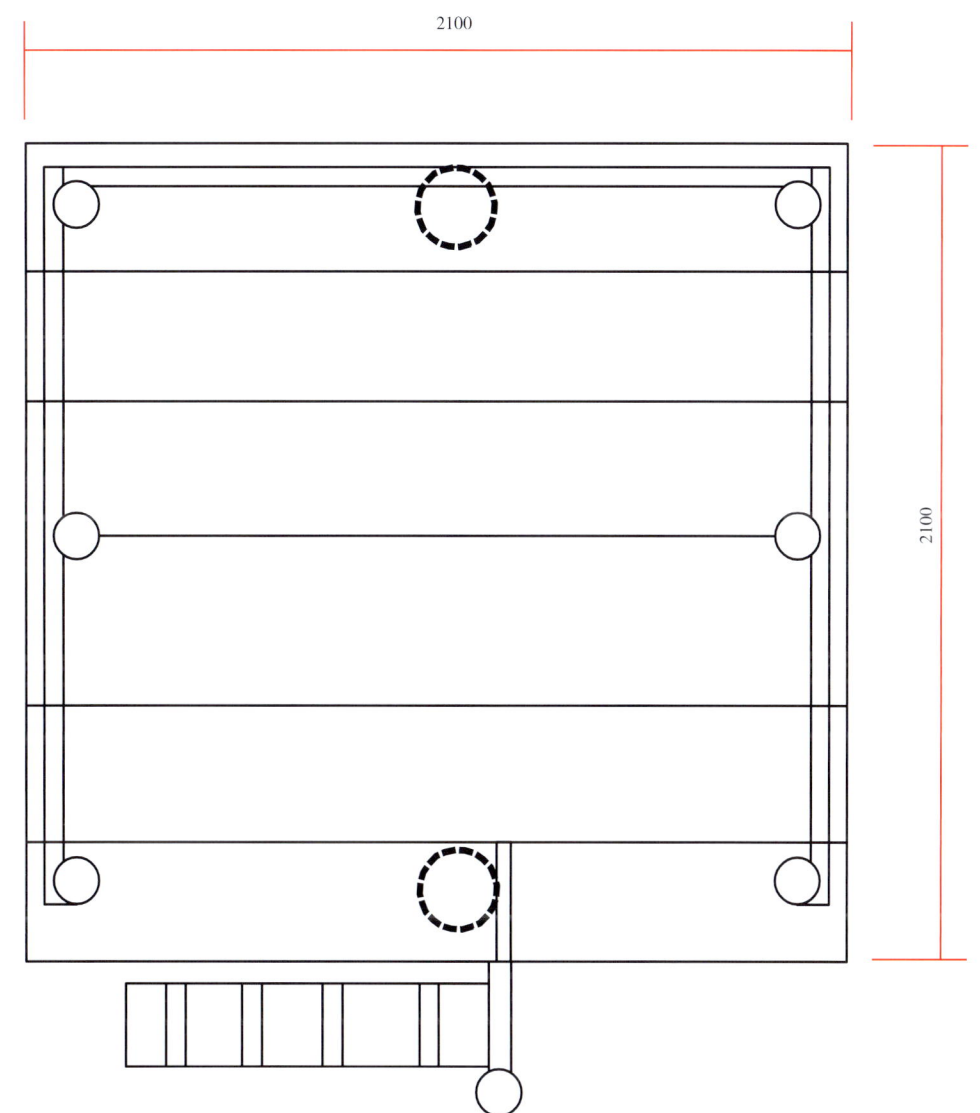

图二　雅美族干栏式凉亭平面图(单位:mm)

图三 雅美族凉亭正立面图（单位：mm）

图四 雅美族凉亭侧立面图（单位：mm）

图五 雅美族干栏式凉亭白描透视图　　　　图六 雅美族干栏式凉亭局部结构图

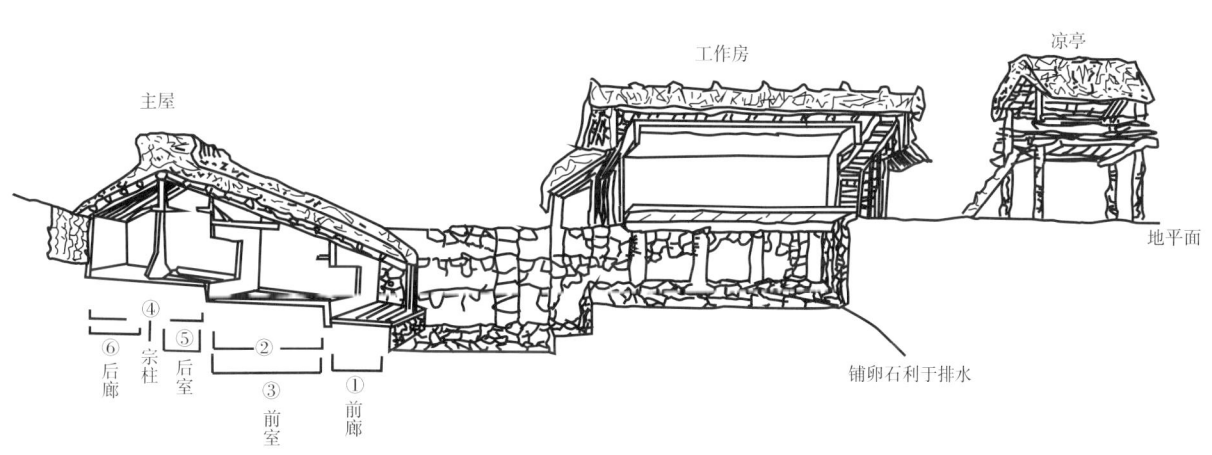

图七 雅美族住屋、工作室、凉亭示意图

邹族竹屋

图一　邹族竹屋主图

邹族主要分布在嘉义、台南与高雄的山区，即清代文献里提到的"阿里山番"。房屋建筑通常选择平坦地形，屋内地面与屋外地面高度一致，四周用矮墙围绕。从整体上看，邹族的房屋平面接近椭圆，屋顶形状类似于不规则的半椭圆球体。相比之下，其他种族的房屋平面多为矩形或正方形。除房屋形态之外，邹族房屋内部还规划有鸡舍、猪舍、柴房等，位于石垣所划定的范围内。房屋与猪舍之间用石垣相隔，使猪不能进入房屋且不会跑走。这种房屋充分发挥了其功能性作用，对家畜的圈养起到了积极的作用。

至于在材料方面，邹族先民本着方便易寻、就地取材的原则，柱、梁以圆木为主，墙壁以竹或木为支架、其上铺茅草而成，四周墙壁呈弧形状，与屋顶留有空隙，整个房屋光线充足，通风良好。

本案例为千千岩助太郎《台湾高砂族住家调查测绘手稿全集》一书中台湾台南邹族传统竹屋，考察于1937年。其建筑平面近似椭圆，开间较大，长11米，宽9米，高4米。前后均设有出入口。屋内功能齐全，设有谷仓、寝台、火炉、食器置场、兽骨架等。其房屋中心处，树立着交叉的屋柱，上方承载大梁，并且捆绑，成为内柱。内柱外围竖立外柱，支撑屋顶。屋顶以五节芒覆盖，将桂竹竿和外柱并排，成为侧壁。在中央部位的柱口空间，中间附上横木，成为棚架或吊物场。

火炉上方用玉山箭竹编制而成的帘状竹架，用以烘干来自谷仓之内的小米。火炉下方放置的石头起灶台的作用，吃剩的食物可储存于笼内并吊挂起来。

竹屋充分体现了邹族传统民居的特点，它将形式与功能做了良好的统一。邹族民众发挥聪明才智，就地取材，将大自然之物创造成建筑艺术。

图片来源

图一至图七　毛翔　制图

图二至图六　〔日〕汤浅浩史.濑川孝吉台湾原住民族影像志·布邹族篇.台北：南天书局有限公司，2009.

图七　台湾自然科学博物馆

参考书目

1.〔日〕千千岩助太郎.台湾高砂族住家调查测绘手稿全集.台北：台北科技大学，2012.

2.〔日〕汤浅浩史.濑川孝吉台湾原住民族影像志·布邹族篇.台北：南天书局有限公司，2009.

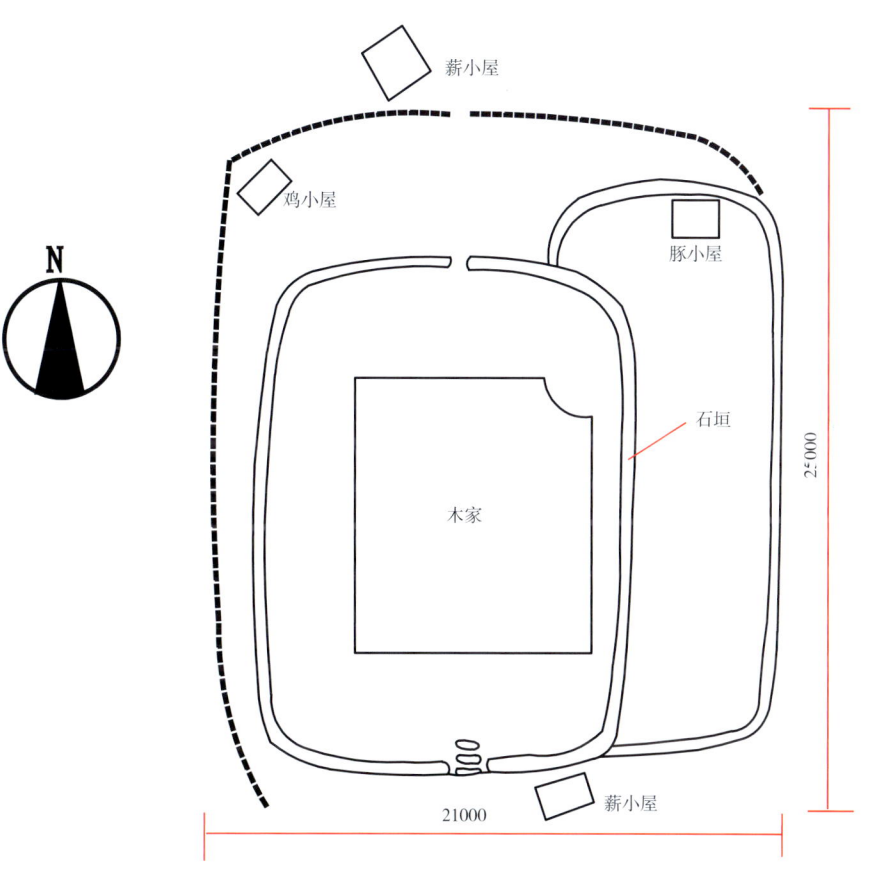

图二　邹族竹屋整体平面图（单位：mm）

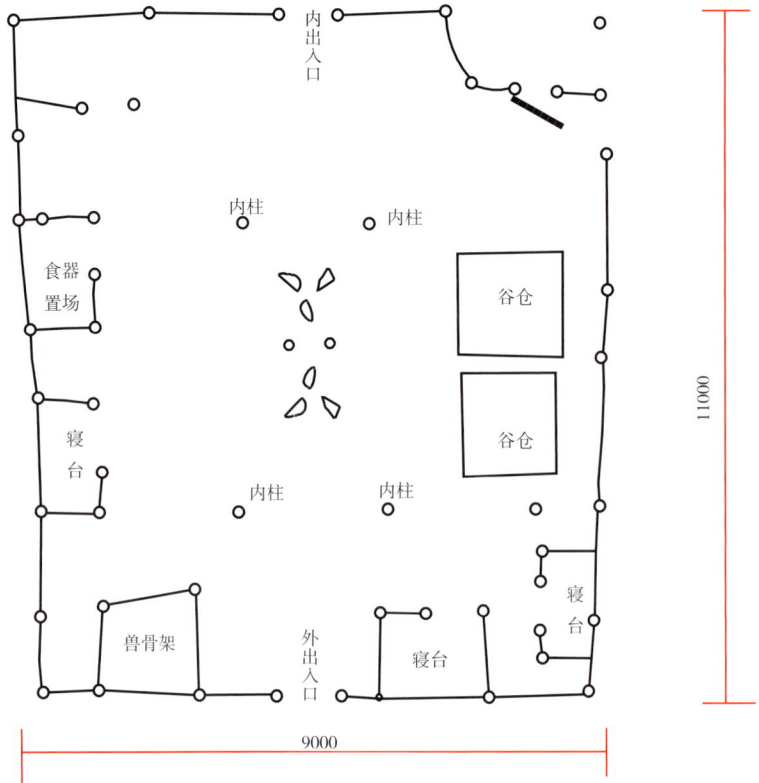

图三　邹族竹屋室内平面图（单位：mm）

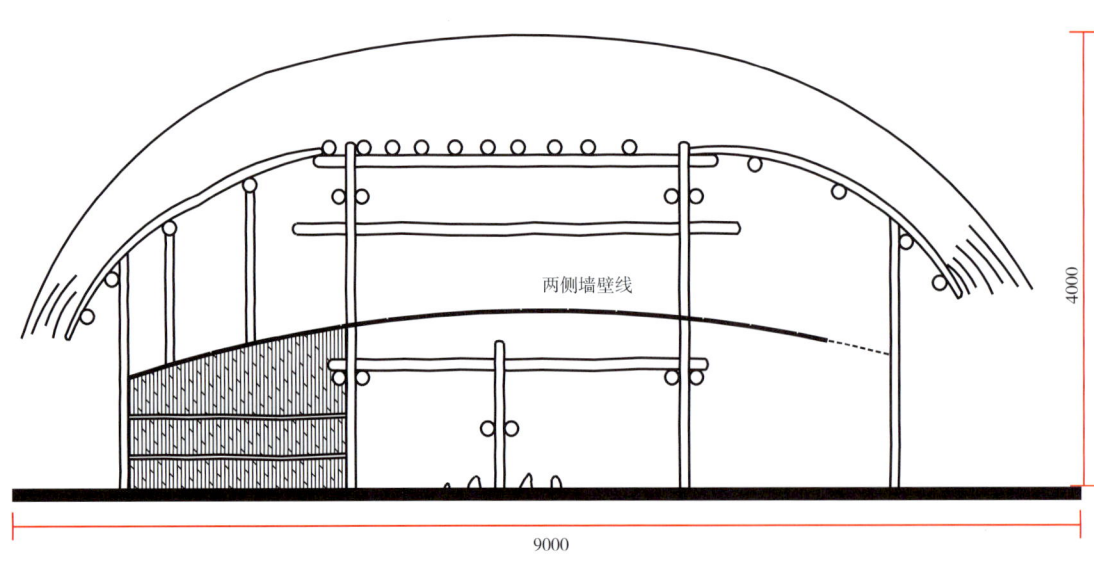

图四　邹族竹屋正立面图（单位：mm）

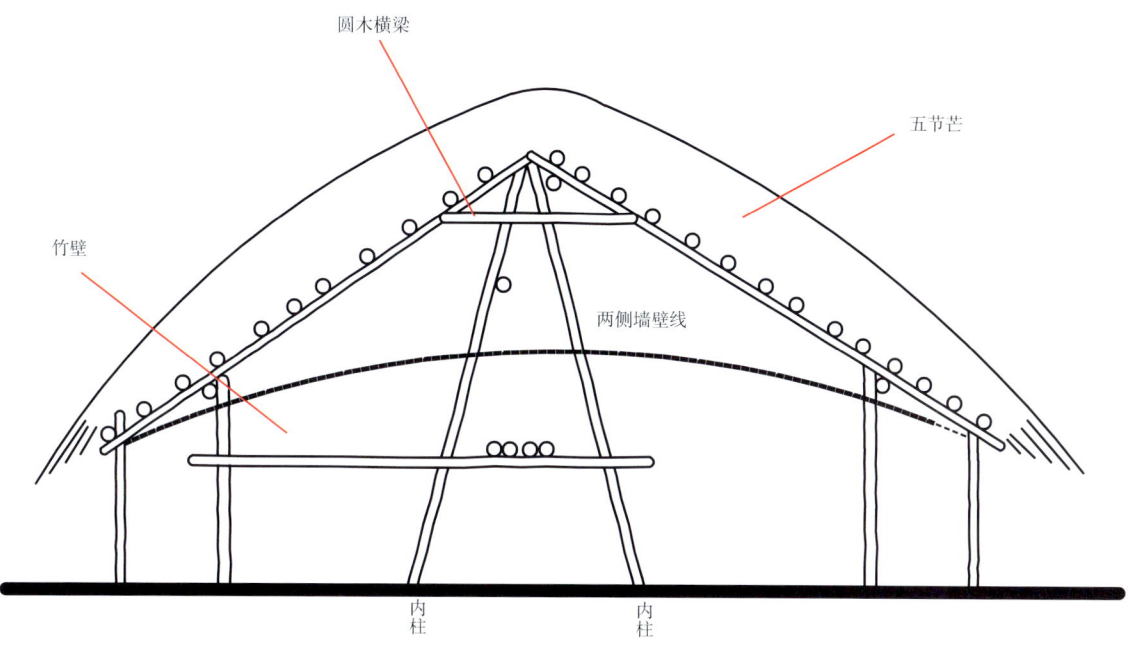

图五　邹族竹屋侧立面图

图六　邹族竹屋室内白描透视图

图七　邹族竹屋族群图

第二章 高山族传统服饰

高山族绣饰

（1）平埔族槟榔袋织绣局部

（2）鲁凯族女子长衣织绣局部

（3）排湾族女子方形衣帽织绣局部

（4）泰雅族贝珠裙局部

图一　高山族绣饰主图

台湾高山族的服饰、织物与绣片等绣饰工艺充满朴质巧思，留下了许多美丽璀璨的作品。不论日常生活服饰，还是祭典装饰、婚庆和节日中的盛装，都扮演着文化传承与创新的角色。服饰织绣在纹样、色彩、材质或技法等各方面，反映出精湛卓绝的族群工艺传统，亦传递着深刻的社会文化意涵与变迁讯息。

各族群服饰都运用刺绣技术，整块布被绣满图案之后，才制成服饰。卑南族的织物刺绣技法熟练，以十字绣著称。鲁凯、排湾族的刺绣也相当闻名，排湾族常用的技法有锁链绣、轮廓绣、十字绣、边缘绣、鳝鱼骨绣、珠绣等，加上具有纯熟的制作琉璃珠的技术，搭配刺绣于服饰、头饰上。此外，贝壳、金属片、山猪牙、老鹰羽毛，都被加以运用。服饰前面的盘花扣，是用红黄绿三色棉线、毛线与绣线，以鳝鱼骨编带或以三股编带编成长条，再盘花缝缀于上衣。阿美族妇女擅长以十字绣制作槟榔袋或情人袋，呈倒梯形，以白色棉布为底，绣上各式纹饰，袋子边缘则以鳝鱼骨绣针法缝缀，背带上饰有流苏或绒毛球。

图片来源

图一（1）（2）（3） 顺益台湾原住民博物馆.顺益台湾原住民博物馆文物图录.1999.

图一（4） 何传坤，廖紫均.不褪的光泽：台湾原住民服饰图录.台中：自然科学博物馆，2009.

图二 许东仪 制图

图三、图四 叶成闻 制图

图二 平埔族槟榔袋织绣局部图案色彩效果图

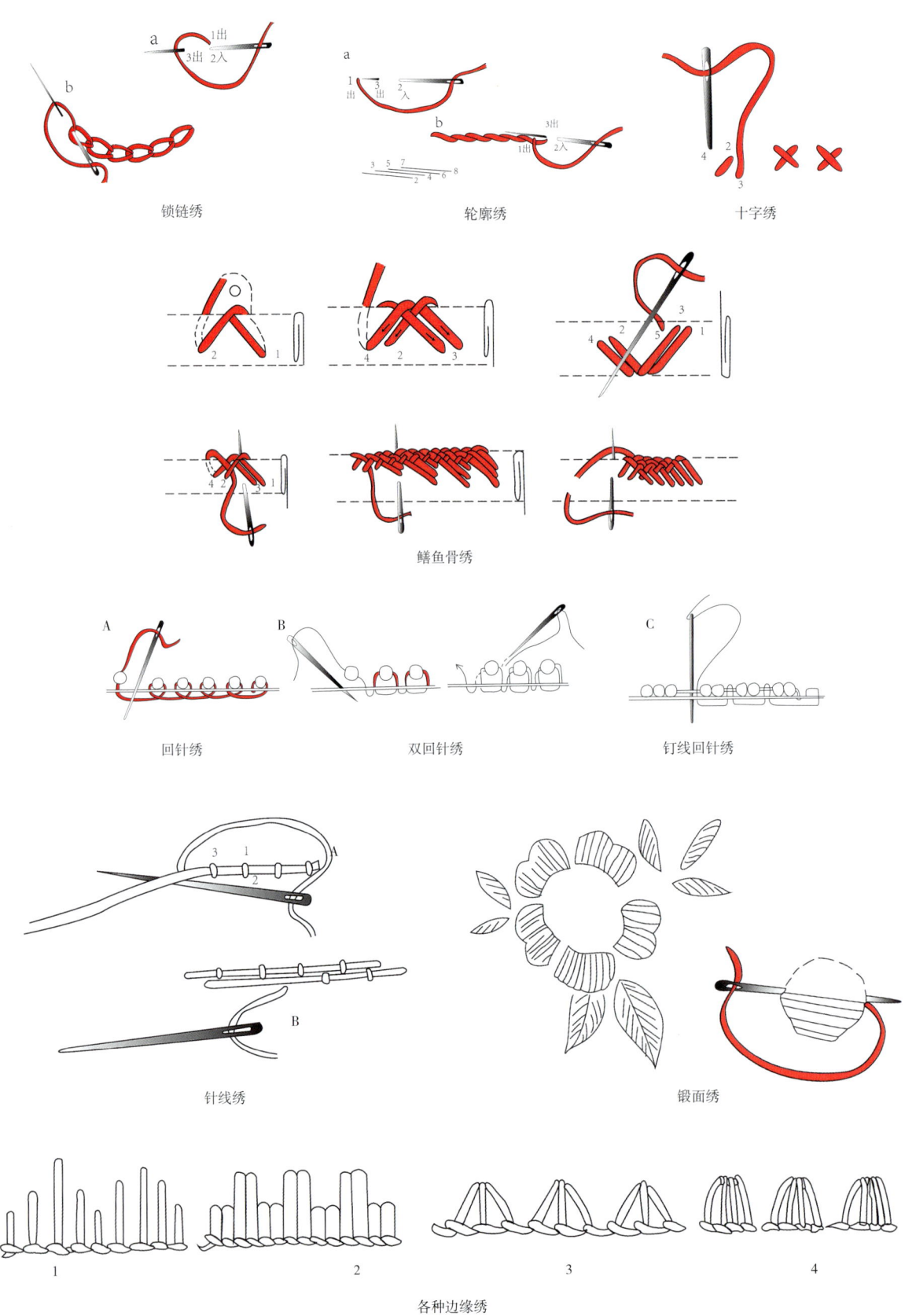

图三 高山族绣饰技法示意图

排湾族兽皮帽

图一 排湾族兽皮帽主图

狩猎是台湾高山族原住民的传统生活方式之一，行猎对象包括山猪、鹿、山羌、山羊、豹、熊等。所获猎物除了肉被食用，皮毛、骨、牙、角也成为住民的装饰用品或器物用具。住民把剥下来的动物皮经过一定的工序加工成皮革，作为衣物、鞋帽的材料。还将有些动物的头部的皮层小心剥离下来，并留下角、耳，经处理后缝制成兽皮帽体，再用兽牙、贝壳、琉璃珠、毛线、藤皮等装饰成帽徽和图案，最后成型完整的"兽皮帽"。主体装饰帽徽往往是太阳纹，纹饰部分通常是采用百步蛇纹和几何纹样。此徽记亦是地位的象征，一般而言，贵族可以装饰百步蛇纹、太阳纹、人头纹、陶壶等各种象征地位的纹饰；而一般平民则穿戴无纹之皮帽，其帽中央则饰有兽牙的"O"圆形徽记，穿戴时置于中央。台湾高山族各族群均制有兽皮帽，本案例为排湾族兽皮帽。

排湾族男子平常上身穿长袖短上衣，下身着单片式短裙，盛装时则加一件长背心，一般系以豹皮制成，下身套上一件后敞裤，再加戴披肩，系上佩刀。头上则戴兽皮制头环或帽子。此类型男用皮帽是排湾族人盛装时的重要配件。

本案例现藏于台湾大学，为男性贵族于平时或遇有节庆祭典时穿戴使用。其下缘直径约22厘米，帽深约15厘米。以山羌头皮制成，双角及双耳排列于皮帽顶上，顶部有破损，帽缘用红色的棉布缝制，上下各用红白两色琉璃珠相间穿成两条珠链，中间部分用蓝、绿、黄、白色琉璃珠与贝壳缝制成几何纹样；帽徽以绣制的几何图案为底盘，由外围的15颗（疑有几颗脱落）山羌牙，中间部分是十字形的8粒贝壳，构成太阳纹。

图片来源

图一　台湾大学

图二至图四　叶成闻　制图

图五　罗礼平　制图

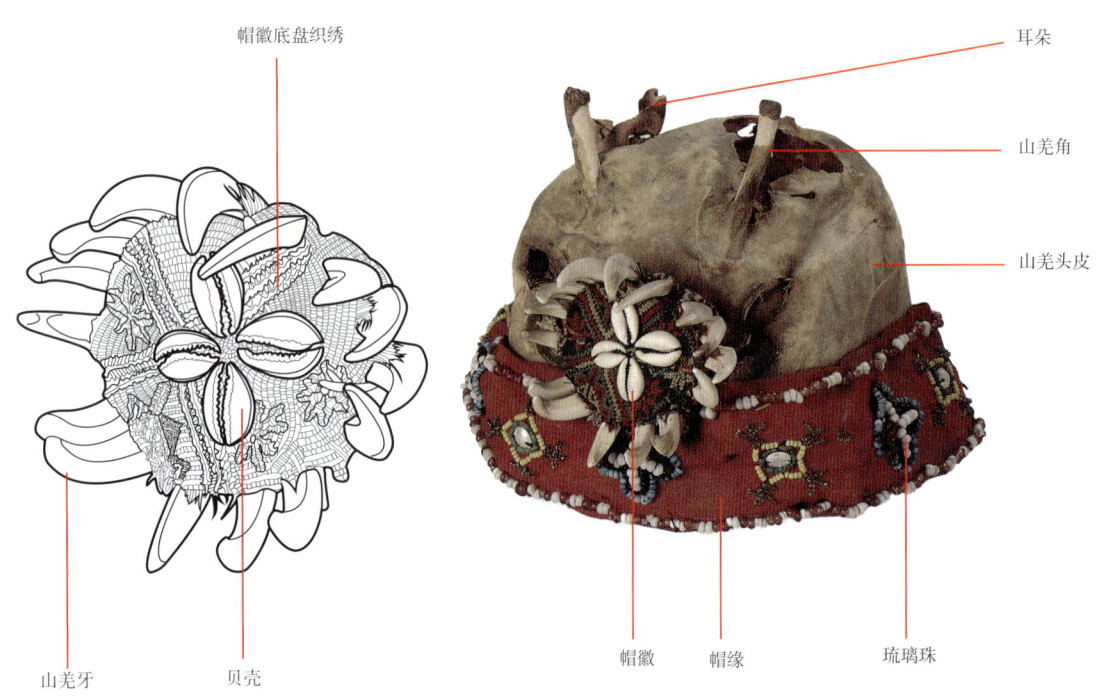

图二　排湾族兽皮帽构结构名称图

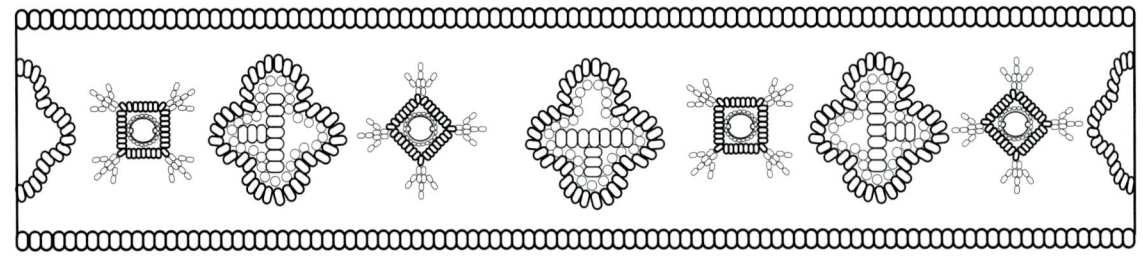

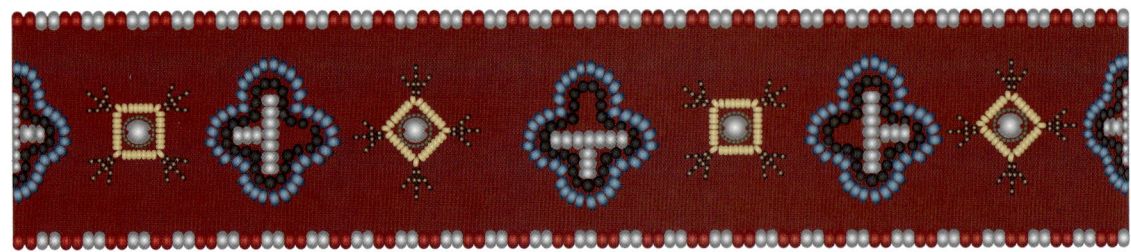

图三　排湾族兽皮帽帽缘琉璃珠装饰纹样与彩色效果图

图四　排湾族兽皮帽比例示意图（单位：cm）

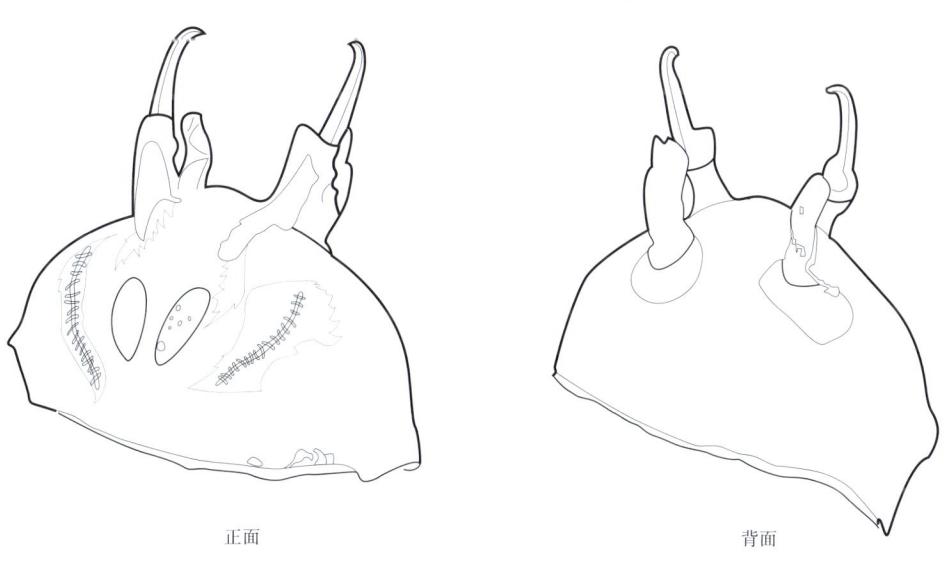

正面　　　　　　　　　　　背面

图五　山羌完整帽体采样白描图

鲁凯族帽饰

女帽

男帽

图一　鲁凯族帽饰主图

鲁凯族的服饰多以刺绣图纹装饰，图纹包括太阳纹、人形纹、百步蛇纹以及变化多端的花草纹。在传统社会阶级组织中，太阳纹、人形纹、百步蛇纹是贵族与头目之专属图纹，平民不可任意使用，除非有特殊功绩（例如勇士）才由头目授予使用的权力。各形各色变化多端的花草图纹的使用则无限制，贵族与平民皆可工饰于穿着。无论是头目、贵族专属图纹或是采自大自然之花草图纹，均出现许多图形的变异与再创作。

装饰品中以琉璃珠颈饰与胸饰最为珍贵，而其他饰物则大多受汉人的影响，以金属品如铜、银、镍等为主。琉璃珠饰物为盛装时的重点，它是传家、聘礼的珍品，为贵族世袭的宝物，也是身份地位与财富的表征。

本案例鲁凯族男女帽饰各一。帽体由山猪牙、山羌牙、银坠吊饰、金属锁链、小琉璃珠、海螺、贝壳、毛线及棉线制作而成。色彩上以红、橘、黄、绿、黑色为主，帽身全件皆施以小琉璃珠缀饰，主要纹饰为三角纹、直线纹。帽身中央及两侧共有三个由山猪牙、山羌牙与小琉璃珠缀饰系绑组装的造型主体。帽身上缘有整排一圈的山羌牙装饰，帽身下缘则是整排一圈的银坠吊饰，状似流苏，华丽异常。该女子帽饰在正式的场合，如结婚或收获祭典仪式使用。

图片来源
图一　顺益台湾原住民博物馆
图二至图六　叶成闻　制图

女帽

男帽

图二　鲁凯族帽子展开效果图

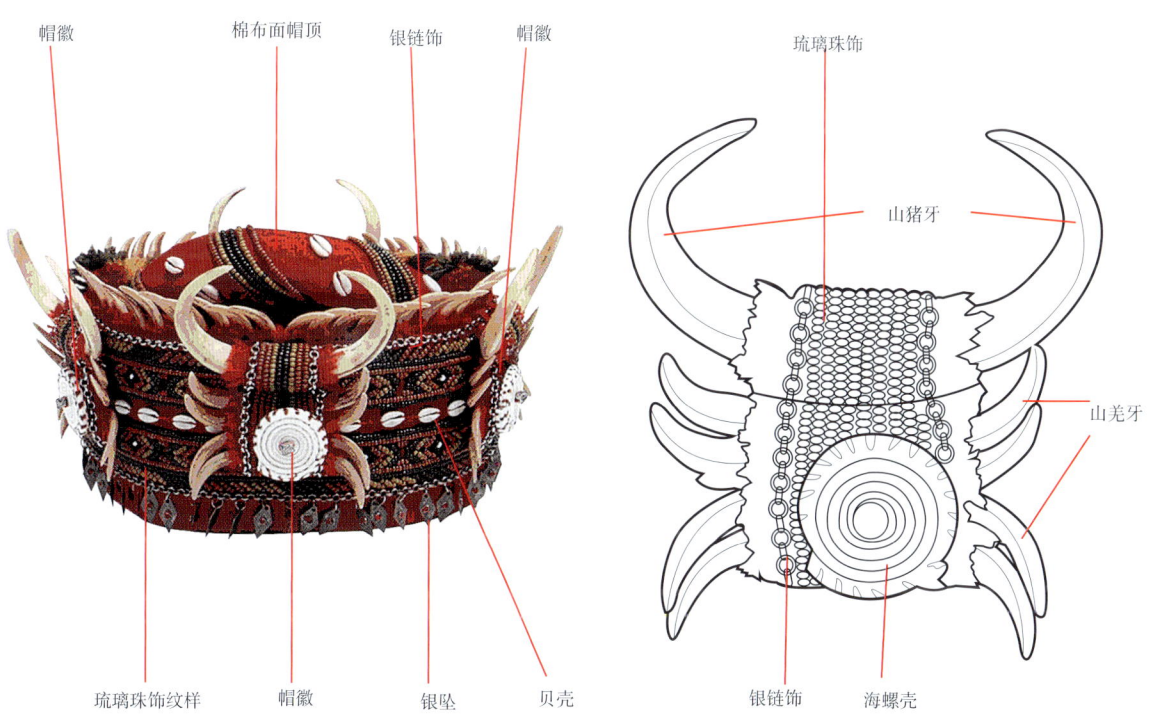

图三　鲁凯族女子帽饰结构示意图

第二章　高山族传统服饰

女帽

男帽

图四 鲁凯族帽饰帽徽

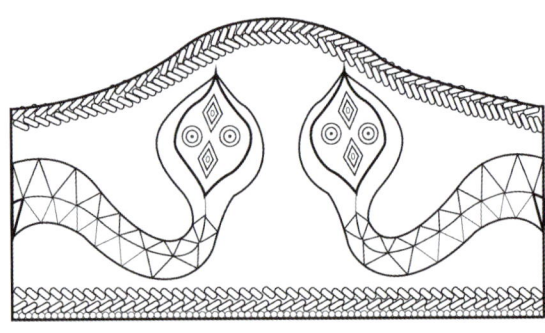

图五 鲁凯族百步蛇帽饰图案

图六 穿戴帽饰的鲁凯族青年

阿美族男子霞帔

图一 阿美族男子霞帔主图

霞帔是中国古代妇女的一种披肩服饰。在传统戏曲表演中，有中帔、男帔、女帔之别，中帔为是帝王、贵族的常服，男帔、女帔采用的色彩分红、蓝、黄、绛、紫、粉红、天青等，其中新婚或喜庆以红色为主。

台湾阿美族霞帔受汉族服饰文化影响，男女皆有霞帔，分为云肩与剑带两个部分，云肩上装饰丰富精美，现代多采用塑胶珠、亮片、绒球装饰物缝制其上，并有各种颜色的流苏；前后皆缝制剑带装饰。穿戴方法是由后向前，先将云肩披于肩上，再用绑带固定，剑带自然下垂。

本案例为阿美族男子霞帔，根据台湾自然科学博物馆收藏品复制，展开宽45厘米，长85厘米。

图片来源
图一至图四　叶成闻　制图

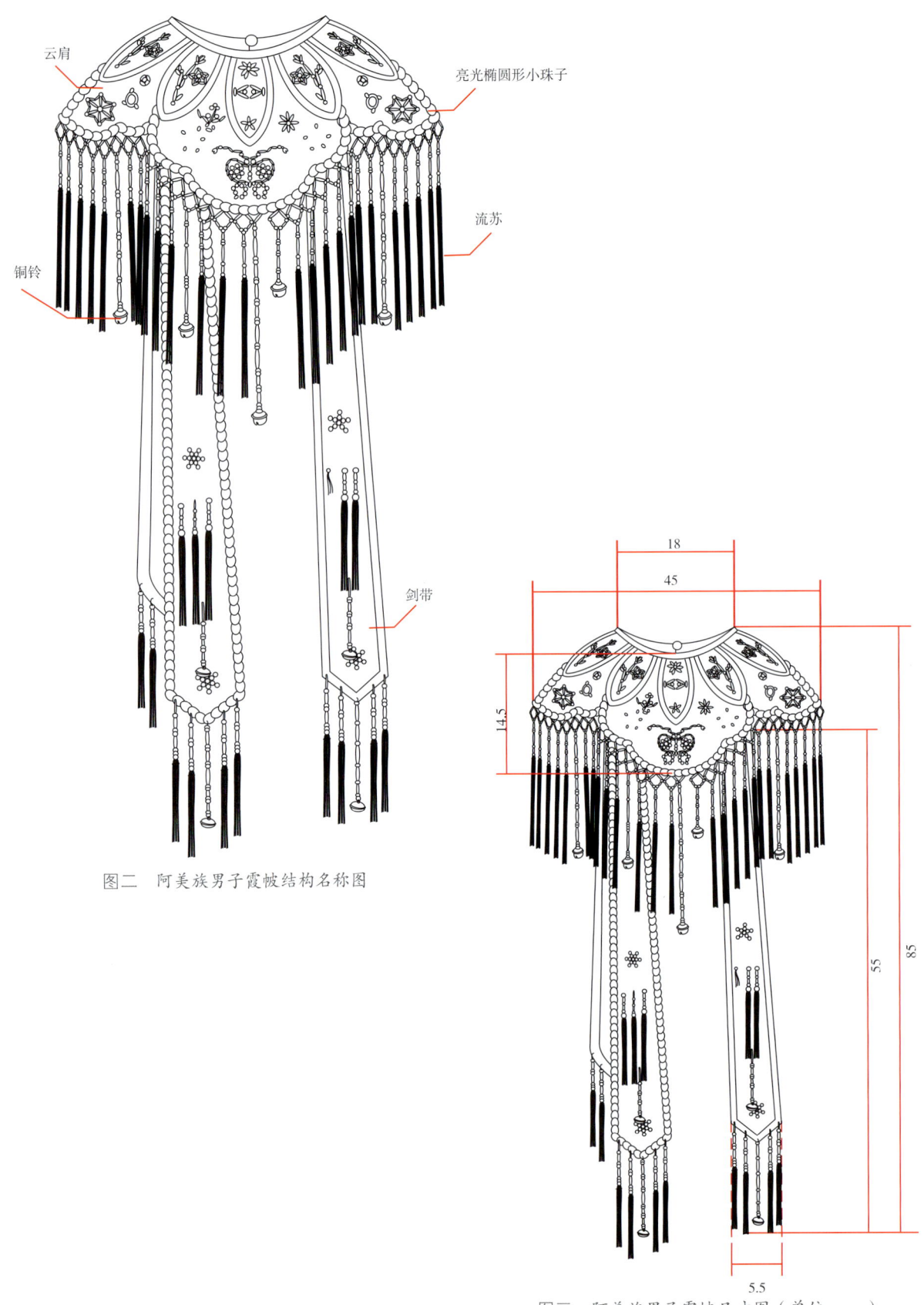

图二　阿美族男子霞帔结构名称图

图三　阿美族男子霞帔尺寸图（单位：cm）

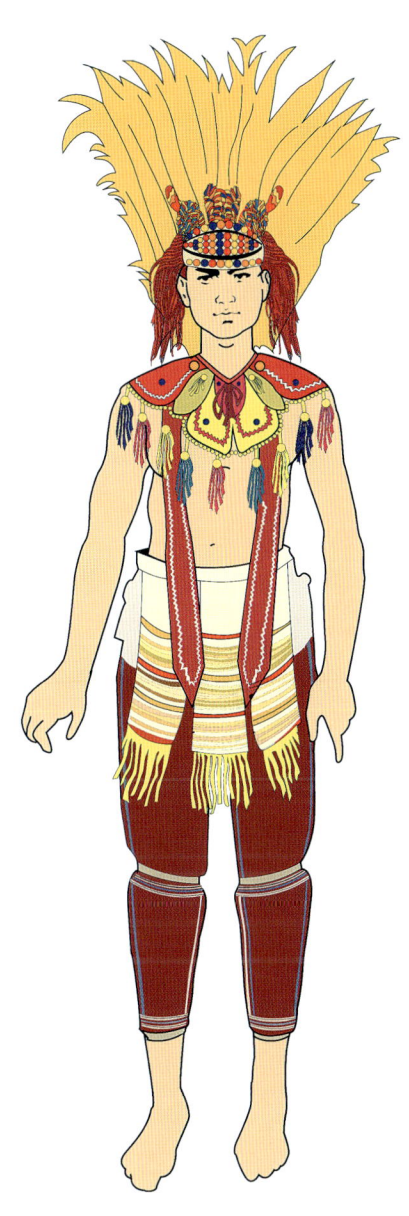

图四　阿美族男子霞帔穿着示意图

第二章　高山族传统服饰

邹族女子长袖短上衣

图一　邹族女子长袖短上衣主图

邹族女子一般穿着为：上身为长袖短上衣，上有精美刺绣；下身着黑裙。以前以头巾缠发，现大多戴帽子。随身物品以藤编的置物篮或背负猎物用的网袋为主。

本案例由台湾"中央研究院"民族学研究所于1962年在高雄市桃源乡（四社群）购得，推测使用年代约为1920—1930年。全件以黑色与藏青色棉布搭配缝合成女子斜襟斜领长袖短上衣（又称右襟长袖短上衣），为分布于桃源乡地区的邹族女子所穿着。采用汉式的裁剪方法，并以3对暗扣固定衣服。采用直线绣、锁链绣、包梗绣及穿缀小绒球等丰富技法，形成曲折纹、点状纹及X形纹等图样。纹样面积不大且集中，款式较为素雅。其色彩主要有红、白、黄、橘、橙、玫瑰红、紫及米色等，色彩比例协调，色样多而不杂。材质为棉布、棉线与毛线。领口处施以0.5厘米的刺绣花纹，且在白棉布绲边上施有8个包梗绣。在距离袖口19厘米处，缝上宽9厘米的红棉布，中央又缝上4.5厘米的白棉布，其上再贴缝黄、橘、米及橙色等色系织带；并绣以曲折形直线绣。衣服背面中央纵向施以橙色交叉绣及5个包梗绣。4条白棉布绑带长约55厘米，一条缝于前襟斜领下方，一条缝于背面中央的里面，绑带下方呈剑带状，上缝缀5个红色小绒球。其特色在于衣身相当短，穿戴方式为交叉相缚后自然下垂，里面亦穿着胸兜，因此身体不会暴露在外面。

图片来源
图一　台湾"中央研究院"民族学研究所
图二至图五　许东仪　制图

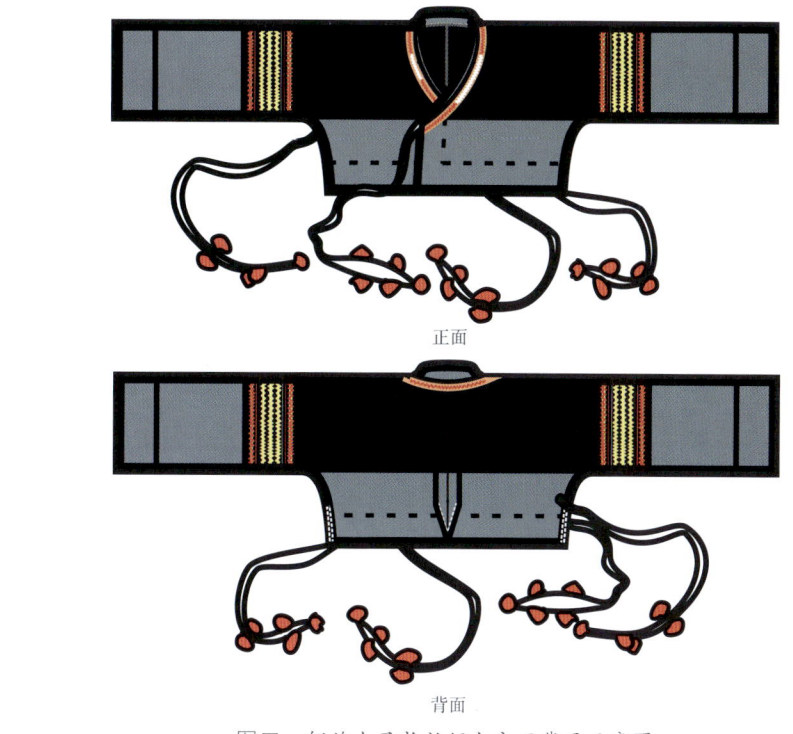

正面

背面

图二 邹族女子长袖短上衣正背面示意图

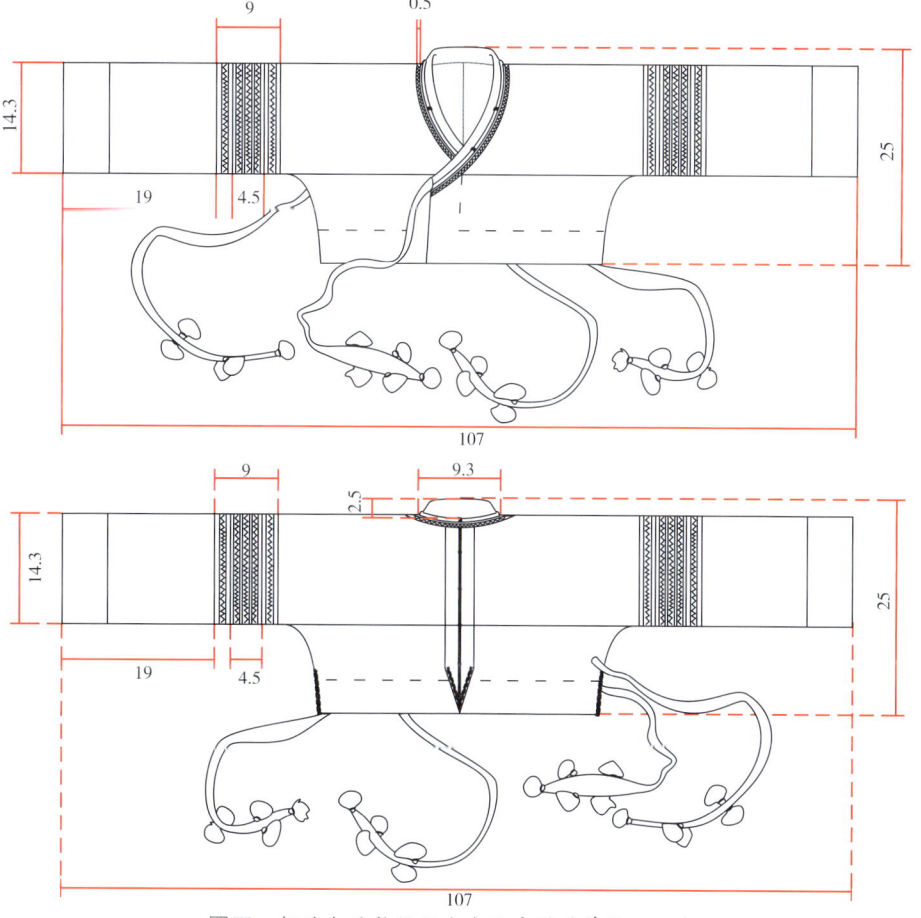

图三 邹族女子长袖短上衣尺寸图（单位：cm）

第二章 高山族传统服饰

069

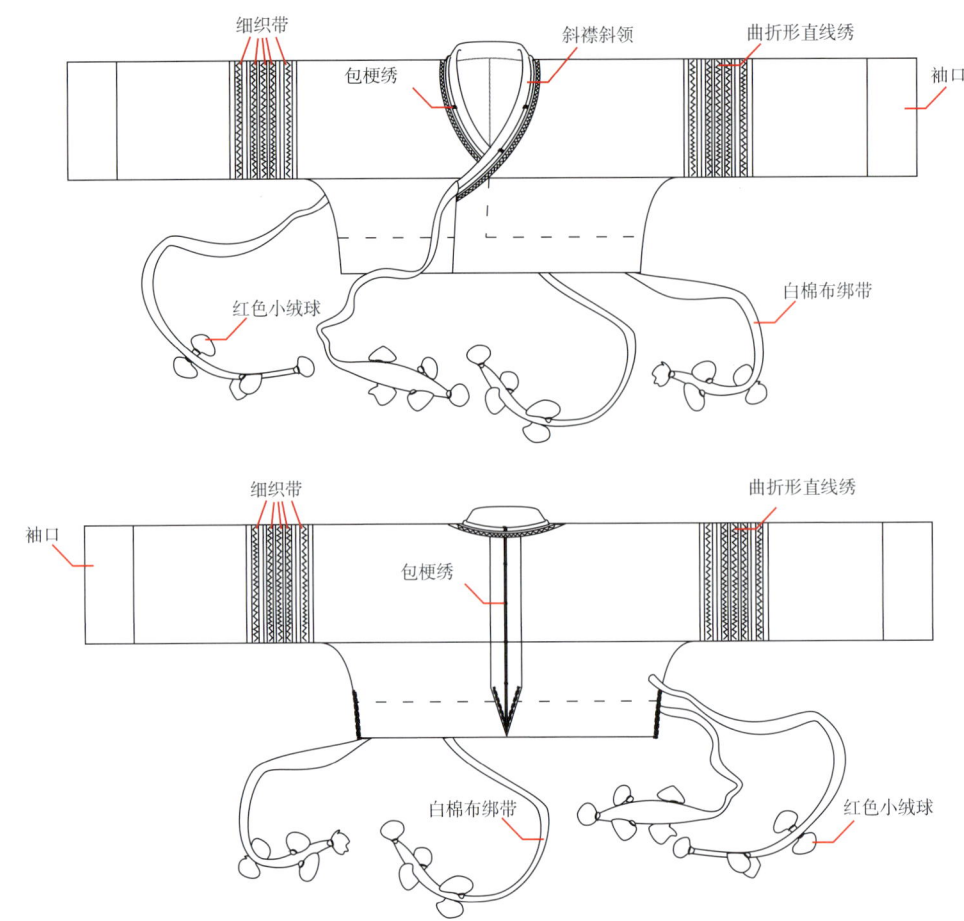

图四　邹族女子长袖短上衣名称图

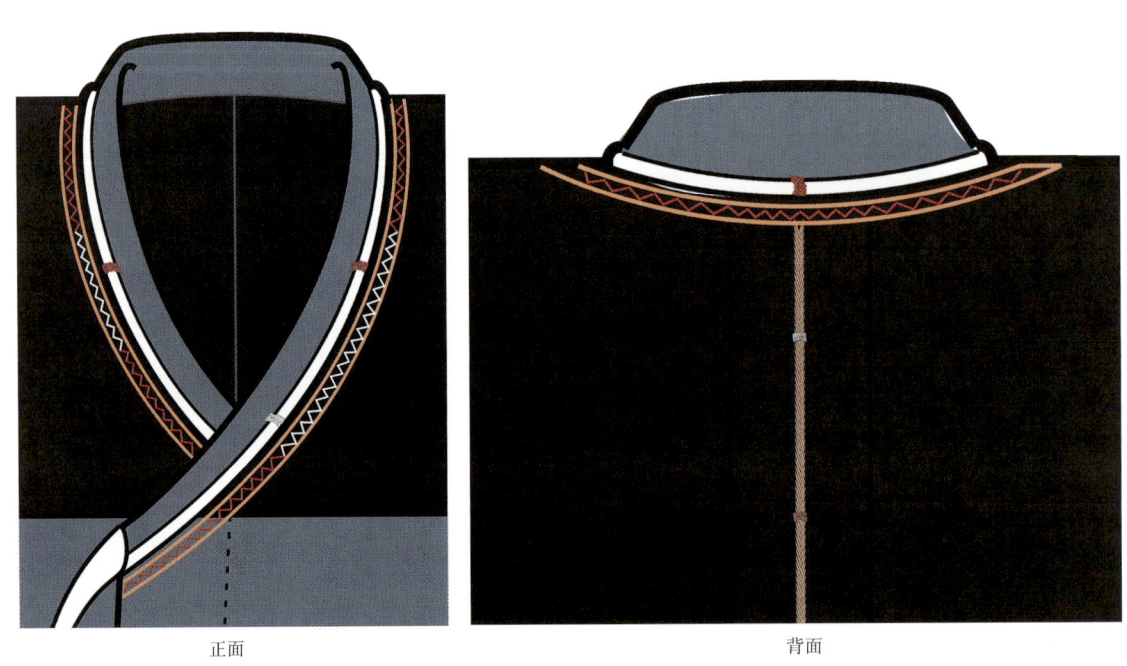

图五　邹族女子长袖短上衣领子织绣

阿美族女子长裙

图一　阿美族女子长裙主图

传统上，阿美族男子结婚后随从妻居，家庭内以女性尊长为家长，女子拥有继承家产的优先权。其特殊的社会制度影响阿美族女子在成熟期时，最为讲究服饰，其主要服饰包括头巾、胸布、对襟半圆领长袖上衣或对襟圆领长袖短上衣、长裙、腰带及护脚布。

本案例为阿美族女子长裙，底部以一块长方形的黑色棉布为主，左右两边各贴缝一片蓝底白色方形纹的印花棉布，上方贴缝白、橙、粉红色棉布，作为腰部。左右侧及下摆处以红色毛料绲边。布面中央下缘处，贴缝粉红、白、枣红等色棉线，绣成花叶纹、曲折纹、菱形、星形等图样，色彩错落，与两侧黑白印花布形成对比。腰部左、右两侧各缝接一条红色棉布绑带，另于左侧上端缝接一条较宽的红色棉布作为腰带。本案例属于女子外裙，穿戴时将有纹饰的部分置于右腰侧，将绑带系于左腰处，大多有另外一件单片裙穿在里面，开口在左侧，如此内裙的纹样才能显露出来。

图片来源
图一至图四　许东仪　制图

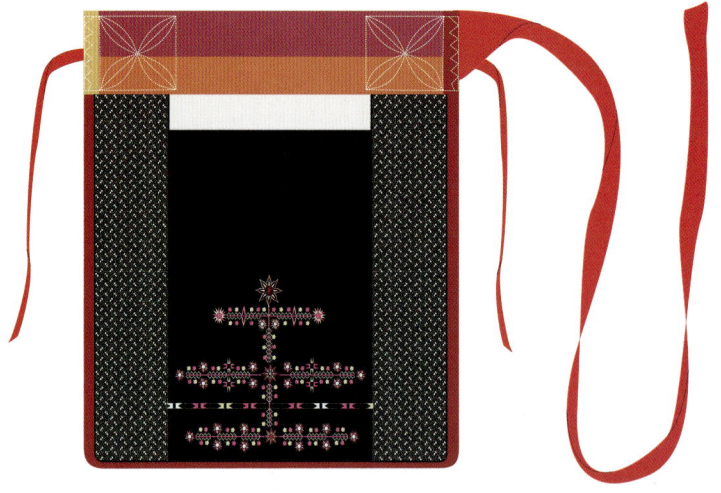

图二 阿美族女子长裙色稿

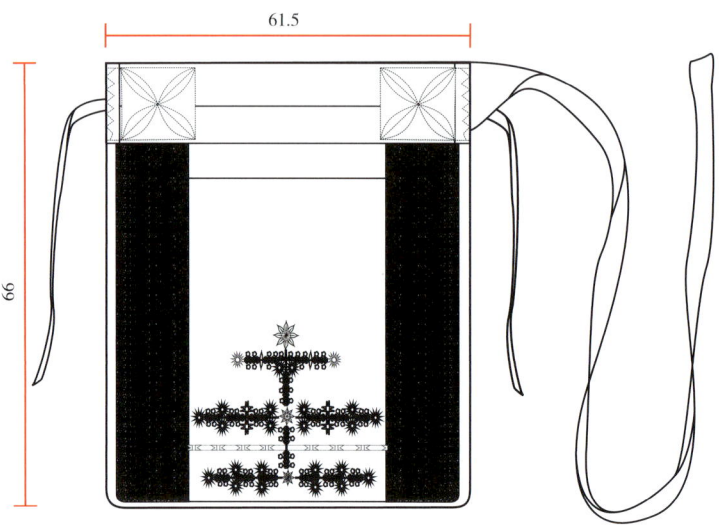

图三 阿美族女子长裙尺寸图(单位:cm)

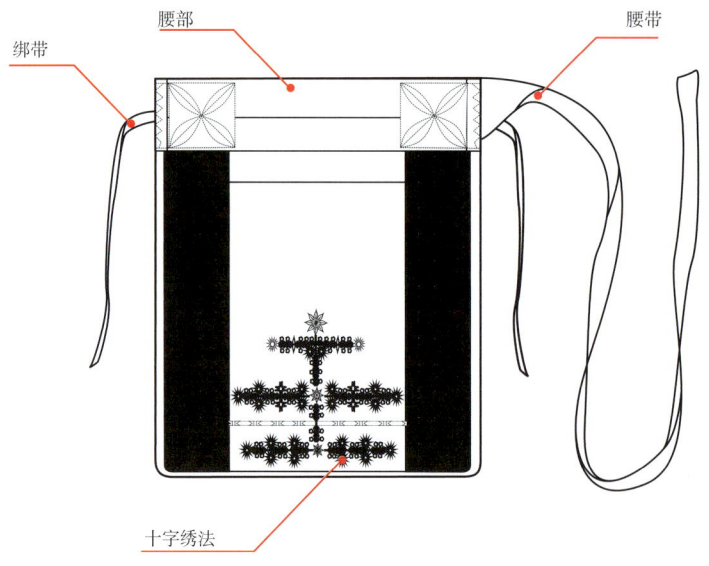

图四 阿美族女子长裙结构名称图

阿美族女子长袖短上衣

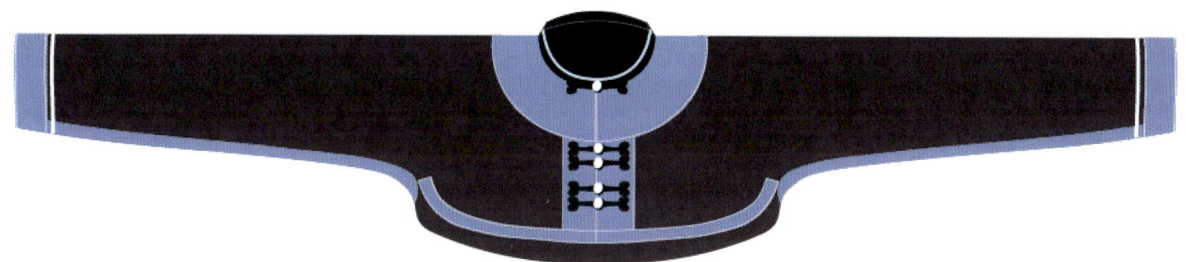

图一　阿美女子长袖短上衣主图

阿美族女子服饰以红色和黑色为主要色系，因年龄阶段不同有不少变化。女子盛装形式别致，造型多样，亮丽活泼。每当歌舞盛会或者重要祭奠，阿美族男女都穿着古老盛装前来参加。女子喜欢将鲜花编成的花环，戴在头上或者绕在头巾外，并缀以小铜铃，插上发簪，额上绑扎红麻额带，耳戴鹿骨耳环，颈挂贝片串、玛瑙珠串和铜铃项链，腿绑系有花绒线穗子绑带，腰扎铜铃——如此健美身材，绮丽装束，载歌载舞，热烈动人。

本案例为女子对襟无领长袖短上衣。全件以黑色棉布裁制而成，纹样有红、白及宝蓝等色。材质有棉、毛及麻。技法为贴缝与直线绣，另于前襟两侧下摆与袖口，利用红色毛线、白色与青色棉线，构成曲折形纹或连续三角形纹、直条形纹及横条形纹等图样，并以白色棉线于衣之下摆处缝成点状纹。裁剪时，在腋下部分另以黑、深蓝两色棉布接缝前、后两衣片，宽约5厘米。于前襟、袖口处绲以红色毛线边，以黑棉线缝合。左襟下方与右侧下摆处各缝一条绑带，作为系绑之用。由于上衣较短，因此穿着时会露出腹部，一般与裙装搭穿。

图片来源

图一至图五　王琳　制图

图六　刘其伟.台湾原住民文化艺术.台北：雄狮美术出版社，1997.

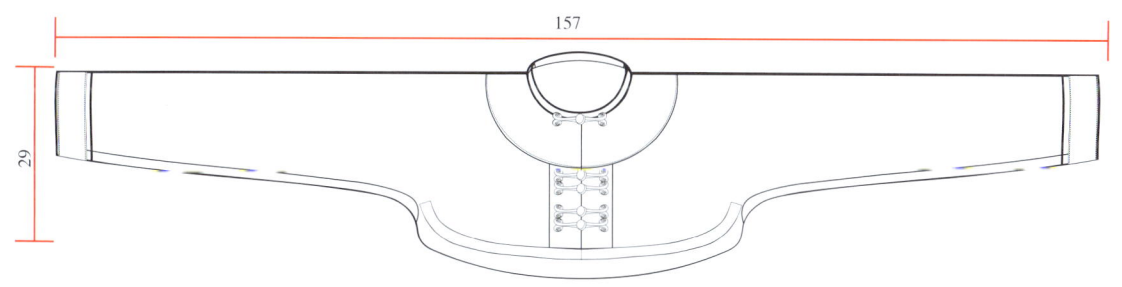

图二　阿美族女子长袖短上衣尺寸图（单位：cm）

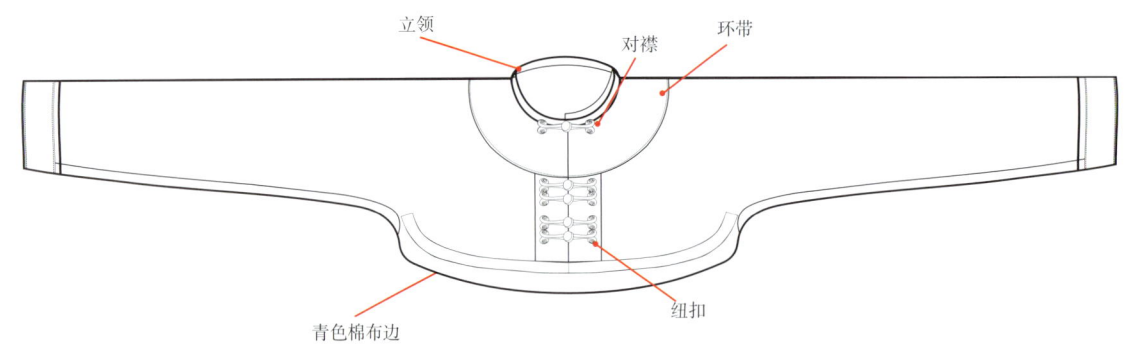

图三　阿美族女子长袖短上衣结构名称图

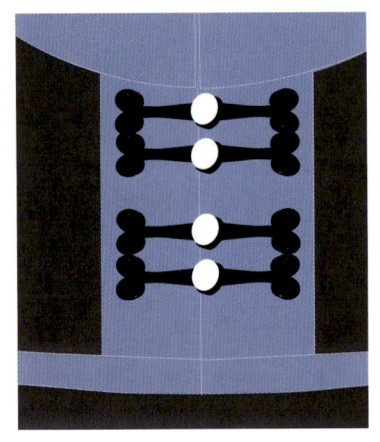

图四　阿美族女子长袖短上衣领子局部

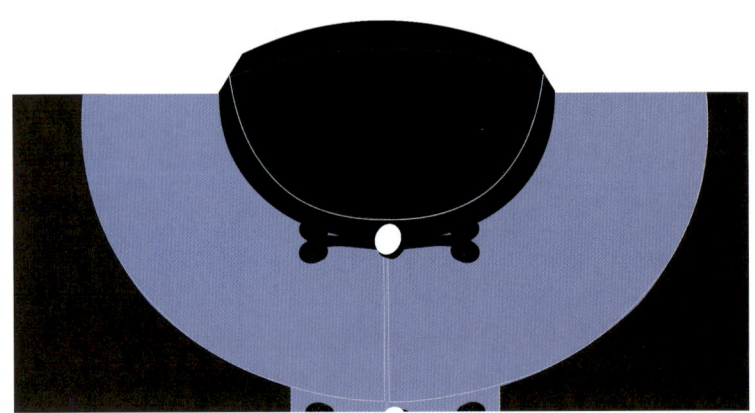

图五　阿美族女子长袖短上衣盘扣款式

图六　阿美族女子长袖短上衣穿着图

卑南族男子无袖长上衣

图一 卑南族男子无袖长上衣主图

卑南族不同年龄阶层（包括幼年、少年、青年、成年和老年）族人的着装有着明显的区别，因此其服装具有强化族人自我身份认知的作用。男子在部落的社会责任，依照进驻会所接收训练的时间长短而有所不同，在服饰方面也会随着阶层晋级有所区别。男子在接受会所训练期间，大多穿着简单且没有装饰的服装，以表示在接受严格的训练，晋升之后才能穿着色彩鲜艳的服装和佩戴装饰品。因此晋级换装仪式，是彰显男子社会化过程的显著表现。

本案例为台湾"中央研究院"民族学研究所藏品。款式为男子对襟斜领无袖长上衣，为晚近发展出来的形制，且为年长者才可穿着。全件采用开斯米龙毛线夹织而成。以鲜艳的浅绿色化学纤维布作为内衬，两块红色化学纤维布片缝于两腋下，使接合前后两片上衣。前襟距下摆30厘米高处缝缀有蓝紫色毛线编成的绑带，一段分别在左右襟边缝绕成一圆形，直径为1.5厘米，穿着时绑带相缚，自然垂下。全件采用多种技法结合完成，有夹织、挑织及车缝布边等；色彩艳丽，有紫红、青、白、黑、玫瑰红、褐、金黄、橘、绿、宝蓝及黄色；纹样丰富明朗，有菱形、三角形、曲折形、十字形、阶梯形、杵形及横条形纹等。

图片来源
图一 台湾"中央研究院"民族学研究所
图二至图四 王琳 制图
图五 许东仪 制图
图六 刘其伟. 台湾原住民文化艺术. 台北：雄狮美术出版社，1997.

图二　卑南族男子无袖长上衣花纹细节

图三　卑南族男子无袖长上衣色稿

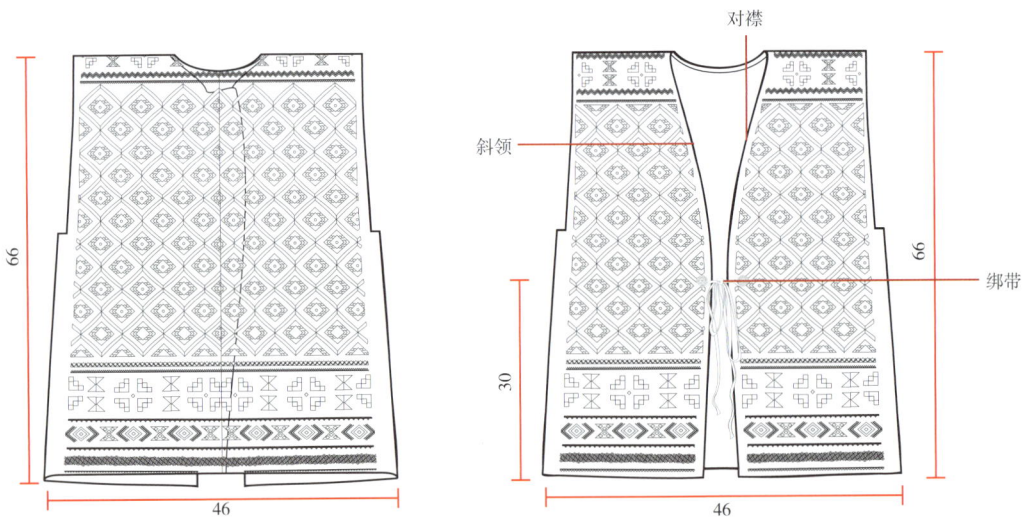

图四　卑南族男子无袖长上衣结构名称、尺寸图（单位：cm）

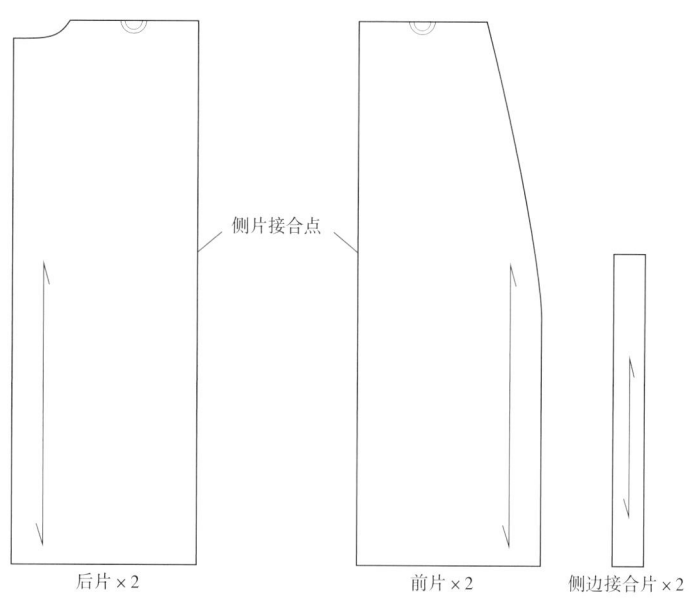

图五　卑南族男子无袖长上衣结构分析图

图六　卑南族男子无袖长上衣穿着图

第二章　高山族传统服饰

卑南族男子后敞裤

图一　卑南族男子后敞裤主图

卑南族男子服装，以颜色鲜艳明丽的后敞裤为代表。由于后敞裤制作费时，当时只有领导家族或财富较多的人家才穿。后敞裤一般穿着在短裤外面，以两块棉布为底，形成裤身，中央缝上一块长方形织布。织布是以各色毛线夹织而成，纹样图案包括菱形、十字纹、横条纹、三角形和方形等。后敞裤的裤脚与膝盖下方两端左右各缝接一条绑带，穿戴时将腰带向后绑在身体后侧，并将绑带往后系在腿部。穿着后敞裤时，只需要在腰部缠绕一条腰带即可。

本案例为顺益台湾原住民博物馆藏品，推测使用年代在1930年前后。全件以两块蓝色棉布为底，左、右两侧加缝深蓝底白色X形纹的印花棉布，内侧加缝红、黄、绿三色毛料布条，中间贴缝红、黄、绿、黑及白等色毛线夹织花纹的织布，形成裤身。上缘背面加缝一块花形印花棉布，正面横向贴缝红、黄、绿三色布条，共计十条，与裤身上缘相缝合。以一条长约160厘米、宽约4厘米的麻织布作为腰带，两端挑织以红、黑、绿三色曲折形纹，并有红、黄、绿及黑等色流苏。纹样有多层菱形、三角形及横条形纹等，色彩为红、黄、绿、黑及白色等。在裤脚下方两端及距下缘20厘米高处两侧，各缝一条麻布绑带，相缚于脚上。

图片来源
图一　顺益台湾原住民博物馆
图二至图五　王琳　制图

图二　卑南族男子后敞裤尺寸图（单位：cm）

图三　卑南族男子后敞裤结构名称图

第二章　高山族传统服饰

079

图四 卑南族男子后敞裤图案细节

图五 卑南族男子后敞裤穿着示意图

卑南族女子胸兜

图一 卑南族女子胸兜主图

卑南女子的上衣着装方面，传统上与未婚男性相同，都穿着短上衣。近年来，卑南女子的穿着大多改为白衬衫或白T恤，外罩胸肚兜。

本案例由居住于台东县卑南乡下宝朗村的孙贵花女士于1972年制作。此种胸兜全件系以一块菱形黑棉布为底，裁剪成下端呈圆弧形，上端去呈微弧形的样式。沿着四周，施以3厘米宽的刺绣花纹。下摆处缝上一个扇状口袋，口袋四周施以红、黄、绿三色边缘交叉绣以及间隔施以白色包梗绣。口袋的左、右上角并施以菱形等刺绣花纹。四角缝上毛边麻花辫绑带，上角两条长约36.5厘米，下有流苏8.5厘米长，左、右角两条均长约91厘米，下各缀以一绒球及长约9厘米的流苏。穿戴时，上两角绑带往后相系于颈后，左、右两角绑带往后交叉相缚再往前系于腰前方。由于整件较长，下摆处的口袋可覆盖在腹部上，并盖于裙子上方。卑南族女子胸兜技法有十字绣、交叉绣、包梗绣，图纹有V字形、直条形、井字形、点形、长方形、X形及曲折形纹等。色彩有红、玫瑰红、白、绿、粉红、黄、橙、蓝及橘等色。

图片来源
图一至图四 王琳 制图

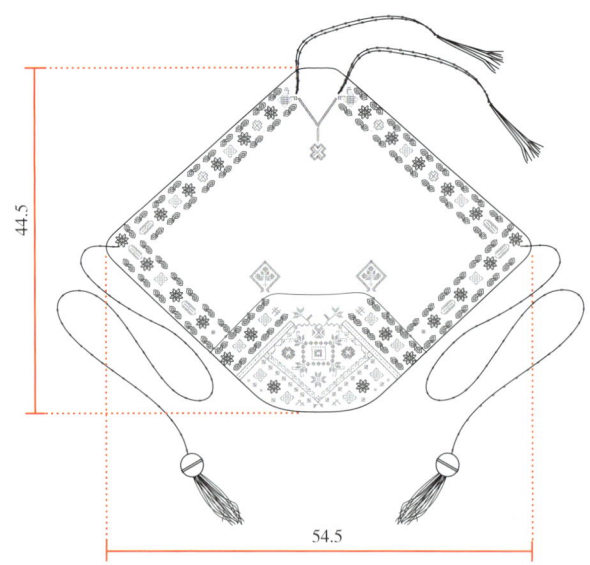

图二　卑南族女子胸兜尺寸图（单位：cm）

图三　卑南族女子胸兜局部织绣图案

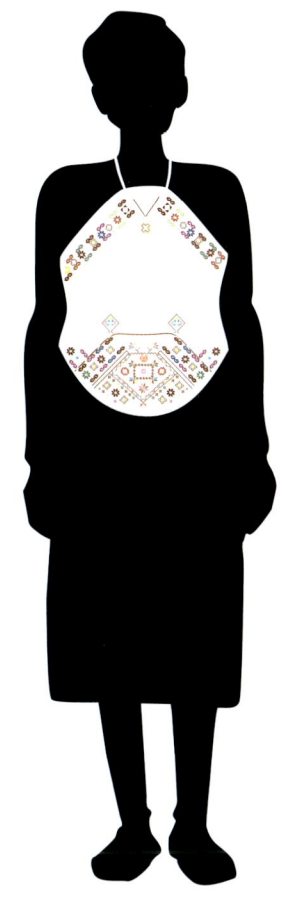

图四　卑南族女子胸兜穿着示意图

第二章　高山族传统服饰

布农族男子无袖长上衣

正面　　　　　　　　背面

图一　布农族男子无袖长上衣主图

布农族男子长衣长度盖到臀部，在背的腰际上方横饰一排交叠四五层的菱形纹，使原本单调的白色长衣显得醒目而美丽。在重要的祭仪，布农男性牵手围圈，面向圆心，一边用美妙的和音高歌欢唱，一边显露长衣背后"百纹竞艳"的衣纹。

本案例为男子盛装。全件以白、红及深褐色棉线与紫红、橘、黄、黑及橙色的毛线夹织而成。技法为变化斜纹织法。纹样有棋盘式菱形纹、山形纹、直线形纹及横线形纹等。此种对襟无领无袖长上衣属于传统的方衣系统，以棉线与毛线织成。特色在于衣服背面距肩18厘米处施以宽约15厘米的棋盘式菱形花纹。此种强调背部花纹的表现与族人的祭典仪式时男子围成一圈或蹲或站于内围有相当大的关系，因为是背对着外围，只能看到其背部，因此大多在背部施以纹饰。而在下摆有三道深褐色横条形纹，据台湾原住民研究学者徐韶仁女士的说法，该花纹具有护身辟邪的宗教特性。

图片来源
图一　王琳　制图
图二至图四　许东仪制图
图五　李莎莉.台湾原住民衣饰文化.台北：南天书局有限公司，1998.

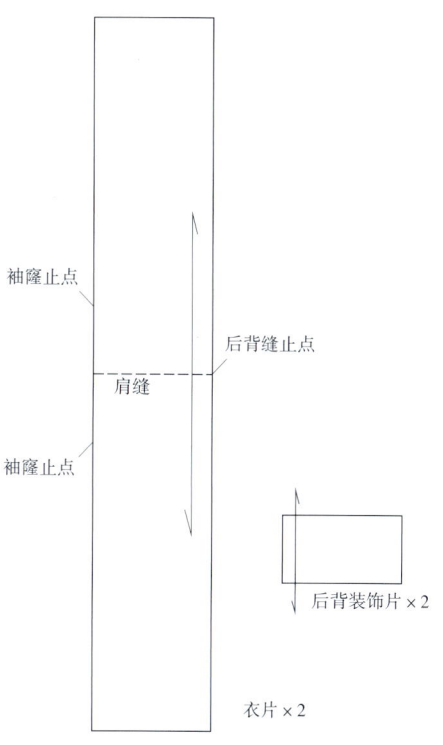

图二　布农族男子无袖长上衣结构分析图

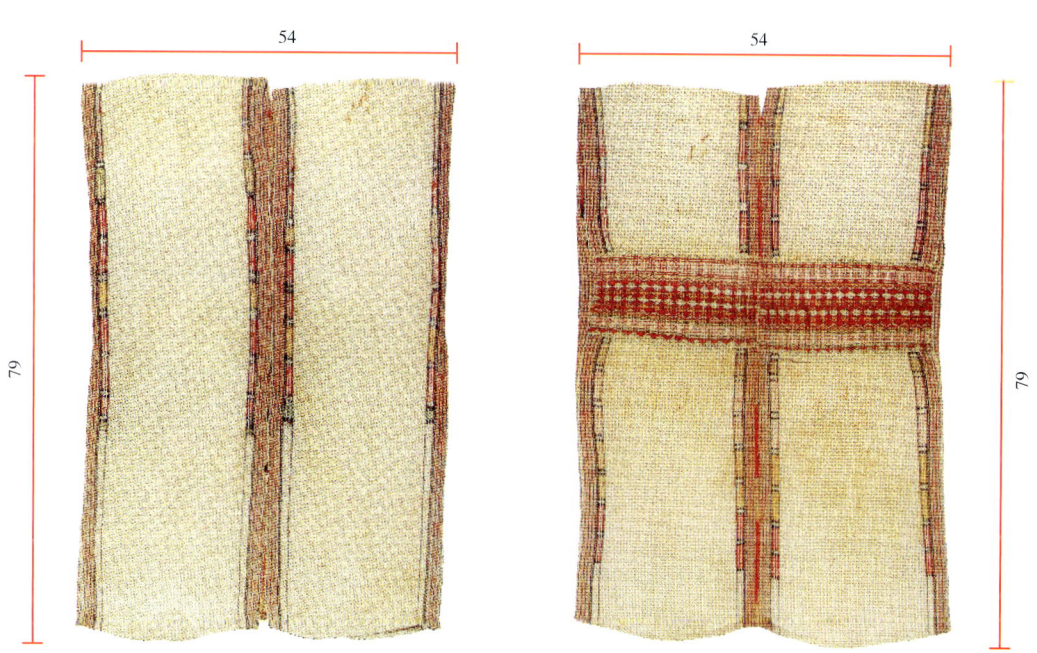

图三　布农族男子无袖长上衣尺寸图（单位：cm）

图四　布农族男子无袖长上衣织绣图案

图五　布农族男子无袖长上衣穿着图

鲁凯族女子长衣

正面

背面

图一 鲁凯族女子长衣主图

鲁凯族女子日常服饰以棉麻织品为主，有头巾、长袍、腰裙、绑腿、手套、网袋、皮雨衣、布袋等，盛装装饰则要加上花冠、头巾、耳饰、颈饰、琉璃珠、腹带、珠环、臀环、长礼袍、女裙、绑腿、肩饰串等。女性婚前多穿戴鲜艳，婚后穿戴趋于朴素。

传统鲁凯族服饰的特色在于其图案的繁复华美，常见有百步蛇纹、人头纹、太阳纹、陶壶纹及花形纹、菱形纹等几何图形，五颜六色的线条令人眼花缭乱。这些图纹是世代传承的精神象征，折射出鲁凯族人对祖先的崇拜和古老的宇宙观。

本案例为台湾民俗北投文物馆藏品。推测使用年代约为1950—1960年。全件以藏青色棉布裁制成右襟圆领长袖长衣，是仿自汉式大襟衫。技法为十字绣、直线绣、毛边缝法及缀珠。纹样有人头形、蛇形、太阳形、卷曲形、几何人像形、十字形、横条形、直条形、八瓣及十六瓣花叶形、曲折形、菱形、米字形、叶形、X形、方形、三角形及山形纹。色彩有红、黄、绿、橙、白及黑色等。共有五对直条形纽带，系在黑棉布条上施以十字绣花纹，并以白线做一套环，可扣住纽扣。5个纽扣，其中一个是缝在前襟片上的"昭和十六年"的一钱日币，另有四个白色圆形塑胶纽扣。仅在领沿环带上贴缝一块施以橙、黄两色毛边缝人头形、蛇形、卷曲形及几何人像形纹的黑棉布。右襟片及袖口亦贴缝缀以透明细长型珠子花纹的黑布片，其他部位均先在白棉布上施以直线绣花

第二章 高山族传统服饰

纹，再贴缝于衣服上。

图片来源

图一　台湾民俗北投文物馆

图二、图三、图五　王琳　制图

图四　许东仪　制图

图六　杨阳.中国少数民族服饰赏析.北京：高等教育出版社，1994.

图二　鲁凯族女子长衣色稿

图三　鲁凯族女子长衣尺寸图（单位：cm）

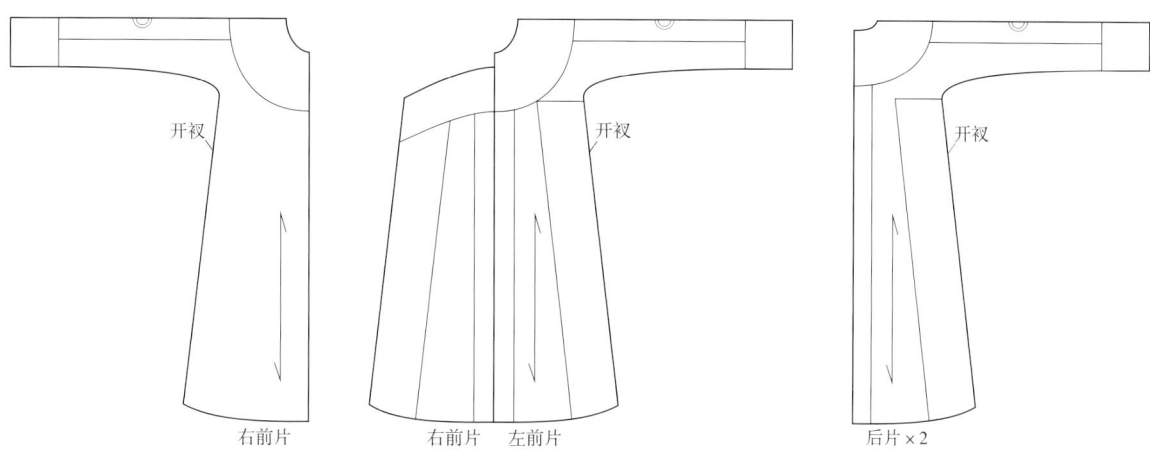

图四 鲁凯族女子长衣结构示意图

图五 鲁凯族女子长衣纹样分析图

图六 鲁凯族女子盛装穿着图

鲁凯族女子半裙

图一 鲁凯族女子半裙主图

鲁凯族女子半裙为单片式圆裙,由棉片缝合而成,腰围及裙边有非常精美的刺绣。鲁凯族传统服饰刺绣是纯手工制作,要花很长时间才能完成。不同的图案由不同的技法实现,千变万化、色泽鲜艳,表现出极为繁复的装饰倾向。鲁凯族妇女的刺绣手艺十分杰出。

本案例为台湾民俗北投文物馆藏品。推测使用年代约为1960—1970年。由三块白棉布于宽边相缝合成一件单片式圆裙。腰围处打了一些细褶,再接缝一条长80厘米,宽4厘米的浅绿、白、橙三色方格纹棉布腰带。另以长约8厘米的白及绿两色绑带缝于腰带上。技法为毛边绣针法,纹样有镂空的四瓣叶形纹(36个)及卷曲形纹(13个)。色彩有橙、白、红、绿及粉红色。仅在下摆12厘米高处贴缝一圈施有镂空花纹(此种镂空花纹亦见于北排湾三地乡地区)的黑棉布。其下缉以宽约1.2厘米的红色绸布边。穿戴方式为将两绑带相缚于左侧腰上。

图片来源
图一 台湾民俗北投文物馆
图二至图五 许东仪 制图

图二　鲁凯族女子半裙尺寸图（单位：cm）

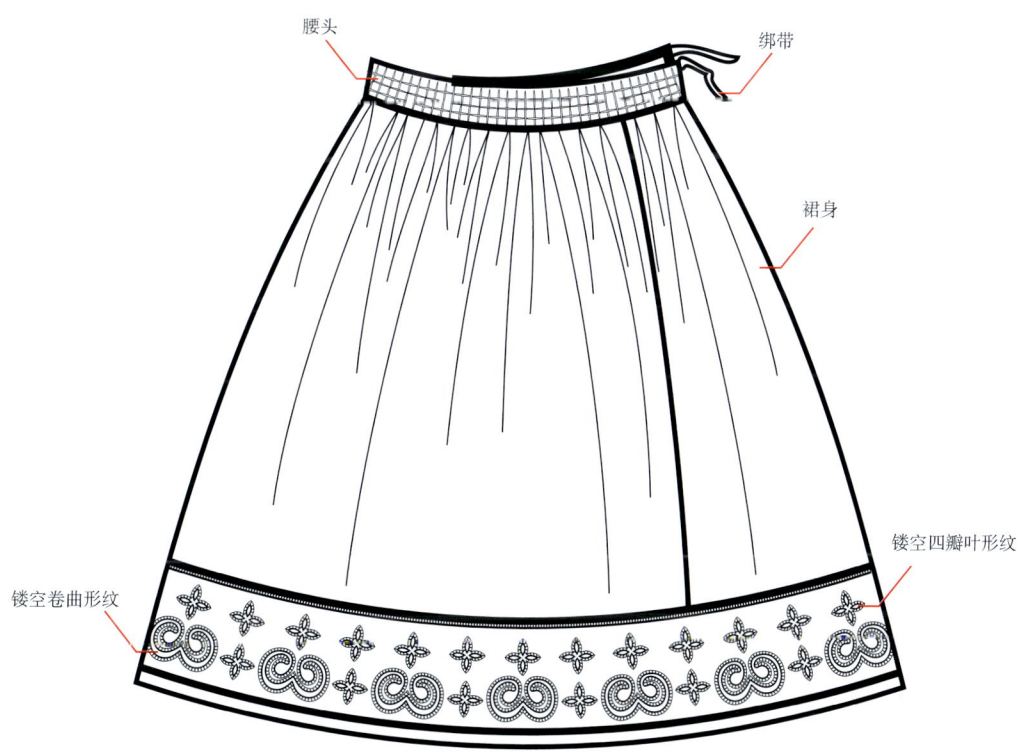

图三　鲁凯族女子半裙结构名称图

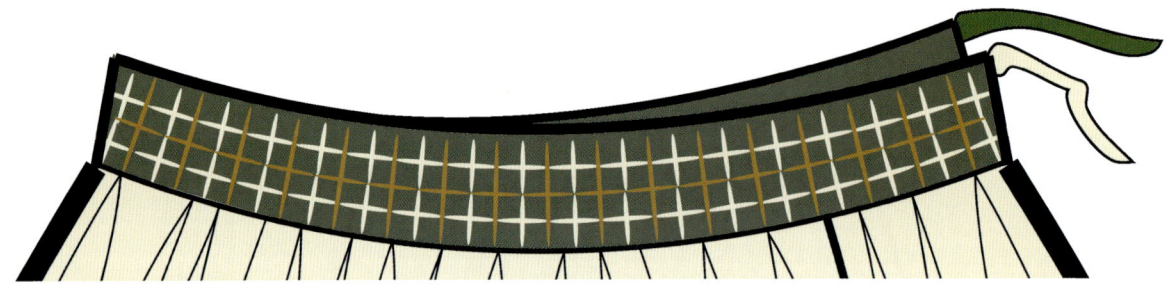

图五　鲁凯族女子半裙裙头

图五　鲁凯族女子半裙裙边织绣图案

排湾族琉璃珠项链

图一 排湾族琉璃珠项链

琉璃珠是排湾族服饰不可或缺的古老而富有传奇性的装饰品，色彩丰富，图案花纹华丽。排湾人对珠艺的运用非常讲究，凡是有婚丧、祭典仪式等，都要穿上传统服饰，而颈上或胸际间必定缠绕七八连串琉璃珠。传统的排湾社会只有贵族才能拥有琉璃珠，从拥有琉璃珠的情况可看出持有者的身份地位。排湾人都相当熟悉何人拥有何种琉璃珠，或者某颗古珠曾经为哪个头目所拥有，他们非常尊重这些古珠。传统琉璃珠是不透明的，通常存放于陶壶之中。传统琉璃珠种类繁多，每颗珠子都有特定的名称和传说，具有各自的神圣意蕴。琉璃珠色泽和款型，还有男珠和女珠的分别。若要将珠子串成环链，还要遵守一定的次序和组串方式，不能随意搭配。

本案例收藏于台湾博物馆，长47厘米，重量25克。以红、蓝琉璃珠串成4圈，中间缀有贝壳制的白色长方块。

由于排湾族群缺乏自己的文字记载，古琉璃珠的制作方法已经失传，现在的琉璃珠制作均采用工业方法，并进行了一些创新和仿古设计。

图片来源
图一　台湾博物馆
图二至图四　叶成闻　制图

图二　排湾族琉璃珠项链结构名称图

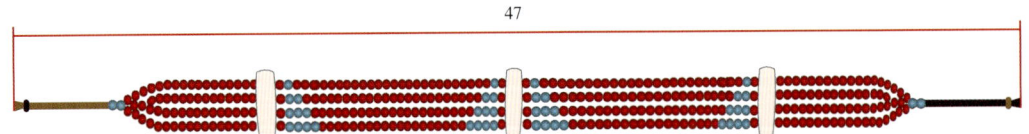

图三　排湾族琉璃珠项链展开比例示意图（单位：cm）

 彩虹之珠 情人 约定	 手脚之珠 通达 睿智	 蝶蛹之珠 丰收 丰硕	 蝶蛹之珠 富裕 丰收
高贵之珠 高贵华丽	 幸运之珠 运气 如意	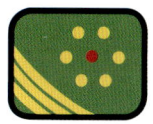 幸运之珠 高升 如意	 美丽之珠 高贵 唯美
 灵 珠 降福 消灾	 土地之珠 财富 势力	 泪痕之珠 思念 不舍	 织工之珠 贞洁 幸福
 眼睛之珠 降福 驱邪	 勇士之珠 锐利 勇猛	 结盟之珠 联合 分享	 孔雀之珠 坚贞 爱情

图四 排湾族琉璃珠的形式与象征意义

排湾族男子长袖缀珠短上衣

正面　　　　　　　　　　　　背面

图一　排湾族男子长袖缀珠短上衣主图

排湾族人的服饰，在台湾原住民中可能是最华丽典雅的。排湾族人的传统服饰最初为白色，是用苎麻编织的布料的原色。后来利用天然植物作为染料，产生黑色、藏红色、浅黄色和青蓝色等，而服饰上的刺绣图案或者饰物均以红、橙、黄、绿四色为主。

排湾族服装的图案和装饰品不仅种类多样、制作精妙，而且都有独特的意义，是排湾族人身份及地位的象征。大部分的装饰花纹，只有贵族家系出身的人才有资格使用。例如传统服饰上的祖灵像纹、百步蛇纹、人头纹、太阳纹、陶壶纹等，均代表头目贵族的身份和权势，一般平民不得任意使用。

本案例为台湾民俗北投文物馆藏品。推测使用年代约为1970—1980年。全件以黑色人造纤维制成对襟圆领长袖短上衣，系仿汉式衣服。技法为缀珠及缝饰贝壳，纹样有三角形、曲折形、横条形、直条形、几何人头形（宇宙神）、十字形及斜形纹等。色彩为黑、白、橙、浅绿及墨绿色等。在领沿环带、前襟、腋下左右两侧、袖山线、袖口及背部中央皆缝上细小珠子及小贝壳。以YKK拉链缝于前襟左缘，显示年代较晚近。此式样，男女皆可穿着，女子下身穿圆裙，称为公主装，男子则下身着短裙或西装长裤。整件重量约为2千克。

图片来源
图一　台湾民俗北投文物馆
图二、图三　朱琳　制图

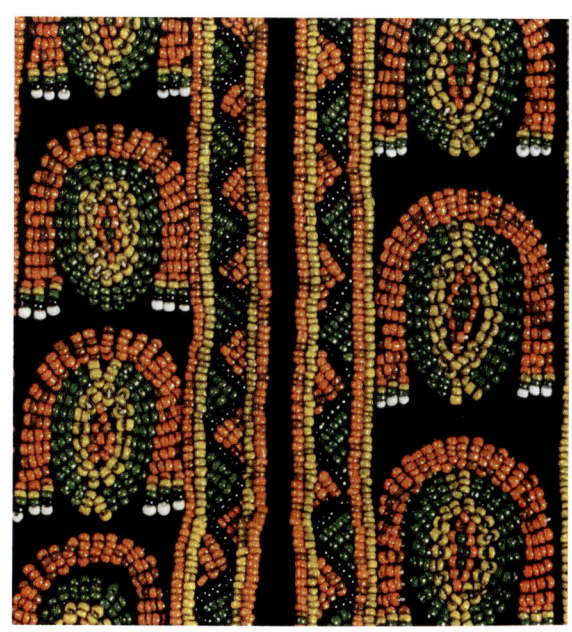

图二　排湾族男子长袖缀珠短上衣细节图

图三　排湾族男子长袖缀珠短上衣尺寸图（单位：cm）

第二章　高山族传统服饰

排湾族男子长袖短上衣

正面

背面

图一　排湾族男子长袖短上衣主图

　　排湾族表现在衣服上的纹饰技巧，大致分为夹织、刺绣、缀珠和贴饰品等四种。缀珠是以线将不同色彩的小珠子一粒一粒穿缀起来，传统上是用单色（橙、黄、绿）而呈扁长管状不透明的极小琉璃珠，近来则多采用以塑胶细管切成小段的珠子代替之。

　　本案例为台湾民俗北投文物馆藏品。材质有棉布及毛料。技法为补饰与缀珠。全件以黑棉布作为内衬，正面以一块块红、黄、绿及深红等色毛料补饰而成。以白棉布制成圆形衣领。以橙、黄、绿、黑、灰、白、深蓝、橘红及深红色细小型琉璃珠缝缀成各式花纹。纹样有太阳形、杵形、弧形、圆锥形、直条行及几何人头形纹等。色彩为灰白、红、黄、橘、绿、深红、黑及深蓝色等。在前襟、袖口、背部正中央纵向及下摆以白麻线缝缀珠子于深红色毛料上，而补饰的毛料是以棉线缝合，并无扣子或绑带。全件的毛料为荷兰人据台时所使用，不过其裁剪形制已为汉式，而内衬也是棉布，仅琉璃珠是古老的，因此推测此件衣服是后来利用古老的布与珠子重新缝制而成。穿着时会露出腹部，下配短裙。

图片来源
图一　台湾民俗北投文物馆
图二至图五　王琳　制图

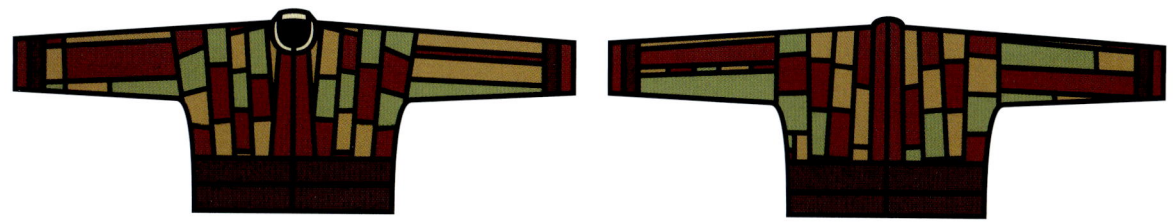

图二 排湾族男子长袖短上衣色彩分析图

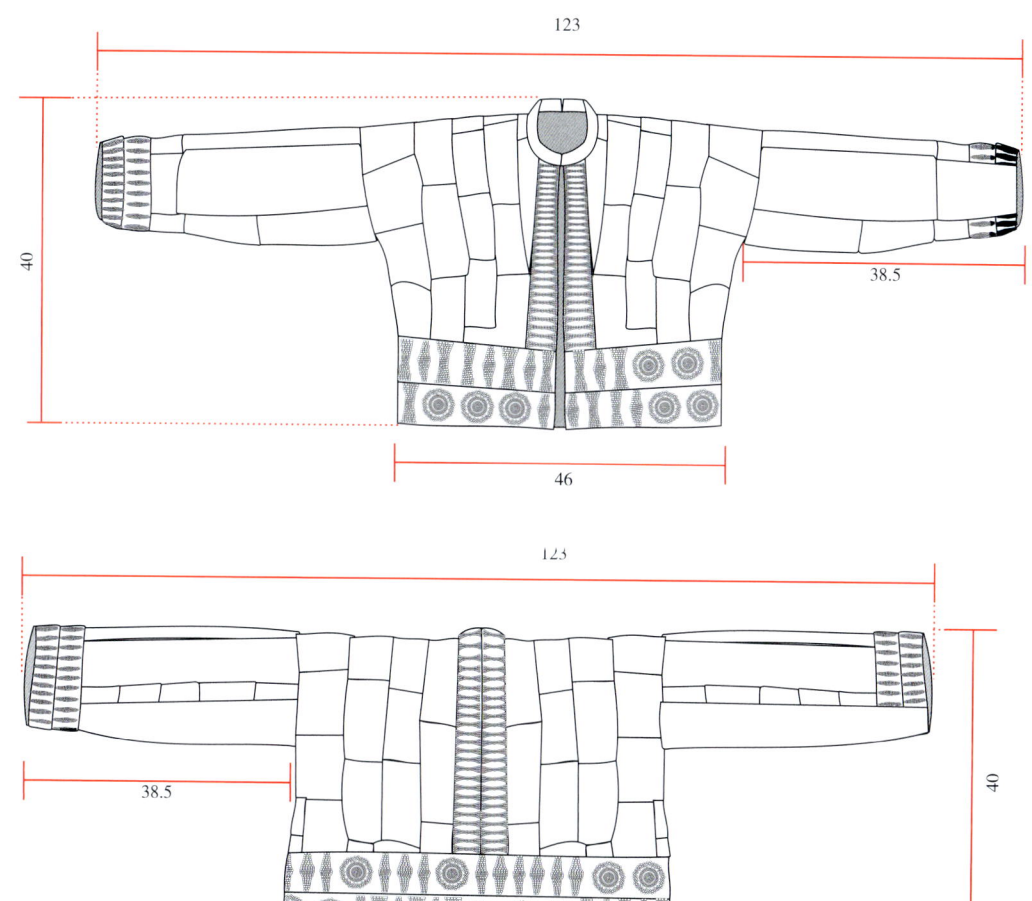

图三 排湾族男子长袖短上衣尺寸图（单位：cm）

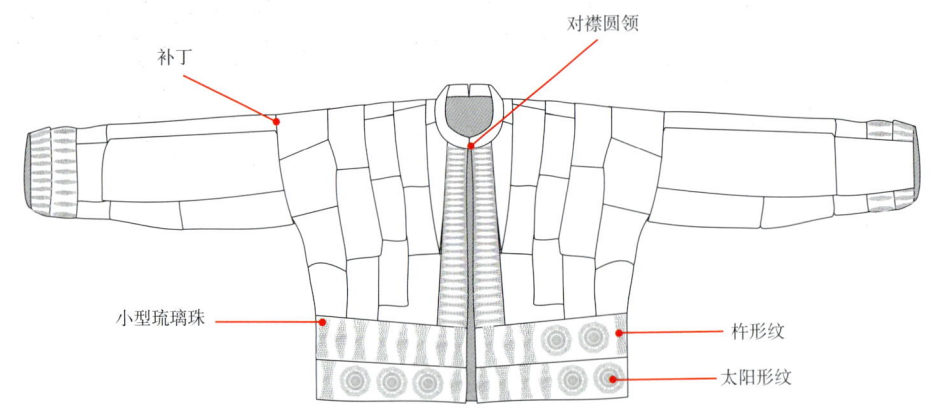

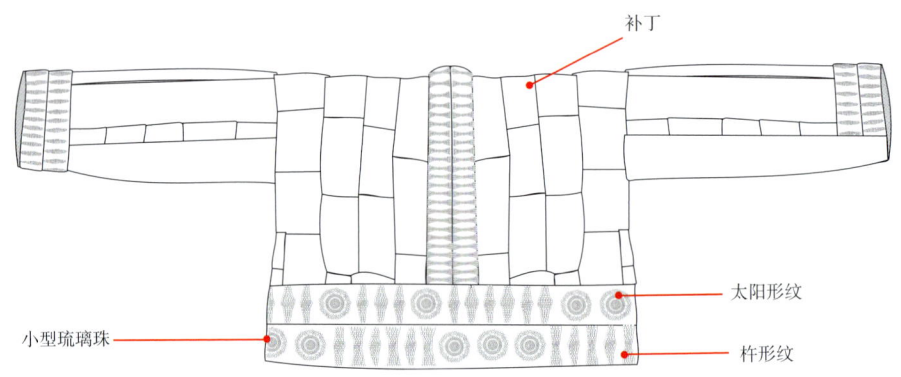

图四 排湾族男子长袖短上衣结构名称图

图五 排湾族男子长袖短上衣花纹分析示意图

排湾族男子后敞裤

图一　排湾族男子后敞裤主图

排湾族男子服饰中常服和盛装有区别。常服为日常穿着，盛装为喜庆节仪之日穿着。一般常服有：皮帽、头巾、短襟长袖上衣、皮背心、腰裙、发匣、对襟上衣。盛装有：上衣、披肩、后敞裤等。后敞裤的长度大约一尺三四寸，是用黑绒布或蓝色棉布做成，在下缘有两三条刺绣。这种裤子分为两部分，前后各一片，然后用带子绑合，左边臀部稍微显露，裤子的褶皱必须为13道，穿起来形似僧侣的腰衣。

本案例为台湾"中央研究院"民族学研究所藏品。推测使用年代在1920年左右。全件以两块长94厘米、宽32厘米的夹织麻布，于上缘相叠约5厘米处以麻线相缝合而成。在左、右片上的上缘各打3个褶，使上缘宽度缩小，而后又以一条长173厘米，宽2.5厘米的细长织带，于上缘中央往内缝合长约32厘米，余作为绑带。左、右裤脚下缘两侧缝上白色绑带，长约30厘米。技法为挑织花纹。纹样有曲折蛇形、横条形、直条形、发丝形、三角形与杵形等。色彩为红、黄、绿及白色等。材质有麻、棉及毛线。穿戴方式即将绑带往后系于腰际及脚上。此件后敞裤为贵族阶级头目所穿戴，采用排湾族传统的织布技法与纹饰。其挑织花纹相当细致，在织的过程是背面朝上，挑织线头大多留在上面。

图片来源
图一　台湾"中央研究院"民族学研究所
图二、图三　朱琳　制图
图四　李莎莉.台湾原住民衣饰文化.台北：南天书局有限公司，1998.

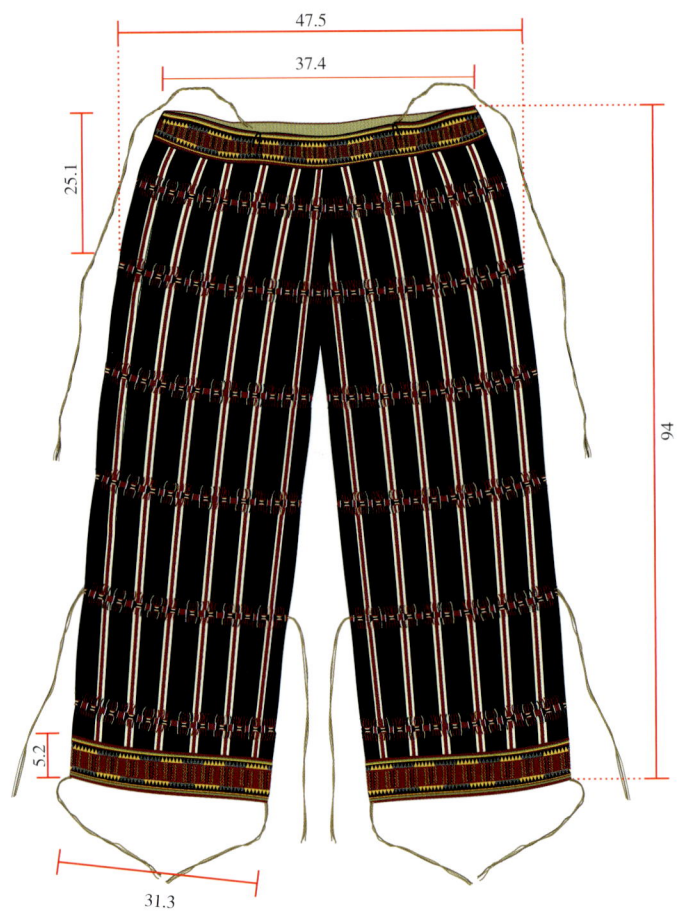

图二　排湾族男子后敞裤尺寸图（单位：cm）

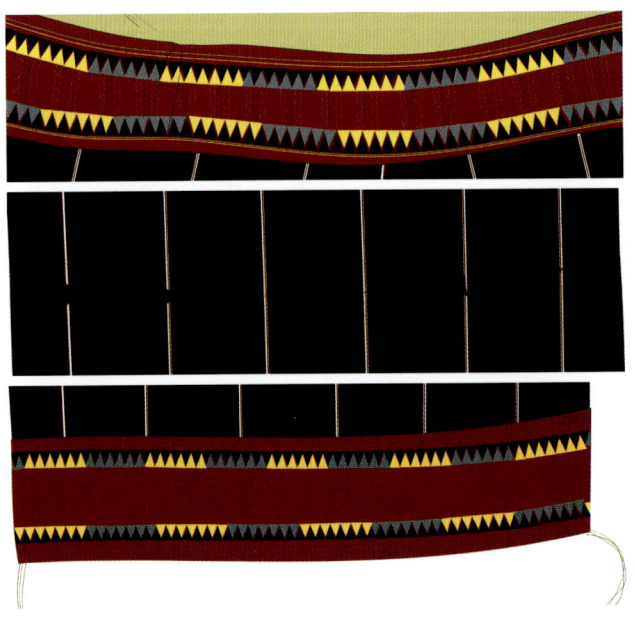

图三　排湾族男子后敞裤裤腿织绣图案

图四　排湾族男子后敞裤着装图

第二章　高山族传统服饰

平埔族男子长袖短上衣

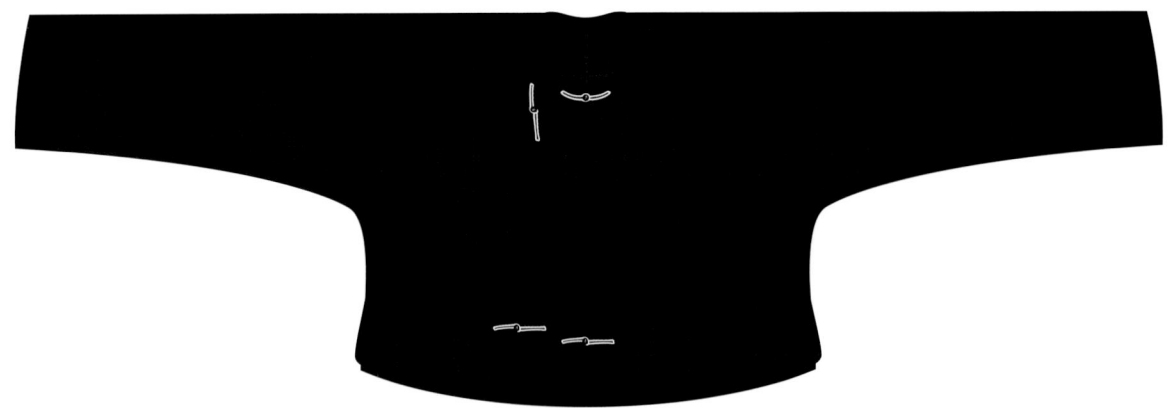

图一 平埔族男子长袖短上衣主图

平埔族与迁台汉族人接触较早，因此在服饰上受到汉人服饰风格影响很深。男子平时裸露上身，下半身围一片前遮片，遇到节庆时，男女均穿精美服饰。男子在上半身穿着对襟无袖短上衣，或者对襟圆领长袖短上衣，有的服饰领口、袖口或是背部施以刺绣，刺绣的图案以几何纹饰为主。

本案例形式仿制汉人。全件以深蓝色棉布裁剪而成，另于前襟中央右侧加缝一片长方形布片，作为右襟布。领口下缘和右襟布与上衣相接处，各缝一对由黑棉布制成的纽襻，另一端缝接一颗铜制纽扣作为扣合之用。由于此种型制的衣服长度很短，穿着时会露出腹部，故要搭配腰带使用，以腰带缠绕于腹部。

图片来源

图一至图四 许东仪 制图

图五 方志荣.原住民织品及饰品图录.台东：台湾史前文化博物馆，2001.

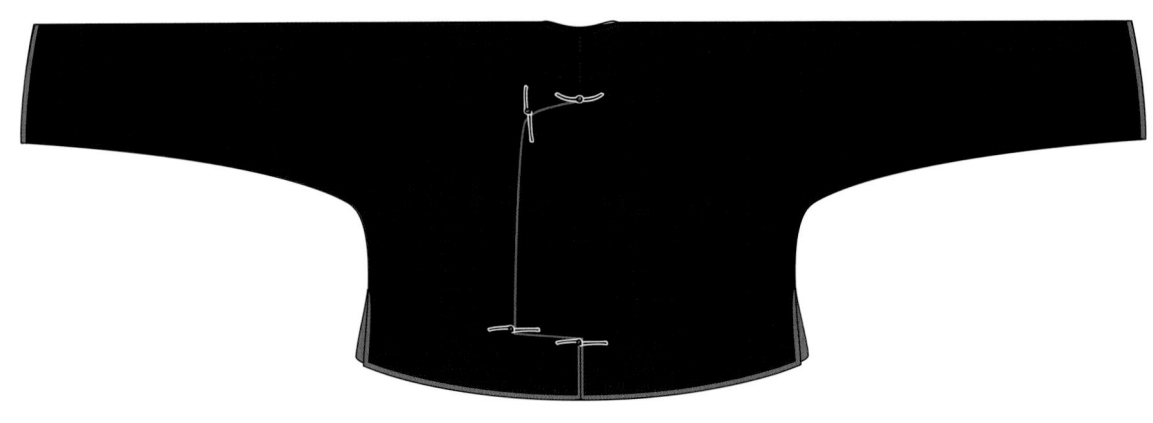

图二 平埔族男子长袖短上衣彩稿图

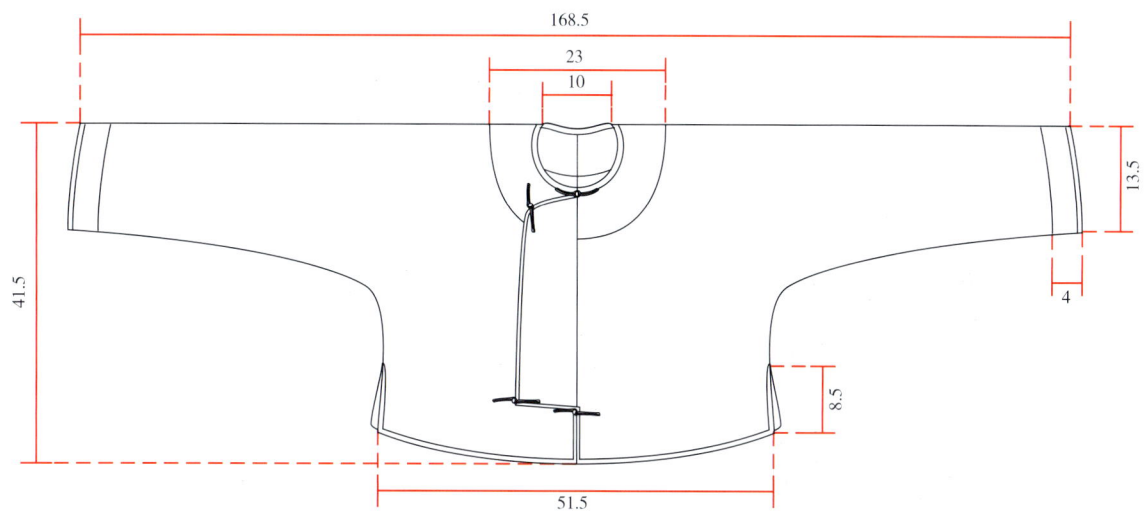

图三　平埔族男子长袖短上衣尺寸图（单位：cm）

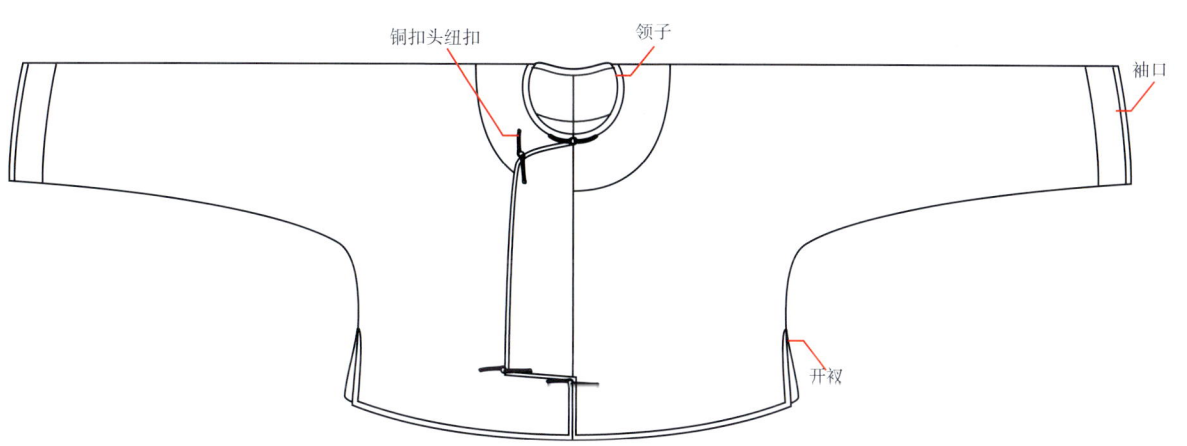

图四　平埔族男子长袖短上衣结构名称图

图五　平埔族男子长袖短上衣穿着图

平埔族男子无袖短上衣

图一 平埔族男子无袖短上衣主图

平埔族男子上半身多着对襟无袖短上衣（背心），以两块白麻布制成，不加裁剪，在背部及腋下两侧以线缝合，此种衣服正与《番俗六考》中记载"衣俱短至脐，用布二幅，缝其半于背，左右及腋而止，余尺许垂肩及臀，无袖披其襟"相符合。在上衣的正背面全部夹织以红色毛线及深蓝色棉线的纹饰，主要的花纹包括有菱形纹、星形纹等几何形图案。此类短上衣又分无领无扣、圆领无扣、圆领有扣等类型。

本案例由台湾博物馆收藏。推测使用年代约19世纪末。全件以白、砖红及深蓝三色麻线浮纹夹织成对襟圆领无袖短上衣。领围绲以深蓝色麻布边，现已褪色。前襟缝缀两个小铜铃。下摆另以四块宽约28厘米，高8厘米（含流苏2厘米）的麻织布缝合，以砖红色麻线绲边，呈三角形花纹，袖圈也绲以三角形纹饰。全件纹样有菱形、方形、三角形、锁链形、横条形、十字形、直条形、X形及几何人头形纹等。衣身相当短，织纹极细致。属方衣系统。

图片来源

图一　台湾博物馆
图二　许东仪　制图
图三　王琳　制图

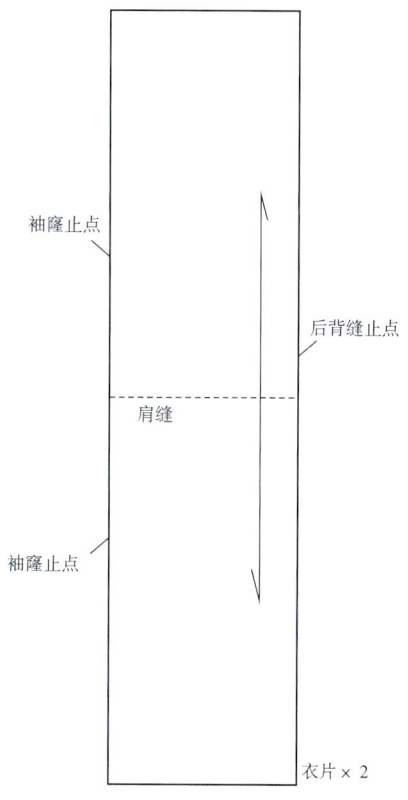

图二 平埔族男子无袖短上衣结构分析图

图三 平埔族男子无袖短上衣图案分析

第二章 高山族传统服饰

赛夏族男女无袖背心

正面　　　　　　　　　　　　　背面

图一　赛夏族男女无袖背心主图

赛夏族的服饰给人的第一个印象就是与泰雅族极为相似，这可能是地域相邻造成的。赛夏族的服装较细长窄小，属方衣系统。麻布是主要的服饰材料，棉布次之。在衣服形制方面，大体上男女上身皆着对襟无袖长上衣（即长背心），这是传统衣服中最基本的类型。而后再于长上衣外面套上对襟无袖短上衣。

本案例台湾"中央研究院"民族学研究所藏品。推测使用年代约为1910—1920年。全件以毛线夹织而成对襟无领无袖短上衣，以红、白、黑及褐色等为经线，红、白、黑、褐及玫瑰红色等为纬线，间以白与黑二色麻线。配件有亮光四孔白塑胶纽扣（46个）、亮光小圆珠子（48粒）、亮光锥形小珠子（78粒）、极细小型黑珠子（21粒）、扁圆形铜铃（14个）、圆锥形小铜铃（72个）及小绒球（3个）等。技法为夹织、编毛线带与缝缀法。底布色彩为红与褐两色，纹样色彩为红、褐、黑、白、玫瑰红、绿、银、青色等。纹样有横条形纹与直条形纹。并无绑带或纽扣相缚，衣服是敞开的。主要特色在全件施以纽扣、亮光珠子及铜铃等配件，显得华丽而活泼。据族人的说法，男子若穿上缀有白纽扣的上衣即具有表彰其英勇之意。

图片来源
图一　台湾"中央研究院"民族学研究所
图二至图四　王琳　制图
图五　叶成闻　制图

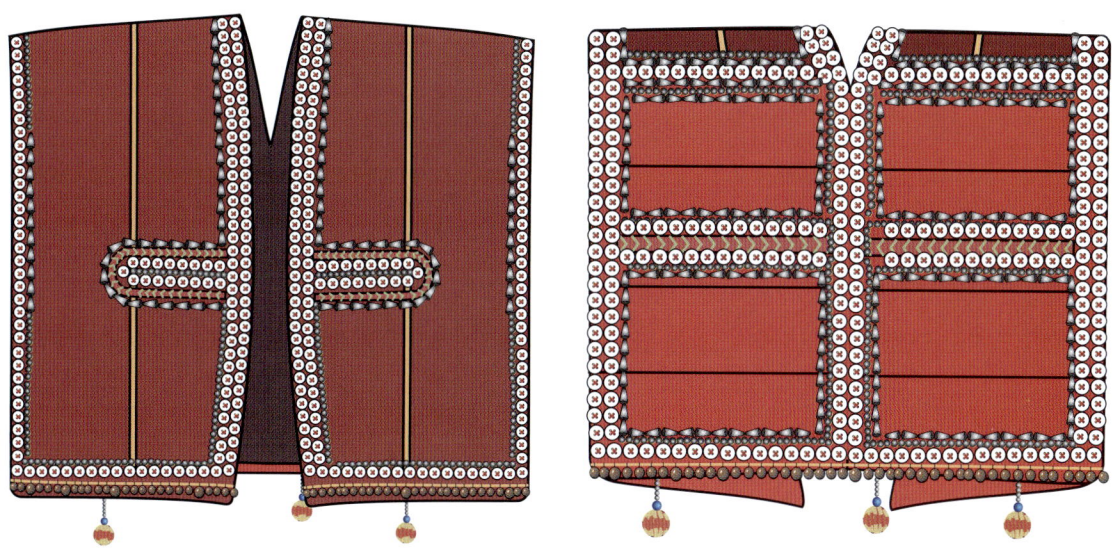

图二　赛夏族男女无袖背心正背面色稿

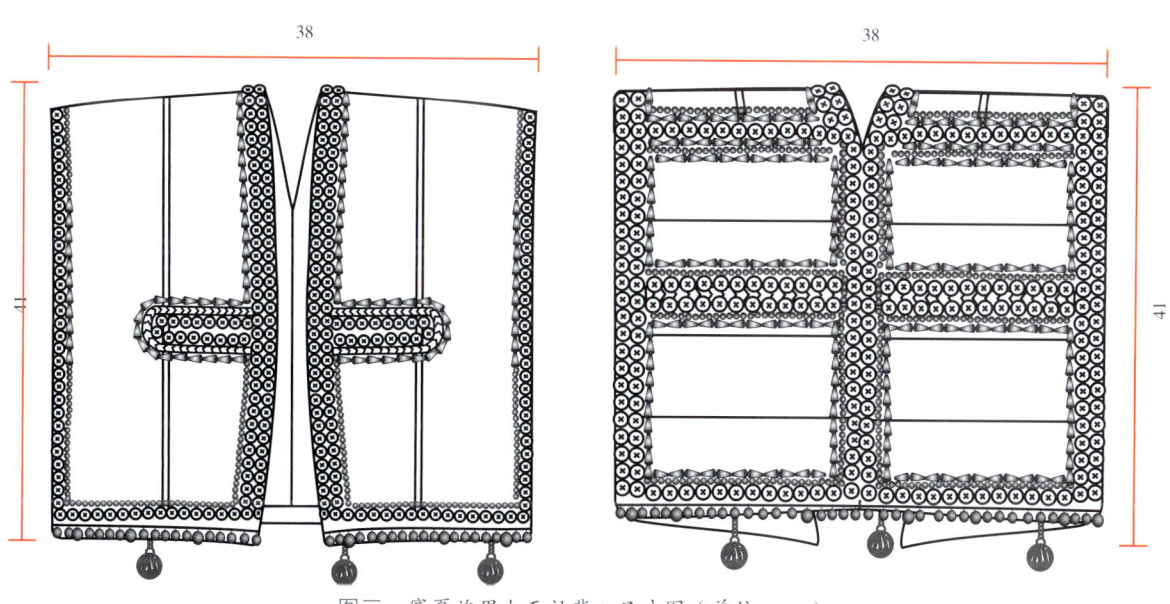

图三　赛夏族男女无袖背心尺寸图（单位：cm）

第二章　高山族传统服饰

109

图四　赛夏族男女无袖背心结构名称图

图五　赛夏族男子无袖背心穿着示意图

泰雅族男子无袖贝珠衣

正面　　　　　　　　　　背面

图一　泰雅族男子无袖贝珠衣主图

贝珠衣，泰雅语为lukkus-kaxa，或称为lukkus-pintoan，意为宝贵衣裳或金衣裳。贝珠衣为泰雅族传家之宝，早期曾作为货币单位，或赔偿时之求偿物品。除此外，更为古代"出草"荣耀归来后勇士之盛装。据闻乃以猎得之首级数目来决定贝珠数的多寡，若有整面缀珠者，则为猎首达五人之上的英雄。而穿上贝珠衣者，也较易赢得该部落女子的青睐，因而贝珠衣素有"燃烧年轻人热血之衣服"的称号。猎首功绩特出者，除着贝珠衣外，尚可头戴缀有圆形贝壳头饰、胸戴数颗圆形贝壳，以彰显其人之丰功伟绩。后来猎首之风气废除后，贝珠衣也转变其社会意义，作为聘礼馈赠之用，甚至可作为购买田地、牲畜的货币。

贝珠是将选用的贝类如砗磲切磨成小珠，在其中间穿孔，用麻线穿成串，然后将珠串缀于衣服上，每件衣服约有贝珠六万至十万颗，是主人权势和财富的象征。贝珠衣上红条部分的染料来自一种名叫薯莨的植物。砗磲是一种比较大的贝类，而且质地比较坚硬。要把这样坚硬的贝壳手工打磨成直径仅3~4毫米，高度2毫米左右的贝珠，然后穿孔，其工作量非同小可。一件庆典用的贝珠衣采用六万至十万颗这样的贝珠，相当于将整个家庭的财力穿在身上，华美与贵重并存。

本案例为台湾"中央研究院"民族学研究所藏品。该件贝珠衣为两块长约210厘米，宽约22.5厘米的夹织麻布，于长边对折，背部以棕色麻线缝合105厘米长，外面再缝缀白贝珠，留约17厘米作为袖圈，腋下两边以棕色麻线缝合而成。材质有麻线（红、白、棕三色）、大圆形白贝片（两个）、中圆形白贝片（3个）、中型铜铃（83个）及白贝珠（无数）。技法为平织与缀珠（横式与直式穿缀法）。纹样有横条形、斜形与直条形纹。色彩为白、红及棕色。除了有铜铃的珠串外，夹织时一起穿缀珠串而成。贝珠衣在袖圈、前襟两缘及下摆均缝上0.8厘米宽的棕色织带作为绲边。另外，还缝缀圆白贝片以及缀有铜铃的流苏状珠串。

图片来源

图一　台湾"中央研究院"民族学研究所
图二、图七　李莎莉.台湾原住民衣饰文化.台北：南天书局有限公司，1998.
图三　许东仪制图
图四至图六　王琳　制图

图二　泰雅族男子无袖贝珠衣细节图

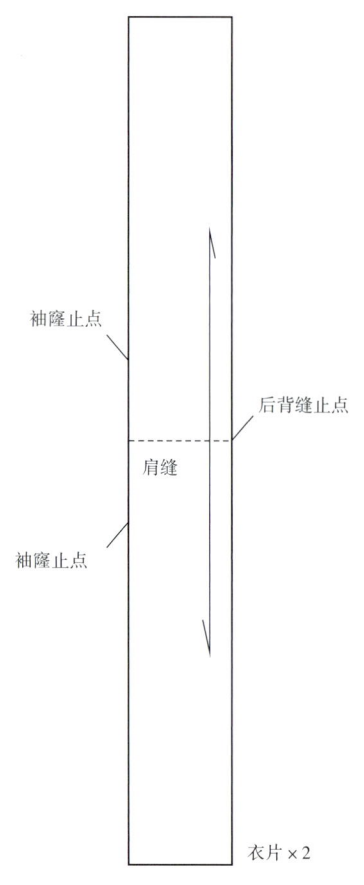

图三　泰雅族男子无袖贝珠衣结构分析图

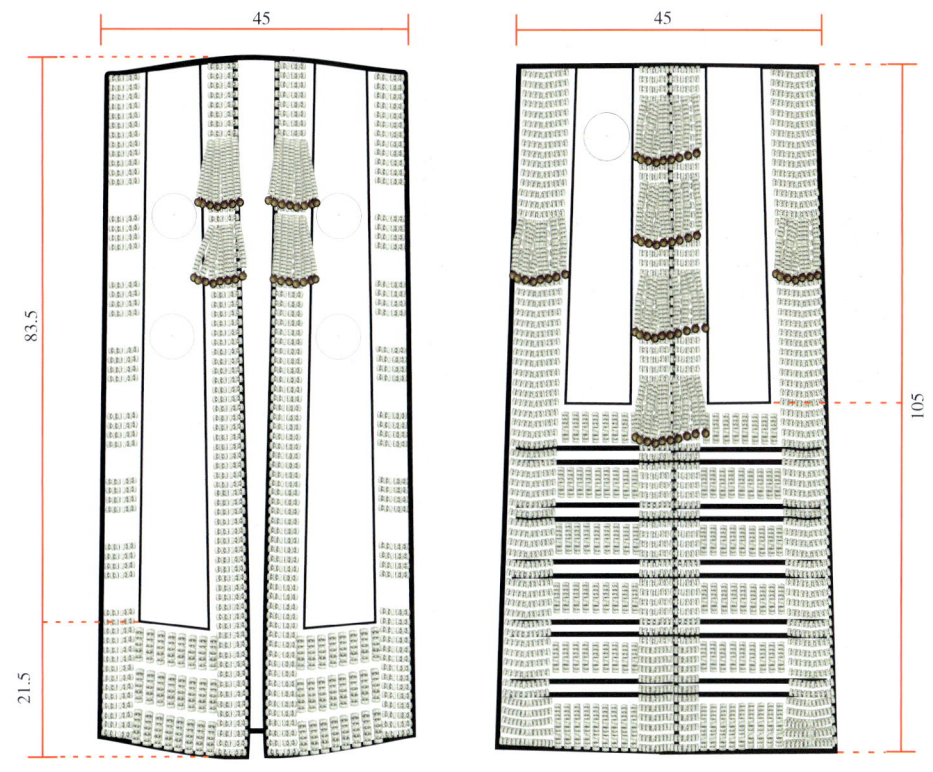

图四　泰雅族男子无袖贝珠衣尺寸图（单位：cm）

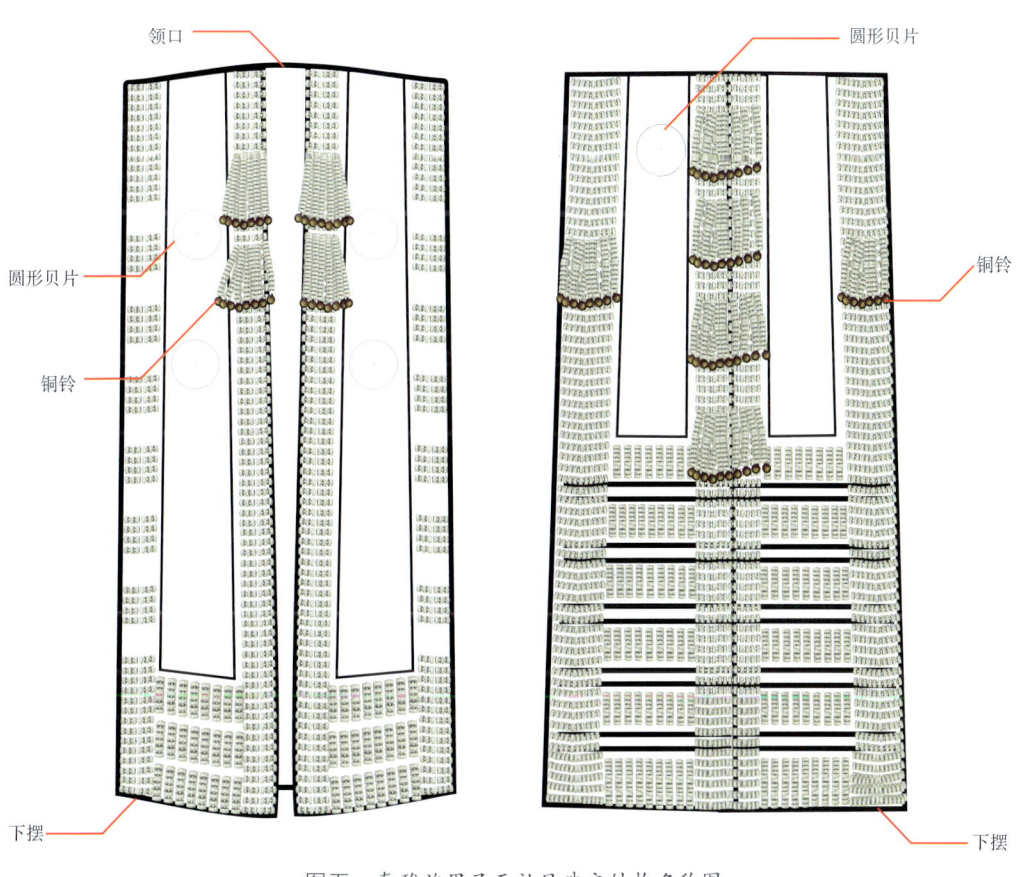

图五　泰雅族男子无袖贝珠衣结构名称图

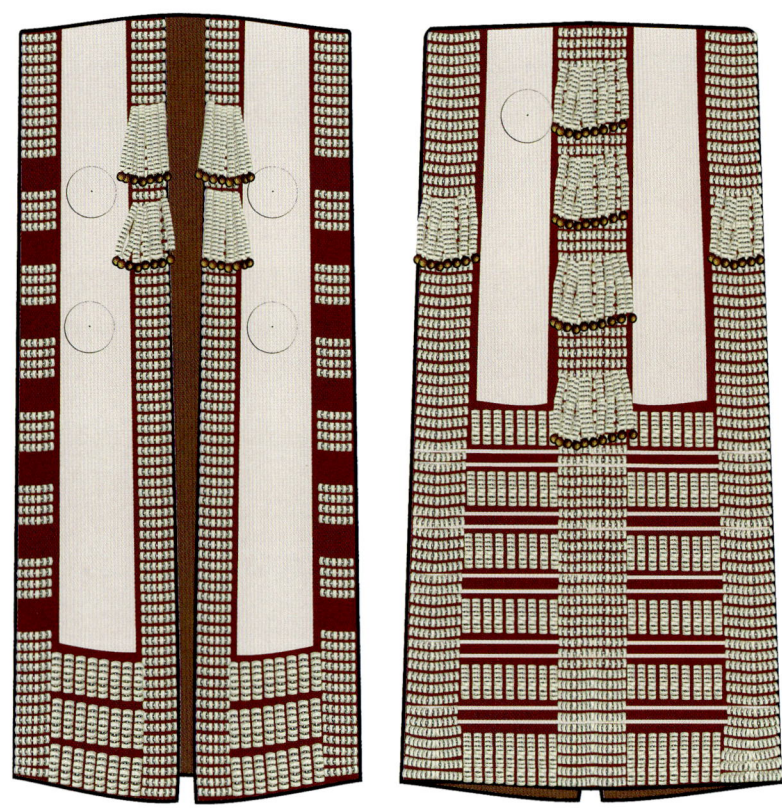

图六　泰雅族男子无袖贝珠衣色稿

图七　泰雅族男子无袖贝珠衣穿着图

泰雅族男子长袖长上衣

正面　　　　　　　　　背面

图一　泰雅族男子长袖长上衣主图

泰雅族无阶级制度，在衣服上并未表现出个人的社会地位，其穿衣的主要功能即在于遮体、保暖及装饰。泰雅族人制作服饰的原材料除了动物皮毛之外，最主要的为天然植物纤维，如麻、香蕉丝、葛藤等，体现了其顺应自然的法则。

泰雅族服装在形制上以方衣系统为主。男子在上身主要穿着无袖长上衣（即背心）或长袖长上衣，内穿胸兜。另有一块织布折成筒形，中间开口，两端缝合成袖口的袖套，多半穿在背心外面，以便工作。下身只围一块前遮片（或丁字带），另外有一种称作贝珠衣的无袖长上衣，缀满贝珠为礼服之一，为祭典庆仪时头目、族长和勇士所穿。

本案例为台湾民俗北投文物馆藏品。推测使用年代约为1950—1960年。全件以麻布缝制成对襟无领长袖长上衣，由两片长约182厘米，宽约30厘米的麻布，于长边对折，背部以白麻线由里面缝合。留出19.5厘米作为袖圈，腋下以白麻线缝合。前襟绲以0.5厘米宽的黑棉布边。另一块长约49厘米，宽约39厘米的织布，于长边对折，做成袖子，一边与袖圈缝合。全件材质为白麻线、毛线（绿、红、黑及黄色等）及黑棉线。技法为平织与挑织，纹样有横条形、菱形、直条形、斜线长方形及X形纹等。色彩为白、红、黑、黄及绿色等。前襟并无绑带或扣子。此件衣服尺寸大，可能为高大男子所穿。

图片来源

图一　台湾民俗北投文物馆
图二至图四　王琳　制图
图五、图六　许东仪　制图

第二章　高山族传统服饰

图二 泰雅族男子长袖长上衣色稿

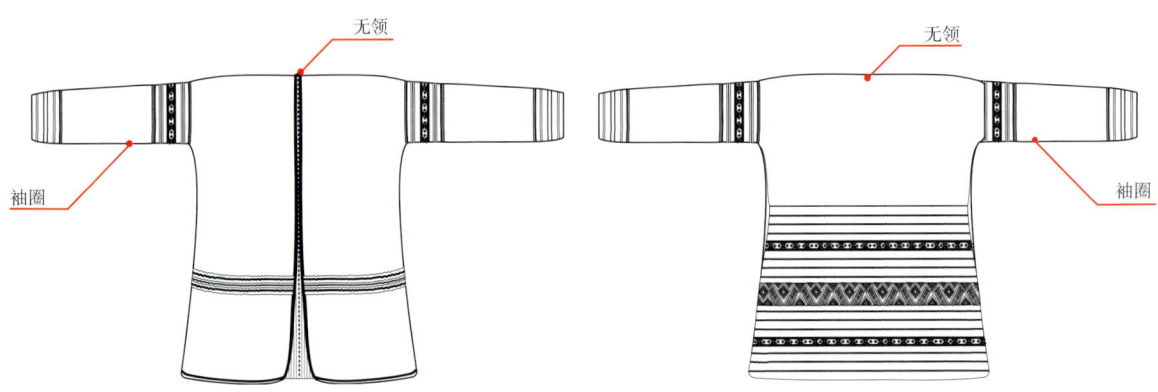

图三 泰雅族男子长袖长上衣名称图

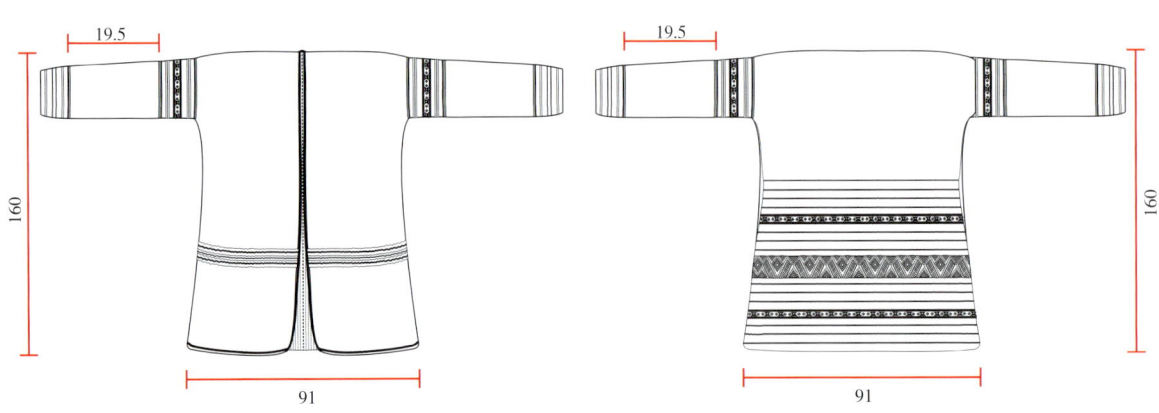

图四 泰雅族男子长袖长上衣尺寸图（单位：cm）

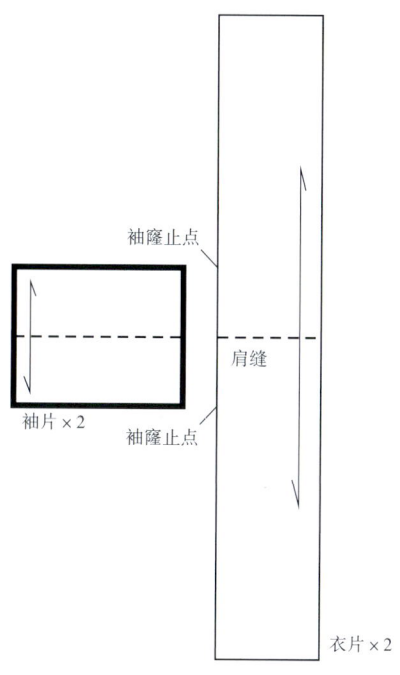

图五　泰雅族男子长袖长上衣结构分析图

图六　泰雅族男子长袖长上衣编织图案

第二章　高山族传统服饰

117

泰雅族女子对襟长袖短上衣

正面

背面

图一 泰雅族女子对襟长袖短上衣主图

泰雅族上衣分为长衣和短衣。长衣可及膝部，短衣仅及腰部。泰雅人上衣裁剪、缝制比较简单。所有的上衣都是对襟的，长袖上衣与无袖上衣只有袖子的区别。两襟下缘及衣身两侧下的带子，其功用不在系结而在装饰，且带子的端部有小铃铛和流苏装饰。长袖上衣饰纹区域可以分为两个，即衣身与两袖。前襟和后背的饰纹完全相同，很少有几何图形的饰纹出现，多为条形饰纹。这种上衣主要由女子穿用，也是其外出交际时的礼服。

泰雅族女子对襟长袖上衣全件以蓝底印花布裁制，再于袖子、前襟及下摆局部贴缝红色棉布。本案例为台湾民俗北投文物馆藏品。此款纹样有五瓣花形纹、直条形纹及X形纹等。在红棉布边缘均缝上一排白色锁链绣，下摆处以白麻线环套住扁圆形的小铜铃，再于铜铃环上穿过一条长106厘米的粗白麻绳。仅在领口下方以麻线缝缀四孔白塑料纽扣，扣环则用麻线编成。

图片来源

图一 台湾民俗北投文物馆
图二至图四 朱琳 制图
图五 许东仪 制图
图六 李莎莉.台湾原住民衣饰文化.台北：南天书局有限公司，1998.

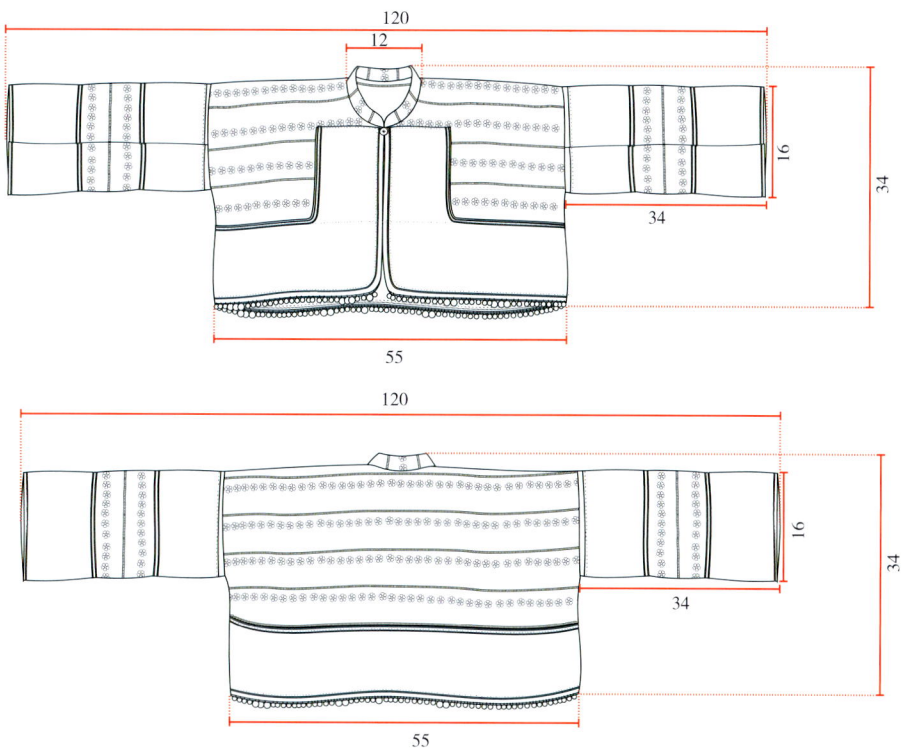

图二 泰雅族女子对襟长袖短上衣尺寸图（单位：cm）

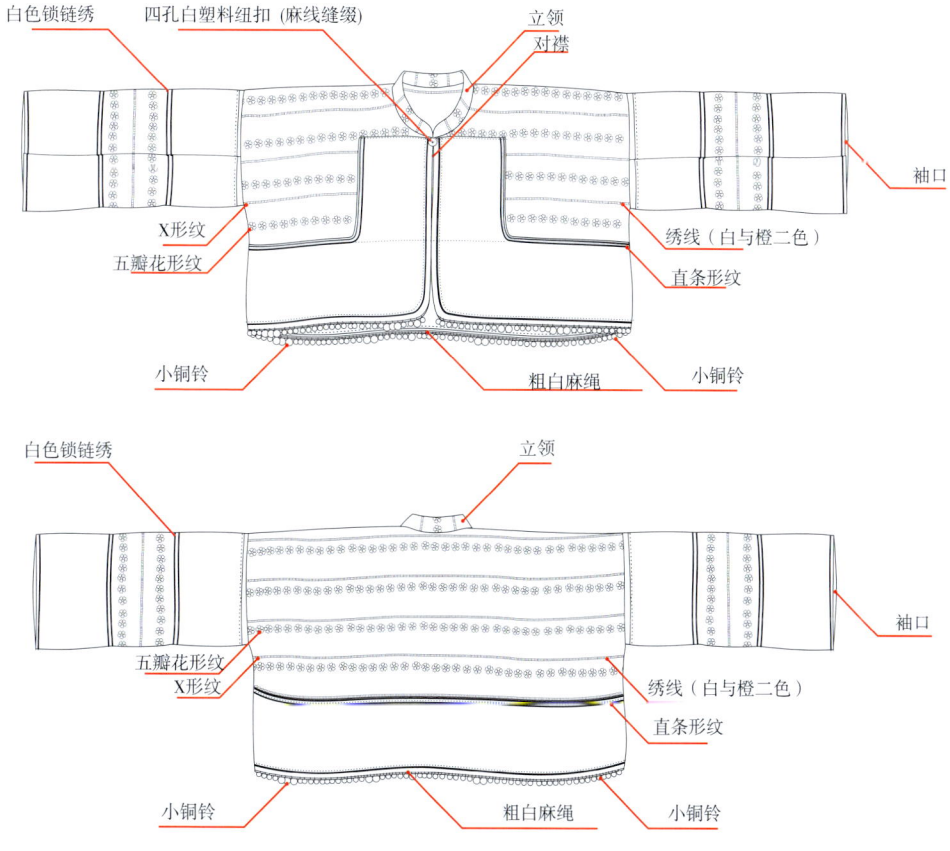

图三 泰雅族女子对襟长袖短上衣结构名称图

五瓣花形纹

X形纹

直条形纹

图四 泰雅族女子对襟长袖短上衣纹样类型

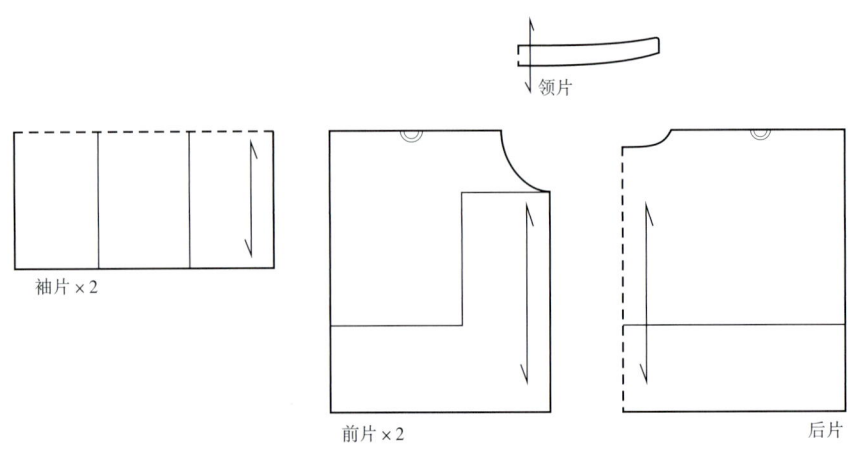

领片

袖片×2

前片×2

后片

图五 泰雅族女子对襟长袖短上衣结构分析图

图六 泰雅族女子对襟长袖短上衣穿着图

雅美族男子无袖短麻衣、丁字带

正面　　　　　　　　　　　　　　背面

图一　雅美男子无袖短麻衣主图

雅美族服装具有传统方衣系统特色，颜色简单，织纹多样，织造技术较好。雅美族男子无袖短麻衣是日常基本穿着，制衣原料以白叶仔麻和瘤冠麻为主。

本案例短麻衣为台湾"中央研究院"民族学研究所藏品。推测使用年代约在20世纪50年代。此种男子对襟无领无袖短上衣（或称背心）属于原住民传统麻织布的方衣系统，到目前为止是所有原住族群中保存最传统的衣服形制。雅美族自1923年以后，开始使用白棉线纺织衣服。此件短上衣即以白棉布为底，夹织菱形斜纹组织，边缘均绲以白麻线，背面中央纵向亦以白麻线相缝合。纹样有横条形纹、小菱形格状纹、三角形纹、方形纹及鱼骨形纹（或浮菱形纹）。色彩为白、藏青及黑色。衣服前、后面各由11条藏青色及5条白色织纹相间而成。共有3个四孔白色四角纽扣，施缝于前襟靠内侧下缘，左、右肩膀末端处，以白麻线缝之。不过，右肩的纽扣已脱落。前襟下缘有一条黑色麻线编成的纽带，长约4厘米，于尾端开1.2厘米长的扣眼。

丁字带是一条长条形织布。雅美族人将丁字带与无袖蓝白条纹短装搭成男子套装，通常在祭祀和庆典活动中出场使用。本件丁字带现藏于台湾"中央研究院"民族学研究所，带长22.3厘米，宽15.5厘米，以白色麻线为经，夹织藏青与黑色棉线，于长布条的两端与中间部位，织成数条横条纹饰。一般孩童使用3道横形纹，成年男子多为道横形纹，而年纪越大、自认禁忌越少的老人，除两端各有4道横形纹外，在距离20余厘米处，可再加织4道横形纹。

图片来源

图一　台湾"中央研究院"民族学研究所

图二 方志荣.原住民织品及饰品图录.台东：台湾史前文化博物馆，2001.

图三至图八 王琳 制图

图九 叶成闻制图

图二 雅美族男子丁字带主图

图三 雅美男子无袖短麻衣色稿

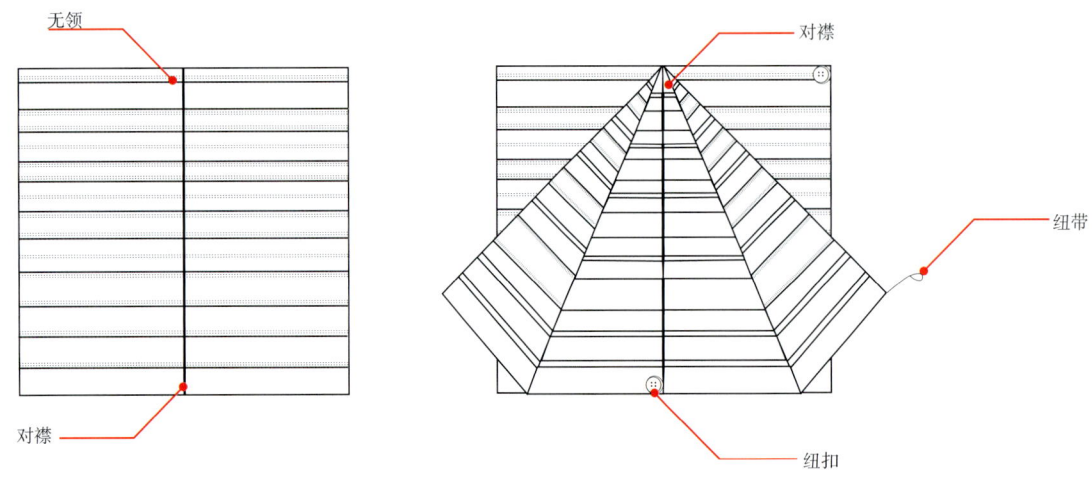

图四 雅美男子无袖短麻衣结构名称图

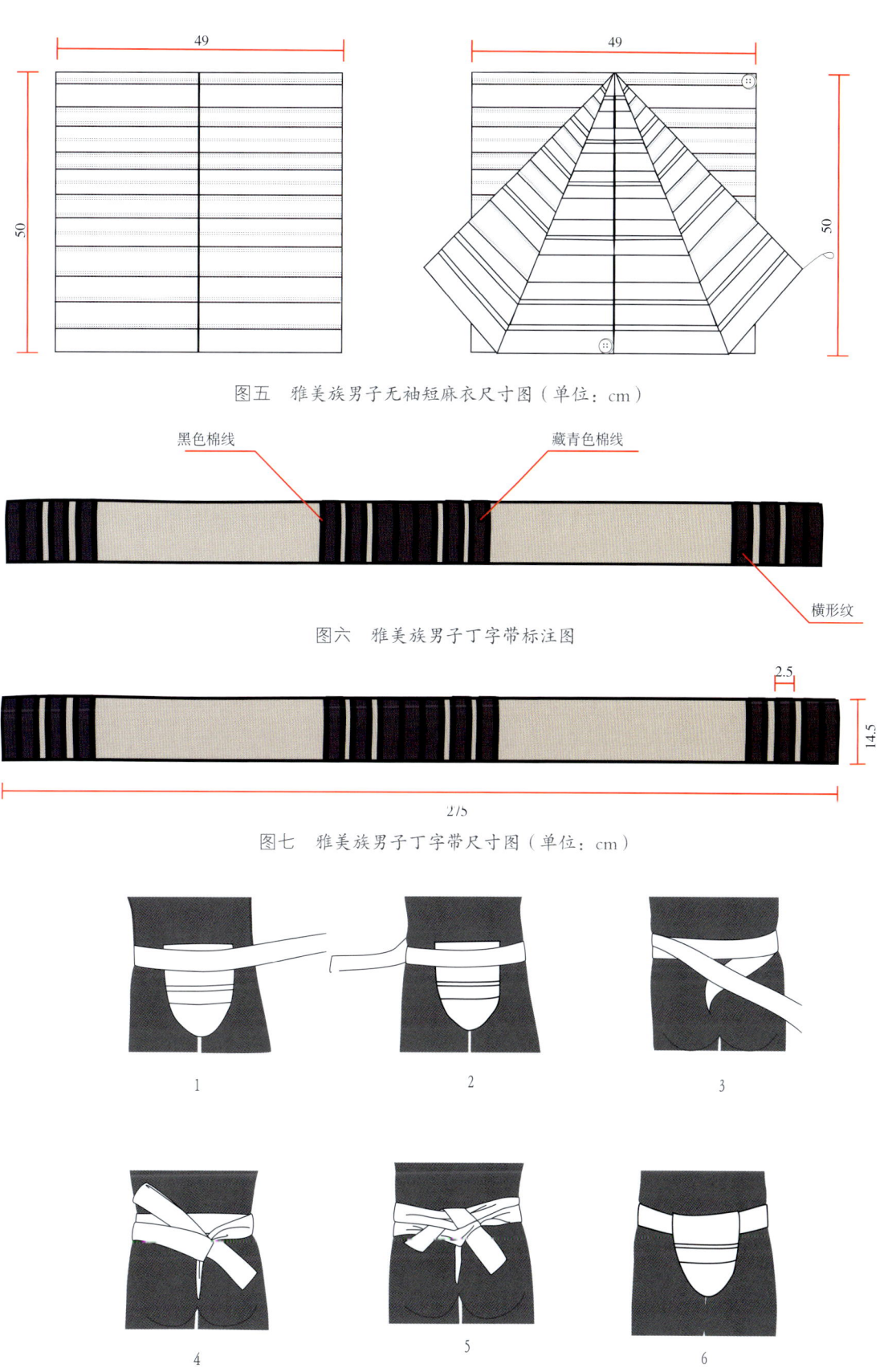

图五　雅美族男子无袖短麻衣尺寸图（单位：cm）

图六　雅美族男子丁字带标注图

图七　雅美族男子丁字带尺寸图（单位：cm）

图八　雅美族男子丁字带系法示意图

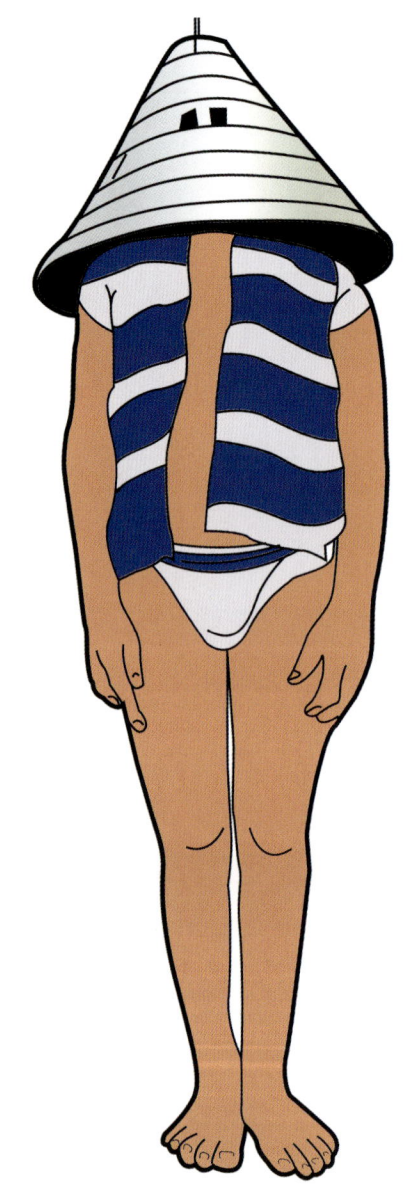

图九　雅美族男子无袖短麻衣、丁字带穿着示意图

雅美族女子无袖短上衣

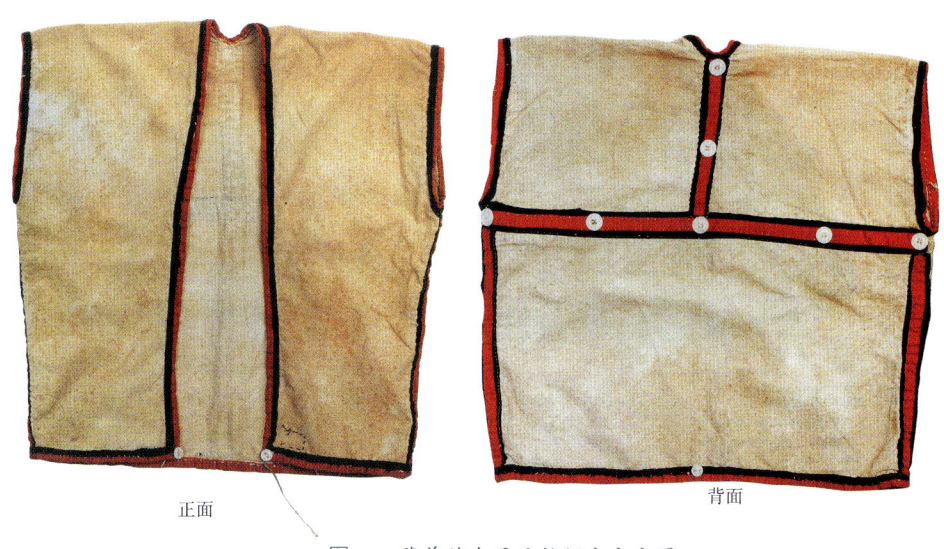

图一　雅美族女子无袖短上衣主图

雅美族的衣服最具传统方衣系统特色，相较于其他台湾原住民族群，显得格外朴实、简单，日常穿着多是单色，多采用天然植物纤维制成。因为居地天气炎热，男子多仅穿丁字裤，便于海中劳作；女子上身穿胸兜、背心或短上衣，下半身裹系带的方布。

本案例为台湾"中央研究院"民族学研究所藏品。推测使用年代约在1930—1940年。以白棉布裁制成对襟无领无袖短上衣（或背心）。技法为贴缝法。材质为红、白、黑及深蓝色棉布，以白棉布为底，色彩相当鲜明。配件为白色塑胶纽扣共10颗。纽扣主要装饰在衣服背面，前襟下摆左右各缝一颗白纽扣，左边一颗套着长9厘米的麻环绑带。

图片来源

图一　台湾"中央研究院"民族学研究所
图二至图四　王琳　制图
图五　李莎莉.台湾原住民衣饰文化.台北：南天书局有限公司，1998.

图二　雅美族女子无袖短上衣色稿

第二章　高山族传统服饰

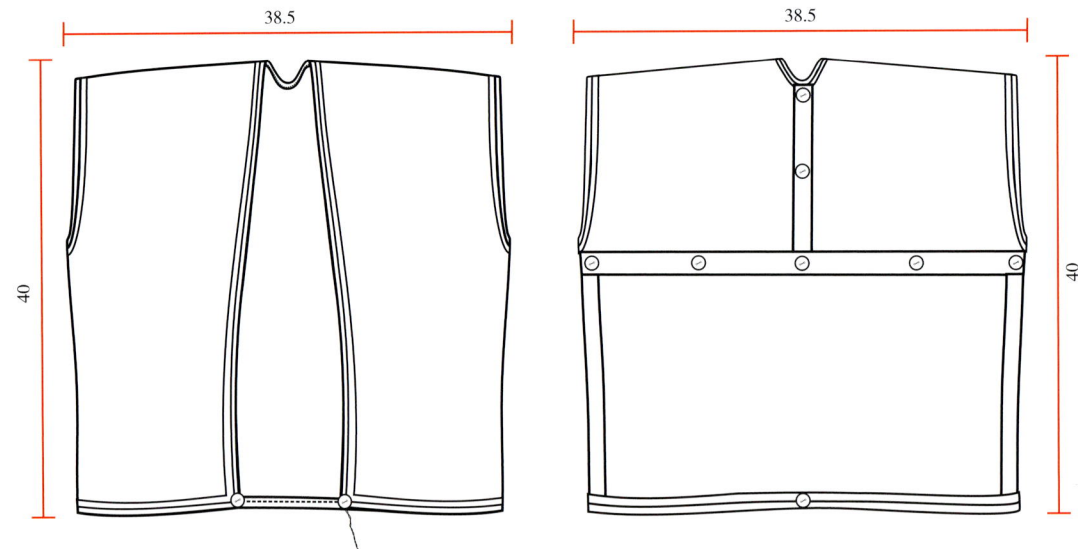

图三　雅美族女子无袖短上衣 尺寸图（单位：cm）

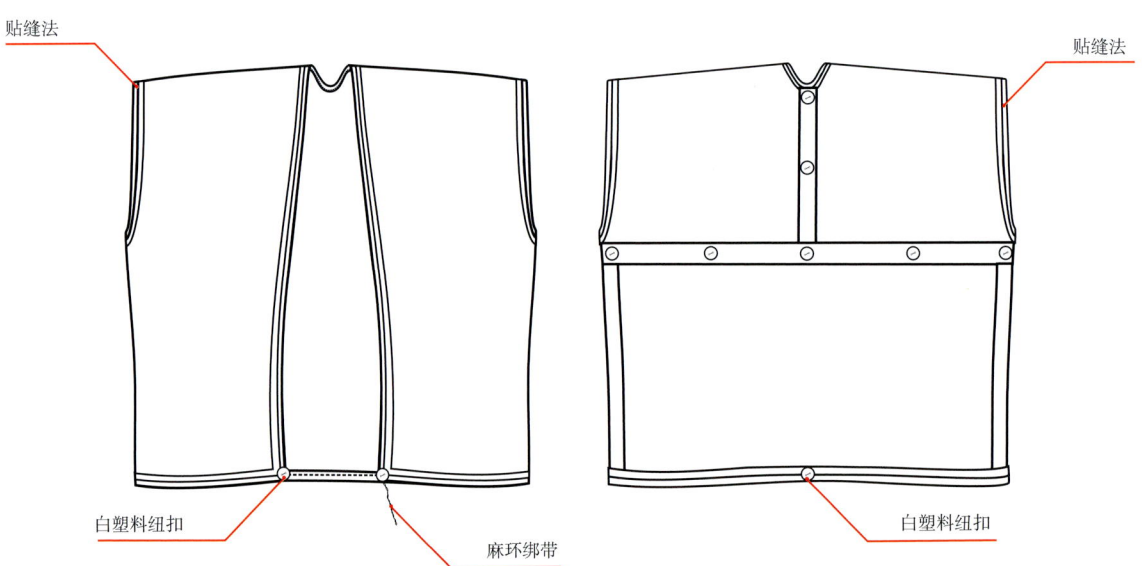

图四　雅美族女子无袖短上衣标注图

贴缝法　　　　　贴缝法
白塑料纽扣　　麻环绑带　　白塑料纽扣

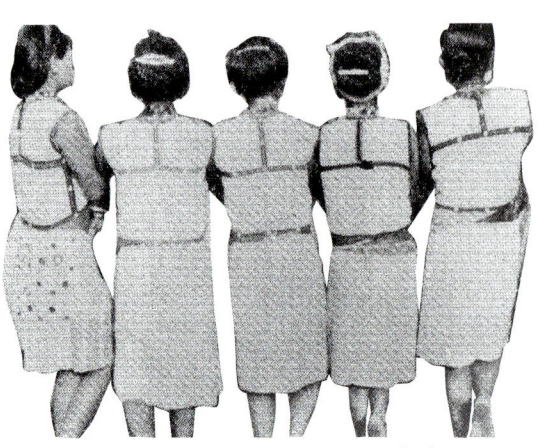

图五　雅美族女子无袖短上衣穿着图

第三章 高山族传统餐饮

高山族小米酒

图一　盛放小米酒的酒瓮（排湾族）主图

台湾原住民小米酒的酿造历史悠久，小米酒的主食材原料为黏度高的优质小米，辅材为台湾红藜（能起到发酵作用）。其酿造的过程如下：

首先把小米打成粉，搓成一团，用香蕉叶包裹绑坚，再用大锅煮熟，掀开包叶之后放入大口锅，用双手搓揉一小时左右，一面不停地搓揉，一面加少量的水，使之混合均匀，待搓到完全呈现乳汁状之后，再将已打成粉的藜少量加入搅拌。除了使用藜作为发酵的催化剂外，还有一种人为制造酵母的方式，即由妇女嚼米饭，与唾液混合成酵母。以上动作完毕后，将混合物倒入酒罈（注：一种大型瓷器），用干净的布覆盖加以绳子绑紧封口，再用石板加盖，酿酒动作完成。下一步将酒罈安置在角落，地上周围撒上木灰，以防止蚂蚁等昆虫的破坏，四五天之后，小米酒即可饮用。制成后的小米酒酒精浓度不高，如浓稠稀饭，直至近年来有些族群才出现用蒸馏法制作的高度酒。后来，小米酒发展到糯米酒（鲁凯语："pikake"），即将糯米煮半熟，倒在盒子里，加白糖和酵母一起搅拌，灌入米酒再搅拌，然后放入酒罈约三周，即成美酒。除此之外，原住民还将地瓜甚至水果作为酿酒的原材料，不过，据说只有小米酒或糯米酒具有仪式意义。

小米酒对高山族原住民而言有其特有的意义，尤其在过去，酿酒是有节点性的，不是随时都可行，遇有重要喜庆活动与丰年节时才有酿酒行动，也才有机会喝酒。当小米酒是用于庆典时，人们还要举行掀开新酒仪式，他们会集合部落族大佬，由主持人打开酒盖，斟第一杯的酒倒入"木杯"（鲁凯语："karuthaili"）给部落中的贵族头目喝。

小米酒的盛器，一般有酒罈、酒瓮等。

图片来源
图一　台湾屏东大学博物馆
图二　邓文静　摄影
图三、图四　柯芳怡　制图

图二　高山族小米酒原料图

第三章　高山族传统餐饮

1.将打成粉状的小米和水揉成面团

2.将蒸制熟的小米团外围的艾草叶取下

3.将红藜倒入装有小米团的酒罐中

4.用叶子将酒罐封存

图三　高山族小米酒制作流程图

图四　高山族小米酒饮用情境图

高山族阿拜

图一　高山族阿拜主图

"阿拜"是类似粽子的食物，高山族各族群几乎都有。如排湾族、鲁凯族、卑南族、阿美族等，但名称和做法略有不同。当小米收割时，族人会庆祝丰收，同时会准备"阿拜"来祭拜祖先，可见"阿拜"是各种节庆时必须制作的食物。此外，无论对于上山狩猎的勇士、守护家园的卫兵还是前往乡间工作的男女老幼，"阿拜"都是一种很好的干粮及点心。

"阿拜"主要以糯米或小米、芋头等为材料，先将这些材料蒸熟，以杵捣成团状或用手揉成团状，再包上由猪肉或鱼肉做成的馅（还有用蜗牛、南瓜或花生粉做成的甜的馅）。包裹的叶子共分两层，内里先裹一层假酸浆叶，外层的叶子最好用较长的月桃叶，也可用甘蔗叶或五节芒，最后水煮或蒸煮30分钟后即可食用。食用时，剥除外层的月桃叶，但内层的假酸浆叶可以连同糯米及内馅一起吃。假酸浆叶一方面可解胀气；另一方面它含有一种特殊香气，可以促进食欲。

起初高山族并没有"阿拜"这种美食，它的源头是大陆的粽子。粽子在阿美语中称为"cang"或"pa-cang"，正是闽南语粽子的音译，可见"阿拜"是历史上汉族与高山族饮食文化之间相互渗透和交融的结果，也是少数民族文化随时代变化发展的例证。

图片来源
图一至图六　邓雯静　制图

图二　高山族阿拜内部图

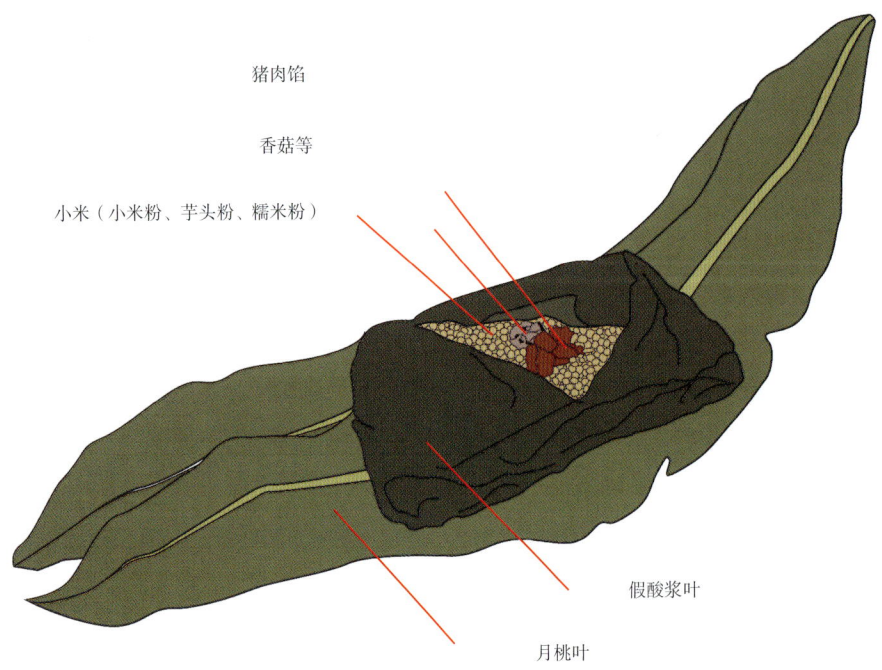

猪肉馅

香菇等

小米（小米粉、芋头粉、糯米粉）

假酸浆叶

月桃叶

图三　高山族阿拜结构名称图

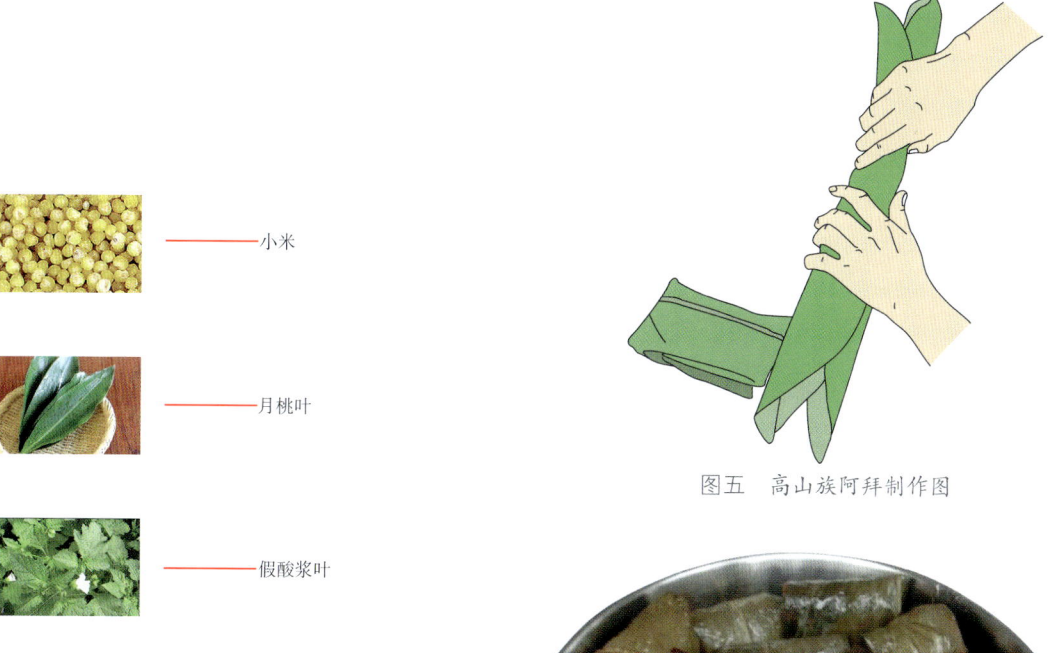

— 小米
— 月桃叶
— 假酸浆叶
— 猪肉
— 香菇

图四　高山族阿拜材料图

图五　高山族阿拜制作图

图六　高山族煮熟的阿拜

第三章　高山族传统餐饮

高山族竹筒饭

图一　高山族竹筒饭主图

对于台湾原住民而言，烘、烤是制作美食最主要的手法，蒸的方法一般很少用，多数只有在节庆或祭祀上才用到。蒸饭的主要食材多为大米（以口感软糯的山兰米为上选）、黏小米、黍以及糯米，将其填装至竹筒中，添加适量的水，再用香蕉叶或高丽菜封口，在锅中蒸煮至竹香四溢即可食用，这个美食也是我们常说的竹筒饭。当然竹筒饭有时也用烤的形式。其味清甜香醇，同时还带有淡淡的竹香味。其中，邹族原住民还会在食用竹筒蒸饭时加入他们特有的酱料"哇沙米"作为蘸料，别具滋味。

竹筒蒸饭发展到现代社会，其制作食材的品种以及制作手法有了很大的丰富。最开始的先民只有单一的米饭，而现在有条件的食客则会在竹筒中混入各种珍味，以纯生态野味为上选，诸如山猪肉、野鸡肉都是不错的选择，最后再配以五香粉、精猪油、老抽等调味料，香气扑鼻，令人垂涎。

原住民之所以选用竹子作为蒸饭的工具是出于生产的需要。由于高山族原住民多生活在山区，狩猎耕作都在大山里，有时候甚至几天不能回部落，做饭成为一个难题。于是，聪敏的原住民选择了就地取用新鲜竹子来替代沉重且不易携带的铁锅。所以，竹筒蒸饭充分体现了高山族原住民灵巧利用自然资源的智慧。

图片来源
图一至图五　邓雯静　制图

图二 高山族竹筒饭内部图

—— 大米

—— 竹筒

—— 香蕉叶

图三 高山族竹筒饭使用食材

第三章 高山族传统餐饮

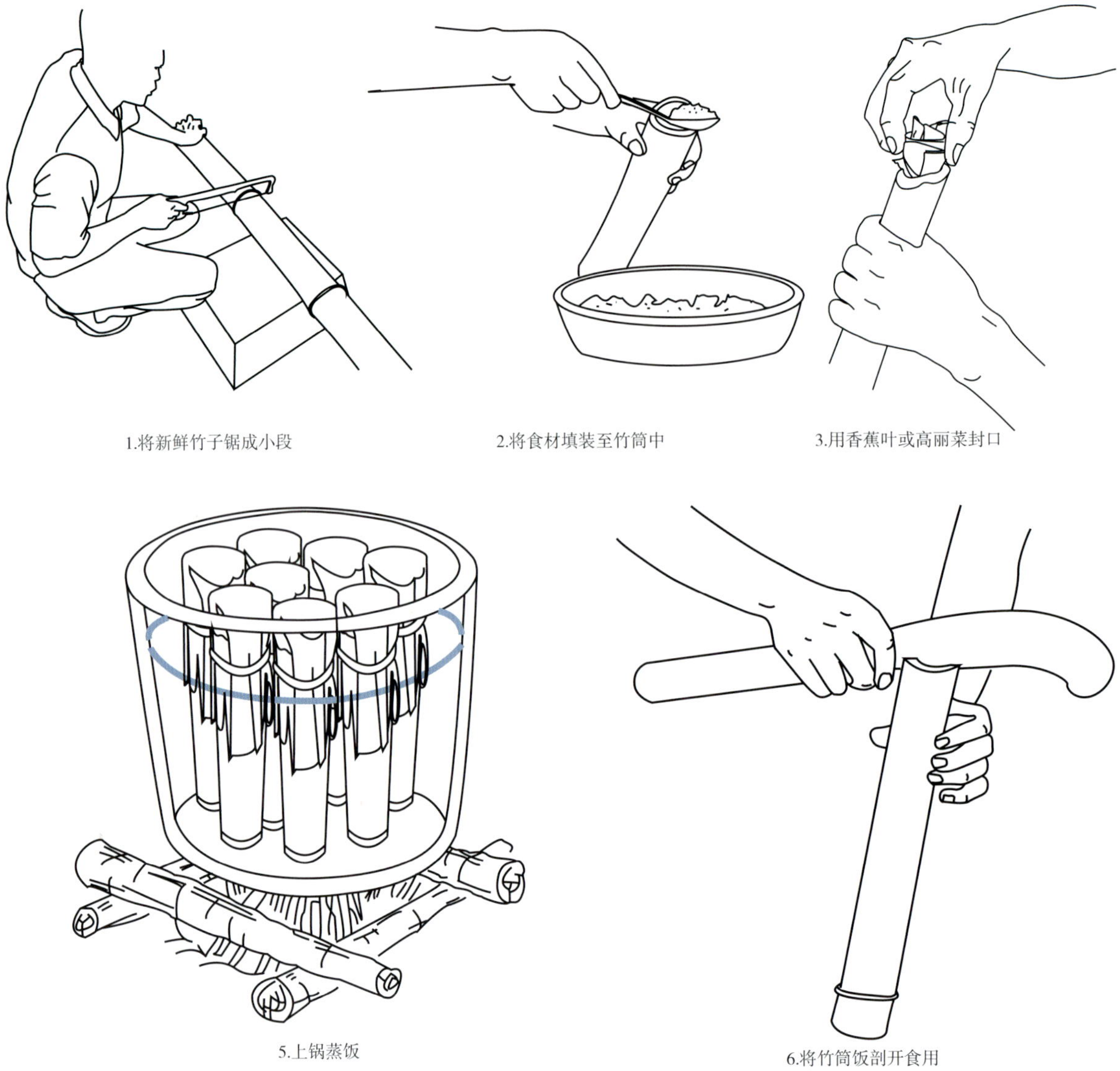

1.將新鮮竹子鋸成小段　　2.將食材填裝至竹筒中　　3.用香蕉葉或高麗菜封口

5.上鍋蒸飯　　6.將竹筒飯剖開食用

图四　高山族竹筒饭制作流程图

图五　高山族竹筒饭烘烤图

阿美族糍粑

图一　阿美族糍粑主图

糍粑是中国南方地区民间的一种小食，又名糯米糕，主要食材来源为糯米，即将糯米用水浸泡一天以上，将水滤干后蒸熟，置于某容器中（多为石臼[1]），用工具（多为木杵[2]）捶至绵软劲道，成胶状后，再配以不同佐料直接食用。其口感绵软香甜，且不易变质，深受人们喜爱。而对于长居海岛、食物结构相对简单的阿美族原住民来说，糍粑甚至可以算是一种赖以充饥的主要食物。不仅如此，糍粑还是祭祀不可缺少的供品。

相传，糍粑最早出现于春秋战国时期的吴越地区。在那个年代，因为战争而导致粮食短缺，供给困难，所以百姓就会在闲时做好糯米糍粑，风干变硬后将其储藏，待需要时将其再次蒸熟变软即可食用。据史学家史式考证，台湾原住民是大陆古越人的一个分支，所以先人的智慧就得以漂洋过海了。

糍粑的制作难在对熟糯米的捶打过程，俗称"打糍粑"，此项活动已被赋予了丰富的内涵。逢年过节，族群里的各个年龄段的族人都会围在一起打糍粑，老者主要负责米水比例的混合以及佐料的调配；孩童会蹲在一旁，憧憬心目中的饕餮盛宴；中青年则负责最费体力的捶打糍粑环节，往往一轮下来筋疲力尽。捶打的过程颇有门道：一方面要用力捶打，使熟糯米更有劲道；另一方面，熟糯米黏性十足，在捶打的同时又要保证木杵捶器不被黏住，这对力度和速度的把握有很高要求。待捶打完毕后，将石臼中的糯米团分成小块糯米团或用手压制成糯米饼，配以佐料即成美味可口的糍粑了。佐料又分甜料和咸料，甜的吃法主要以花生、芝麻以及黄糖粉蘸而食之；咸的吃法则是以大蒜、辣椒或肉类配食，或将糍粑与其炒而食之。同时，打糍粑用的杵和臼在雅美文化中更是象征了家庭成员，"杵为男性，臼为女性，家若要迁移，需将杵臼一起带走。"（《顺益台湾原住民博物馆导览手册》）

近些年来，随着人们对台湾原住民文化

的重视，作为阿美族主食之一的红糯米（阿美人称其为"katepaay"或"hakhak"）进入人们的视野。红糯米营养价值很高，所含的维生素A、维生素E、铁质及蛋白质均高于一般白米，除可做各种点心类食品外，亦是虚弱疗养者或产妇极佳的滋补食品。用红糯米制成的糍粑，阿美人将之称为"toron"，也就是我们常说的"麻糬"。

吃糍粑，除了其软糯的口感，更享受的是其捶打的过程。族人欢聚一堂，各司其职，共享劳动成果，这不失为人类维系亲族关系的一种方式，就像糍粑，越捶越紧实，越吃越甜腻。

注释
[1] 高山族更多是就地取材，挖木为臼，分有腰和无腰两种形制。
[2] 卑南族还使用舂粟皮杵和舂磨。

图片来源
图一至图四　邓雯静　制图

图二　阿美族糍粑制作的食材

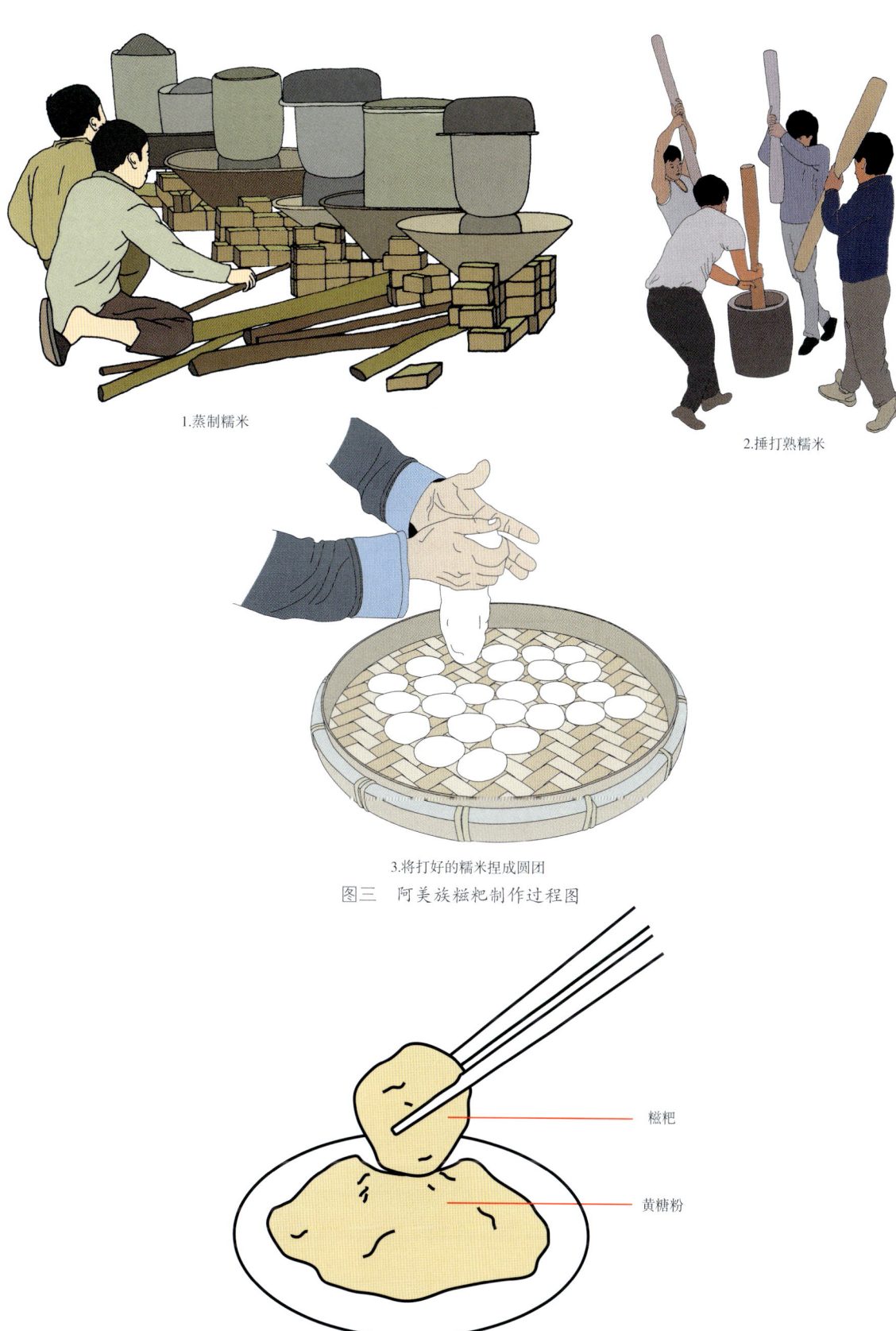

1.蒸制糯米

2.捶打熟糯米

3.将打好的糯米捏成圆团

图三　阿美族糍粑制作过程图

糍粑

黄糖粉

图四　阿美族糍粑食用示意图

第三章　高山族传统餐饮

第四章 高山族传统生活用具

阿美族陶器

图一 阿美族陶器主图

台湾自古即有陶器，7000年前的史前时期即有绳纹陶的出土。在台湾原住民地区的民众生活中，陶器分实用与非实用两类。阿美、雅美等族群的陶器大多为实用陶器，根据不同的功能可分为盛器、蒸煮器、食器等类型。而排湾、鲁凯等族群传统陶器大多为非实用陶器，有的作为传家之物，是阶级和财富的象征，有的作为婚嫁、馈赠、陪葬、祭祀礼仪之用。台湾原住民各族群，除泰雅和赛夏等少数族群外，均持有传统制陶工艺；但随着外来代用器具、生活用具的普遍使用，大多族群不再制陶。阿美、雅美、排湾、邹、布农等诸族群至今仍有传统陶器技术的传承。

以阿美族制陶工艺为例。阿美族制陶工作一般由妇女完成，她们把制陶看作是神圣的事业，制陶时要遵守一些禁忌。如制陶者在制作期间禁止喧闹、放屁等干扰制陶的行为，且应严守不得与丈夫同床的规矩；取土、制陶前、烧制前必须祭告神灵，祈福平安顺利。阿美族制陶工具包括垫石（从河床挑选直径7厘米左右，表面光滑的鹅卵石），拍板（用木板制成的桨形拍，通常长25~30厘米，宽约7厘米，厚约2厘米），垫座（为捏制豆形陶器，上口径26~28厘米，底径约13厘米，高约10厘米）。

阿美族制陶的步骤如下：

一、采泥。阿美族妇女通常到河边采集一种灰黑色的泥，这种泥略含有细沙粒为佳，可以免于烧成龟裂，所以采到的泥须把较大的石子拣掉。

二、捣泥。把挑拣好的泥放置在大型竹篓中，用舂小米的木杵反复捣约20分钟，同时要继续拣去泥中所含比较粗的沙砾，制作成陶壶所需的泥。

三、捏制塑形。制作者通常蹲在盛泥的竹篓边，把所需用的泥，取至身旁，先略捏匀，根据器形大小制成团块，先在制陶垫座上捏制成粗型。

四、拍塑陶胚。把捏制的粗型放置在制陶垫上，一手持垫石置于内壁，一手持木拍板拍打、塑形，陶胚拍成后，用手濡水，把器面抹匀，同时捏上附属部件，如陶耳、装饰条纹等。

五、阴干。将做好的陶胚放在室内或阴凉处阴干，需5~8天。

六、烧陶。烧陶要选比较空旷的平地进行。现把采集好的干柴或茅枝迭架，陶胚放置其上，又在陶胚上小心加上柴枝、再用干稻草或麦秆覆盖，后在上面均匀倒入谷壳覆盖严实。接着就是点火仪式：邀请巫师或年长者行祭告，念念有词，洒小米酒，驱赶恶魔，如此二次，即行点火。火燃起后，须同样做一次祭告，祈求陶器烧制完型。烧制期间要有人看守，及时补充谷壳，确保受温均匀。烧制约持续两天时间。

本案例为阿美族陶制煮器，为台湾屏东科技大学原住民文化园区收藏文物，高24.5厘米，重5.2千克，直径24.5厘米，口径较大，便于煮食。陶体表面平滑，无任何图案雕刻装饰，仅有两个提耳。

图片来源
图一　台湾屏东科技大学原住民文化园区
图二至图四　柯芳怡　制图

图二　阿美族陶器尺寸图（单位：cm）

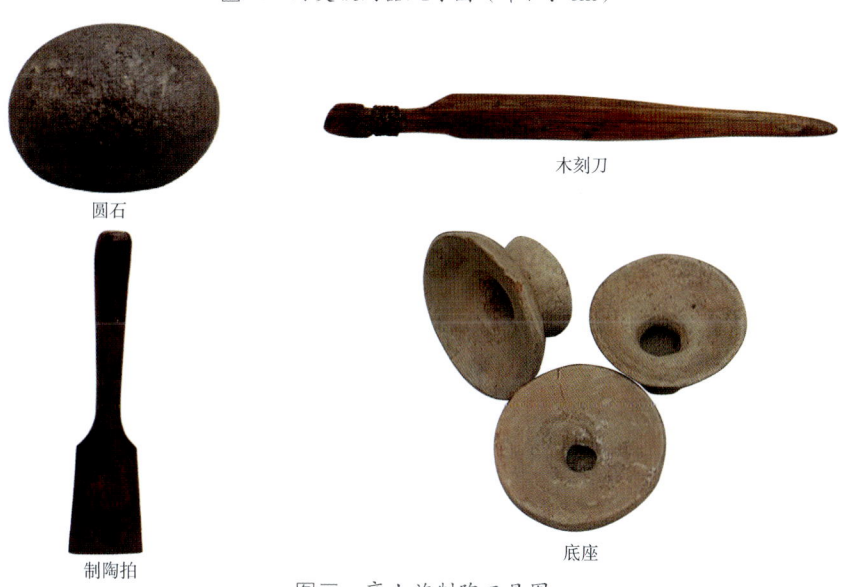

图三　高山族制陶工具图

图四 阿美族陶器制作过程示意图

阿美族陶甑

图一　阿美族陶甑主图

阿美族陶甑是常用蒸食器，多呈双罐形，上罐隔藤篾放置食物，下罐可以注入水，直接置于火上烧。使用时将陶甑放在地上堆置的三块立石上；利用下罐水沸后上升的蒸汽，将上罐的食物蒸熟。通常用来蒸米粟。

本案例为阿美族陶甑，由台湾屏东科技大学原住民文化园区收藏。高35厘米、直径17厘米，表面平滑，无任何的雕刻纹饰，里面分上下两层，呈葫芦型，外面有两个把手。因为是用来蒸煮食物的陶器，所以口径大。上层放置被蒸煮的食材，下层装水，中间隔层有多个小洞，与现在通常家用的蒸笼差不多，主要功能是为让下层的水蒸气往上升腾。

图片来源
图一　台湾屏东科技大学原住民文化园区
图二至图五　郑婷婷　制图

图二 阿美族陶甑结构名称、尺寸图（单位：cm）

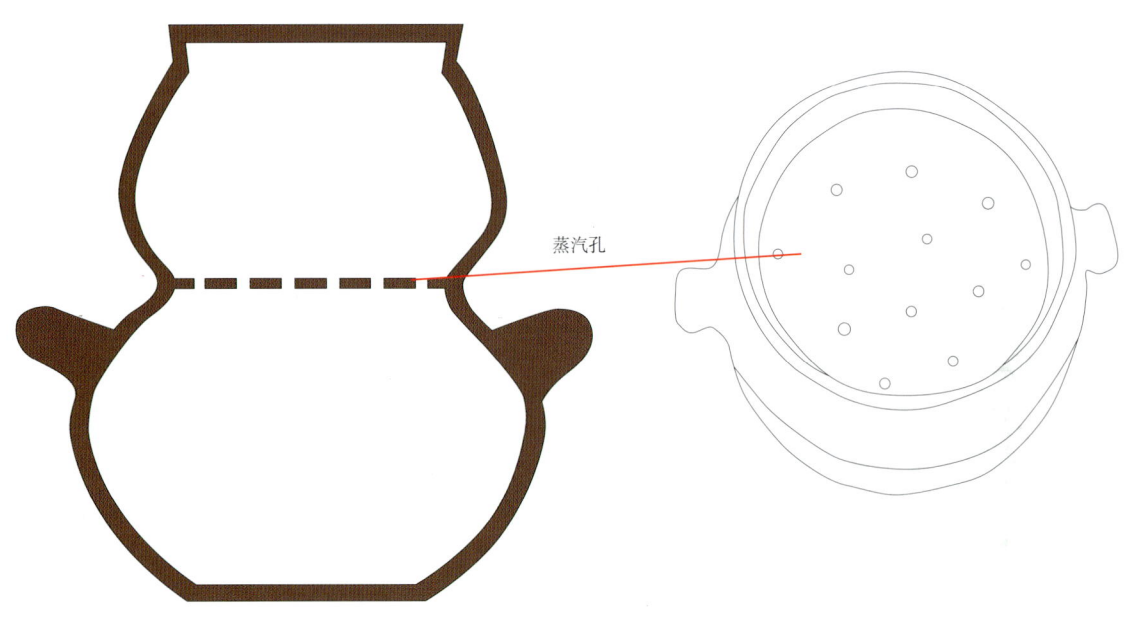

图三 阿美族陶甑剖面图

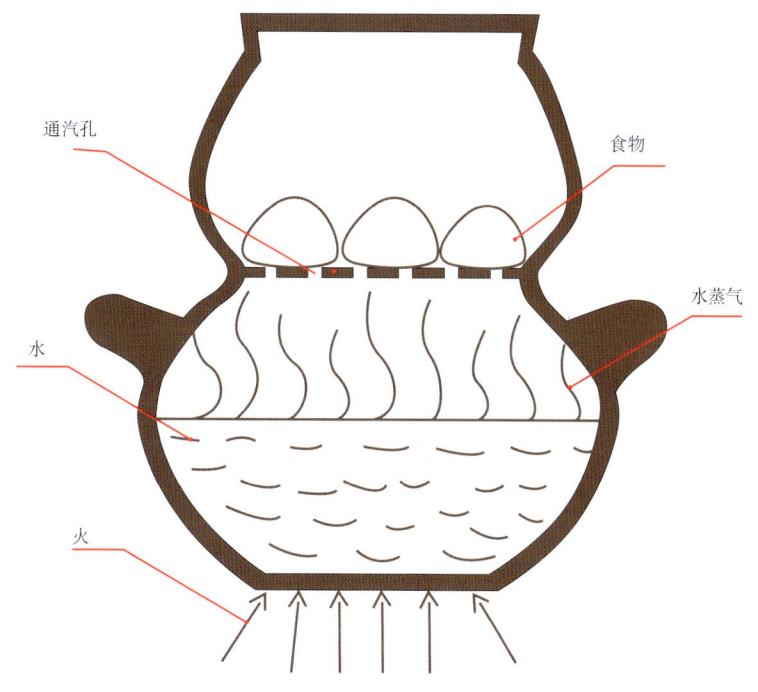

图四　阿美族陶甑使用原理示意图

图五　阿美族陶甑使用情境图

排湾族陶壶

阴阳壶

母壶

公壶

图一 排湾族陶壶主图

台湾原住民的陶制品造型朴拙、大方实用，是重要的生活器具。现在仍有阿美族（妇女）及雅美族（男子）等族群传承着制陶工艺。陶壶排湾族语为reretan，为排湾族三宝之一。排湾族人认为，陶壶是祖先在人间居住的地方。陶壶一般为头目贵族所珍藏，是地位和财富的象征。排湾族人撒古流将陶壶归纳为三种：一是公壶（uqalai a edredan），壶上的纹样多为蛇纹、太阳纹或人纹；二是母壶（vavaian a dredredan），在壶上有乳状突出，有耳；三是阴阳壶（pinusingsingan uqalai），则集中公壶与母壶的特征。目前这三种壶根据撒古流的调查以阴阳壶数量最多。

本案例排湾族陶壶三件，分别是公壶（腹径12厘米、高11厘米，开口直径8厘米）母壶（腹径10.5厘米、高10.5厘米，开口直径6厘米）和阴阳壶（腹径15厘米、高13厘米，开口直径8厘米）。公壶饰有蛇形浮雕，母壶乳突状浮雕纹样，阴阳壶身饰有蛇形和乳突状浮雕图形及太阳纹。

图片来源

图一 李莎莉.台湾民间文化艺术：北投文物馆的内在风采.台北：南天出版社，2000.

图二至图四 柯芳怡 制图

图二 排湾族陶壶尺寸图（单位：cm）

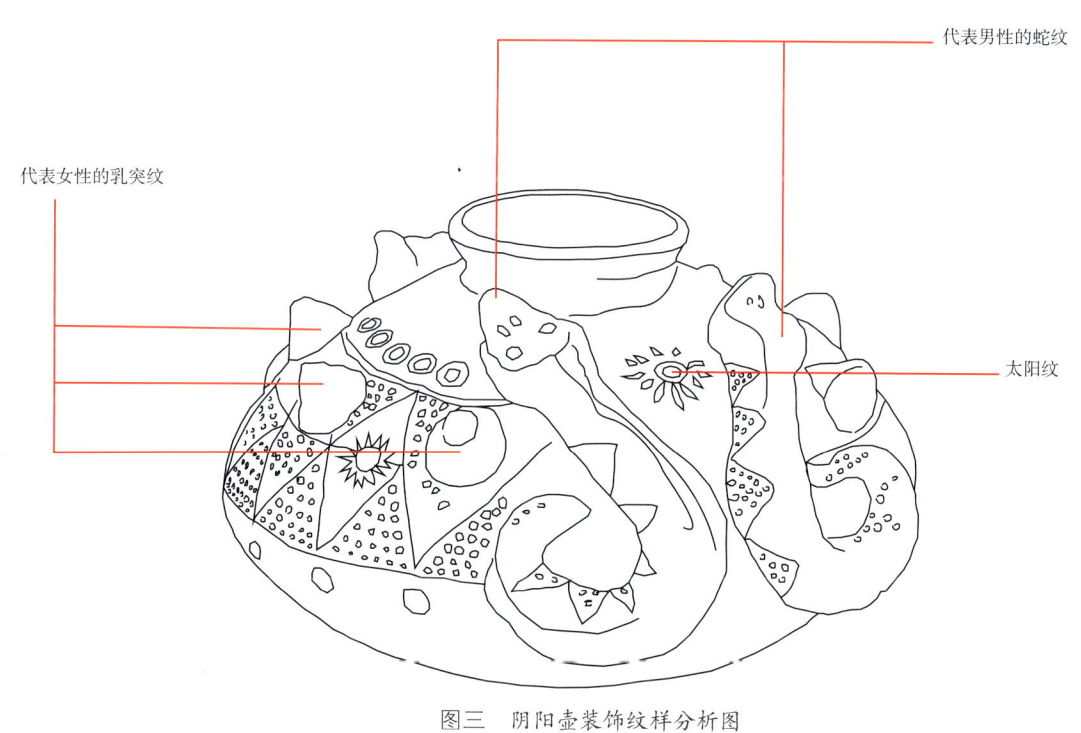

图三 阴阳壶装饰纹样分析图

1	2
3	4
5	6

1 在陶模具上塑陶壶下半部分　2 制作上半部分及捏塑百步蛇
3-4 将上下两部分捏合　5-6 刻印图案

图四　排湾族陶壶制作流程图

鲁凯族竹编碗

图一　鲁凯族竹编碗主图

　　竹编碗是台湾原住民传统生活中所使用的饮食器物，用以盛装食物。此类器具普遍以竹、藤为材，经细工编制而成。在台湾原住民家中随处可见，成为传统生活当中必不可少的一部分。

　　在原住民传统生活当中，竹藤编器的用途和种类相当多样化，大致分为以下几类。一、搬运用具，如背篓。原住民一般采用前额背运和双肩背运两种方式。多采细藤篾为材，以透孔六角编法制成，并用藤条支柱加固四边，向下延伸为底座的脚，向上延伸为口缘长边的二圈提把。在前侧提把下，常系有藤编单条背带，便于携带。普遍用来运送农产品及杂物。二、储存用具，如藤篮。以细藤篾为材，多采用螺旋、斜纹及透孔六角等编法制作而成。此类藤篮精致耐用，常用于储藏较为贵重的物品。三、盛食器，如竹编碗。同样以藤篾为材，采斜纹编织法制作而成，主要是盛放煮熟的食物。

　　本案例属于编器中的盛食器，采集自屏东县雾台乡好茶村，现收藏于台湾"中央研究院"民族学研究所。碗高11.4厘米，深7.0厘米，内径23.2厘米，底径17.9厘米。呈碗形，包括采用斜纹编法编成的竹黄密编碗体和由镂空粗篾编成的底座两部分，将二者组合使用，不仅能够增加编碗的盛食容量，还能提高摆放时的稳定性，镂空粗篾编成的底座在盛装较热的熟食时也便于持握，不易烫伤手。在编织工艺上，器口与器底以夹条扎缝法修缘，纵剖面有斜方格纹与纹织法编成的圈，横截面由斜纹编织而成。

　　竹编碗是鲁凯族民众日常生活中不可或缺的盛食器具。其便捷的使用方法和精湛的编织工艺给人留下深刻的印象。

图片来源
图一　台湾"中央研究院"民族学研究所
图二至图四　郑婷婷　制图

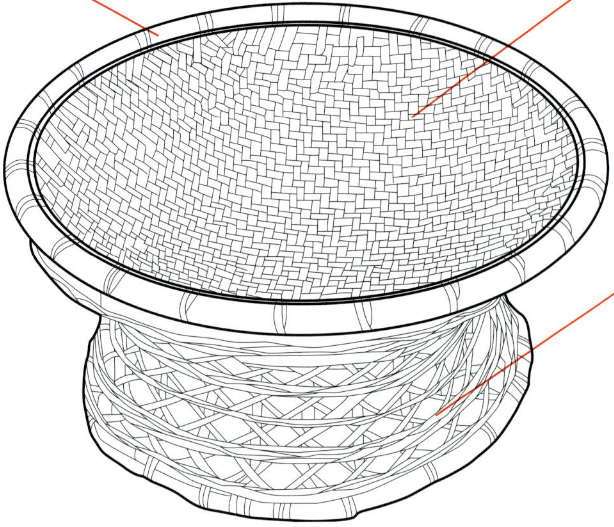

图二　鲁凯族竹编碗结构名称图

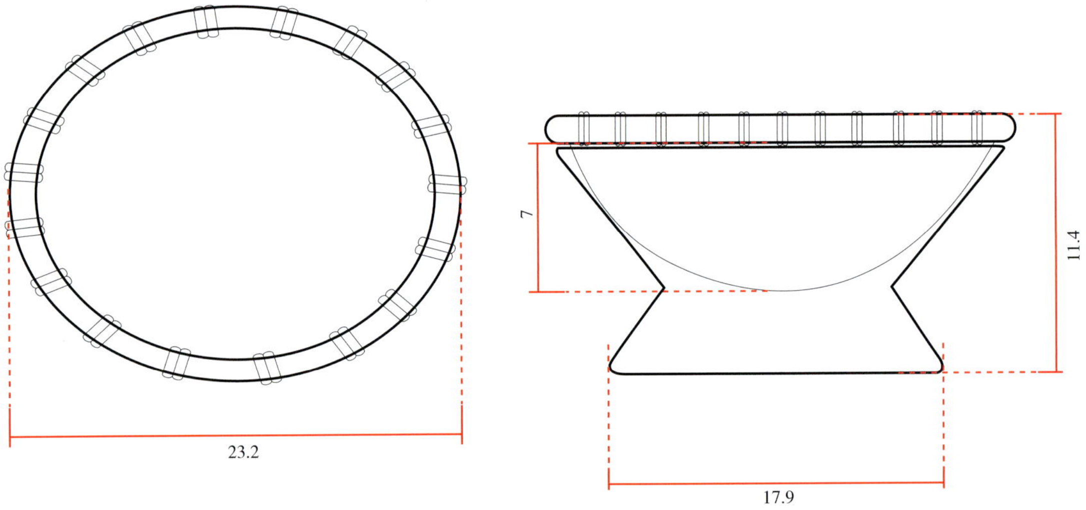

粗藤碗口
竹黄密编碗体
镂空粗篾编底座

23.2
7
11.4
17.9

图三　鲁凯族竹编碗尺寸图（单位：cm）

图四　其他竹编食器图例

邹族密编式藤编背篓

图一　邹族密编式藤编背篓主图

藤是生长于热带森林中的一种多刺的棕榈科攀缘植物，在人类社会发展的历史长河里，藤以其独特魅力和工艺个性，很早就与我们结下了不解之缘。据《易经·系辞》记载，旧石器时代，人类即以植物韧皮编织成网罟（网状兜物）。台湾原住民的编织技术相当发达，藤编制品是其传统生活中不可或缺的器具，如搬运用的背篮，捞鱼用的鱼篓，盛装食物的粮食盒以及穿戴用的藤帽、装饰用的腰饰和腿饰等等。依照用途的不同，做出软硬不一、孔隙相异的藤编器具，并发展出了方格、斜纹、六角等交织或绞织螺旋的编织法式。藤编在原住民传统中多属于男性的专利，如泰雅族男孩从十来岁起就得开始学习藤编的技术。

藤编背篓是台湾原住民外出常用的背负工具，因其轻巧和坚韧，尤其适合在山区使用。邹族有锥形和方形藤编背篓，用来背负物品如小米、稻米、竹笋等。编织时，往往把藤析为藤皮和藤芯，藤皮坚韧而富有弹性，藤芯较硬，但支撑力强，故而藤篓以藤皮编织器身，以藤芯支成框架。

本案例现藏于台湾博物馆，采集于嘉义阿里山乡达邦村。它以竹藤为主要材质，呈现红褐色，器身为方柱形，长45厘米，宽43厘米，高44.7厘米，背带长82.7厘米，藤皮以斜纹法编成方底圆口形笼，口缘附背带，笼身外扎四根直立藤干，以藤条为上缘及笼架，在有背带的一侧与相对的一侧之中央各突起一个藤纽。使用时将背带绕在头部前额，背篓则驮负在背部，男女皆可使用。这种负重方式极适合在山中行走，所背重物不

第四章　高山族传统生活用具

易被路边树枝荆棘钩到，尤其是在迅捷奔跑的狩猎活动中。

图片来源
图一　台湾博物馆
图二至图五　柯芳怡　制图

图二　邹族密编式藤编背篓结构名称图

图三　邹族密编式藤编背篓平立面尺寸图（单位：cm）

图四　邹族密编式藤编背篓制作流程图

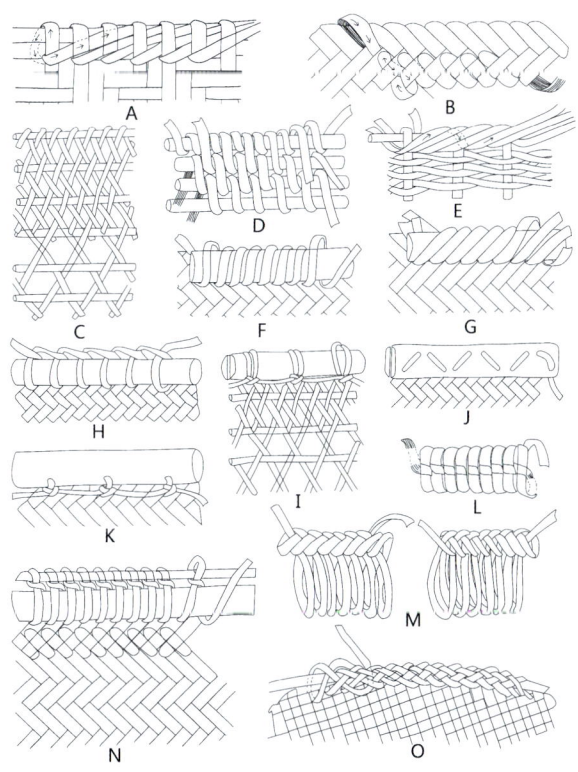

图五　邹族密编式藤编背篓编织法式图

第四章　高山族传统生活用具

155

鲁凯族摇篮

图一　鲁凯族摇篮主图

摇篮又称为"婴儿篮""育婴篮",是以前人们养儿育女必备的床具。婴儿在尚未会走路之前,白天大人们把他放入摇篮内让其睡眠。农忙时节还可以将摇篮搬到田边或挂在树枝上,以便就近照顾。待婴儿会走路时,便可将其闲置,直至下一个出生婴儿用。

本案例出自台湾原住民的鲁凯族,现藏于台湾"中央研究院"民族学研究所。此篮长为51.8厘米,宽33.3厘米,高14厘米,其形状为椭圆长盆状,采用竹子及一些藤条制作而成。制作时先将山上采来的成年桂竹依所需大小用锐利的小刀去掉白色部分,外层绿色部分保留,待其晒干之后再进行修整。摇篮编制是从底部开始,用一片片的竹篾以十字交叉法编织篮底,再向上编制椭圆形的篮身,至高约20厘米时,以绳边缠绕方式收尾,形成边框,最后利用藤条固定。篮身两侧有四个藤环,可加绳悬挂,以便摇晃,有助于婴儿入睡。

婴儿篮的篮身下窄上宽,便于将婴儿放置其中,底部编织的空隙较大,以便通风,四周较密实,以免婴儿遭受风寒,并有利于防虫叮咬。在篮里面铺上薄被,即可成为舒适的小床,上面可加盖衣衫以起到保护婴儿的作用。婴儿篮安置的方式一般是用粗绳索系于屋梁,或另以桂竹作成折合式摇篮架,将摇篮系在摇篮架上,左右轻轻地推动,有助于婴儿安睡。婴儿篮其底部不平坦,亦可以放在地面上左右摇晃让婴儿慢慢地入睡。婴儿篮设计结构合理,功能实用,效果良好,体现了人们的智慧。

图片来源
图一　台湾"中央研究院"民族学研究所
图二至图六　詹黎明　制图

图二　鲁凯族摇篮结构名称图

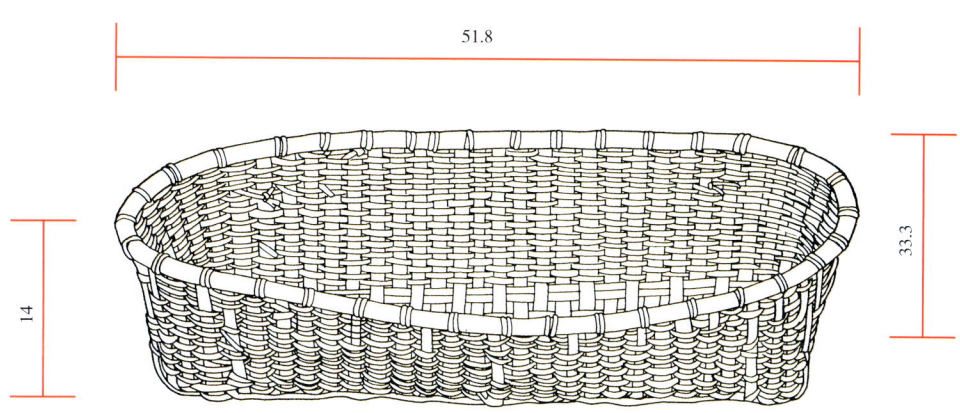

图三　鲁凯族摇篮尺寸图（单位：cm）

图四　摇篮置入婴儿示意图

第四章　高山族传统生活用具

图五　鲁凯族摇篮编织细节图

图六　鲁凯族其他样式的摇篮图

排湾族提水筒

图一　高山族提水筒主图

竹子与人类生活关系非常密切，竹子可以制成各种生活用品。在过去原住民还不懂凿井技术的时候，家里的饮用水都是用竹制的提水筒从溪里背回家，或者将竹子剖成两面成为水管，再把水从高处引至家中。不同的竹子，可以制成多种用途的竹制品，如提水筒、烟盒、小竹杯以及各种竹子容器。

台湾的自然条件适合竹类生长，所以台湾的竹类多样，资源丰富，具有发展竹业的优越条件。而且，竹材具有极佳的割裂性，易劈开；还富有弹性、抗张力强，可以自由弯曲；轻而收缩率少。台湾的自然条件与竹子的物理条件为台湾原住民的竹制生活用具的制作提供了前提。台湾原住民就地取材，利用生活周围丰富的竹资源，选取上下均有竹节的竹子，从竹节部分截开，制作成竹制的提水筒。

本案例排湾族提水筒采集自台东县太麻里乡太麻里村，现收藏于台湾"中央研究院"民族学研究所。此提水筒为一对，大小形状大致相同，均为竹干截取一节而制成。提水筒长53厘米，宽33厘米。顶部凹入，一侧削去半椭圆状一块，口部为竹节钻一大孔，口径3厘米，既为进水口也为出水口。底部也是竹节，由口到底有双竹条为提手，筒上竹皮略有削去。使用时将水从此孔处灌入，竖直背起，使口部朝上不易漏出，倒水时将提水筒横放，从口部倒出。此提水筒造型简练，没有多余繁杂的装饰，但以实用取胜。

图片来源
图一　台湾"中央研究院"民族学研究所
图二至图四　王雪姣　制图

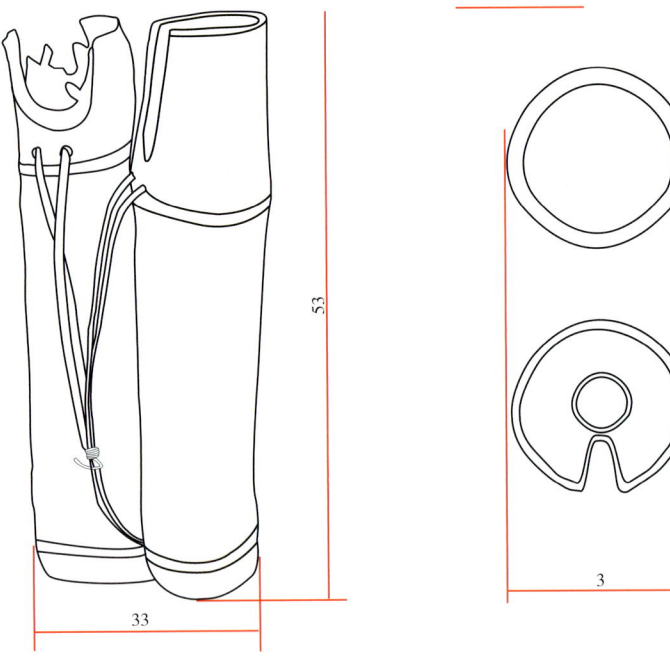

图二 高山族提水筒视角、尺寸图（单位：cm）

图三 高山族提水筒使用示意图

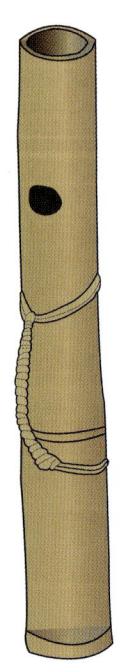
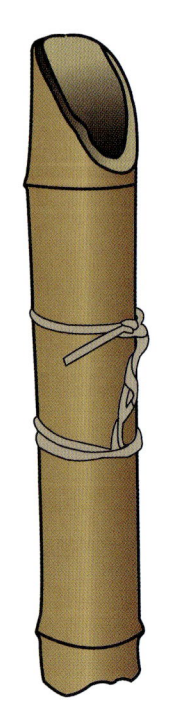
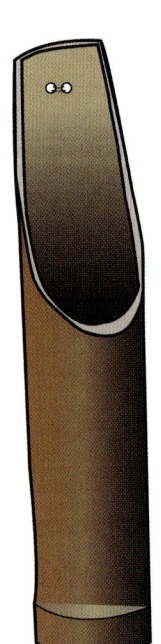

图四 高山族其他提水筒造型图

排湾族竹制烟盒

图一 高山族竹制烟盒主图

　　抽烟斗是过去台湾原住民成年以上男女的爱好，因此烟具种类造型也比较丰富。通常部落里族人会自行种植烟草，采收后再熏干，熏干后的烟草可以装进烟盒，需要的时候可以取出烟草，轻轻捏碎装入烟斗，即可享受抽烟斗的乐趣。

　　台湾原住民的生活用具通常就地取材，来满足日常生活要求，故而烟盒采用竹材制成。本案例采自台湾"中央研究院"民族学研究所。烟盒总高10厘米，烟盒盖子高3厘米，装烟盒体高7厘米，直径6厘米。此烟盒采取上下均有竹节的竹子，依竹节截取切成段，制成竹筒状，在下段近口处削去竹皮，上段近口处削去其内侧，或相反，上段削薄，下段削去竹皮，这样可以使两部分相交合。台湾原住民制造的为储存用的竹制日用品，都有盖子，竹制烟盒也不例外，可以防止烟草受潮。烟盒的盖子和放置烟草的盒体通过麻绳相连接，中间用一个穿孔的钱币是用来锁定烟盒盖的，打开时要先提起钱币，绳子放松，才能打开烟盒，盖上烟盒，提起绳结，下推钱币，就可以收紧绳子，这样盖子不会松脱。

　　台湾原住民生活环境艰苦，生产劳动繁重，他们可以通过抽烟斗的方式来缓解生活生产的压力，减轻疲劳。此竹制烟盒取材方便，造型简练，设计巧妙，实用性非常强，是一项体现原住民智慧的设计。

图片来源
图一 台湾"中央研究院"民族学研究所
图二至图四 王雪姣 制图

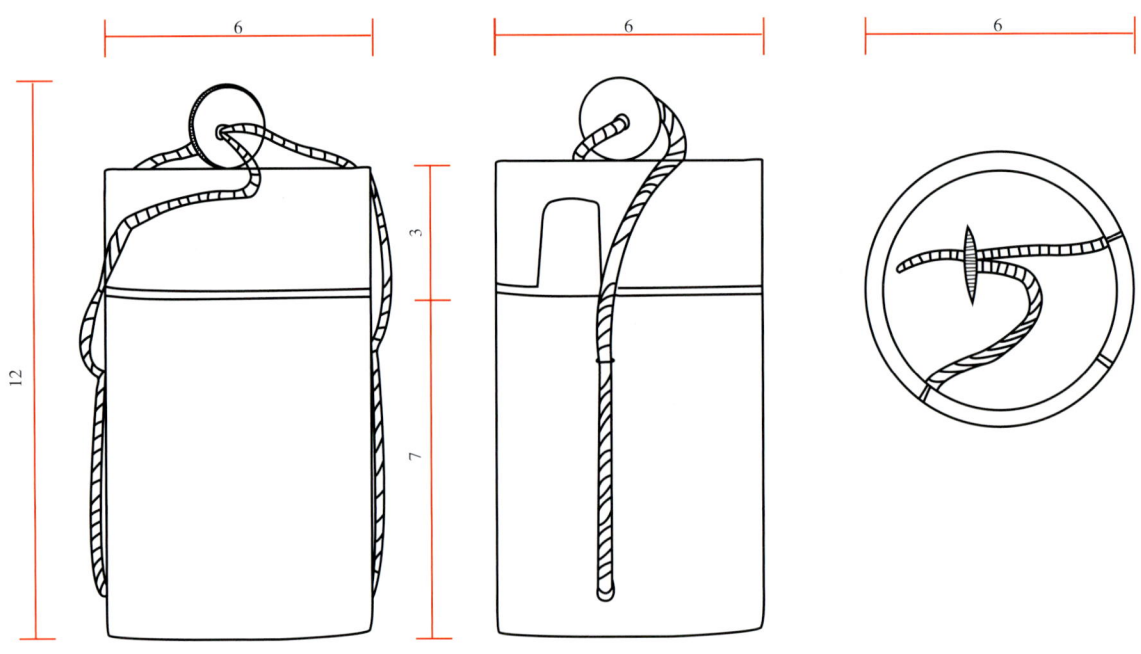

图二　高山族竹制烟盒三视、尺寸图（单位：cm）

图三　高山族竹制烟盒结构名称图

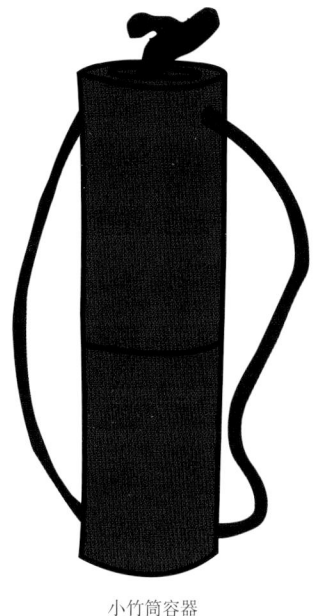

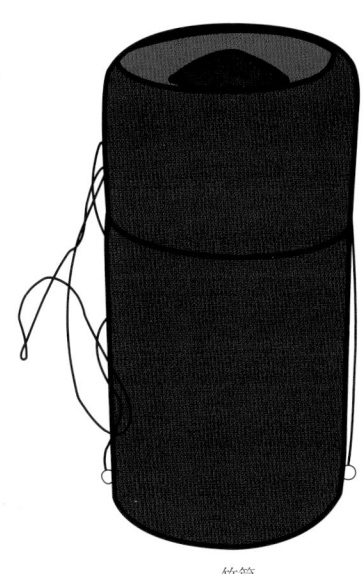

小竹筒容器　　　　　　　　有盖竹筒　　　　　　　　　　竹筒

图四　高山族其他竹制容器图例

第四章　高山族传统生活用具

泰雅族提水用葫芦

图一　泰雅族提水用葫芦主图

提水用葫芦是泰雅族的日常生活用具，它是用葫芦干壳制作而成。既具有盛水的实用功能，又具有吉祥美好的象征意义：葫芦在闽南语中的谐音为"福禄"，有吉祥的寓意，加上藤蔓延展，结实累累，更含有绵延不绝、多子多孙的寓意。在日常生活中，葫芦不仅是人们重要的蔬食种类，也被各族群广泛用来制作成日用器具，与人们生活紧密相连。

本案例现藏于台湾"中央研究院"民族学研究所，由林衡立采集自宜兰县南澳乡金洋村。提水用葫芦高为12厘米，直径为51.5厘米，为黑褐色扁球形葫芦瓢。瓢身涂有油漆，这样葫芦瓢不仅看上去外表颜色鲜亮，还能延长葫芦瓢的寿命。顶端挖有一个直径为8.5厘米的洞，挖出的部分作为盖子，在口缘部分则有两个藤编小环，穿一条长23厘米的藤绳为提梁以麻绳系之，提盖一边有一个黑色小玻璃珠白贝片，有铜片的串状物，并钉一枚白磁钮及一个小铜铃。

泰雅族居住在高山峡谷，是山居的族群。其日常生活用品，往往是因地制宜，不讲究排场，以简单实用为主，具有与其他族群迥然相异的生活习惯。葫芦不仅具有清热、解毒等功效，而且用作盛水用具还能起到软化、净化水质的作用。提水用葫芦正是泰雅人质朴生活方式的体现，也是泰雅族人民生活智慧的结晶，体现出浓厚的族群特色。

图片来源
图一　台湾"中央研究院"民族学研究所
图二至图四　韩学红　制图

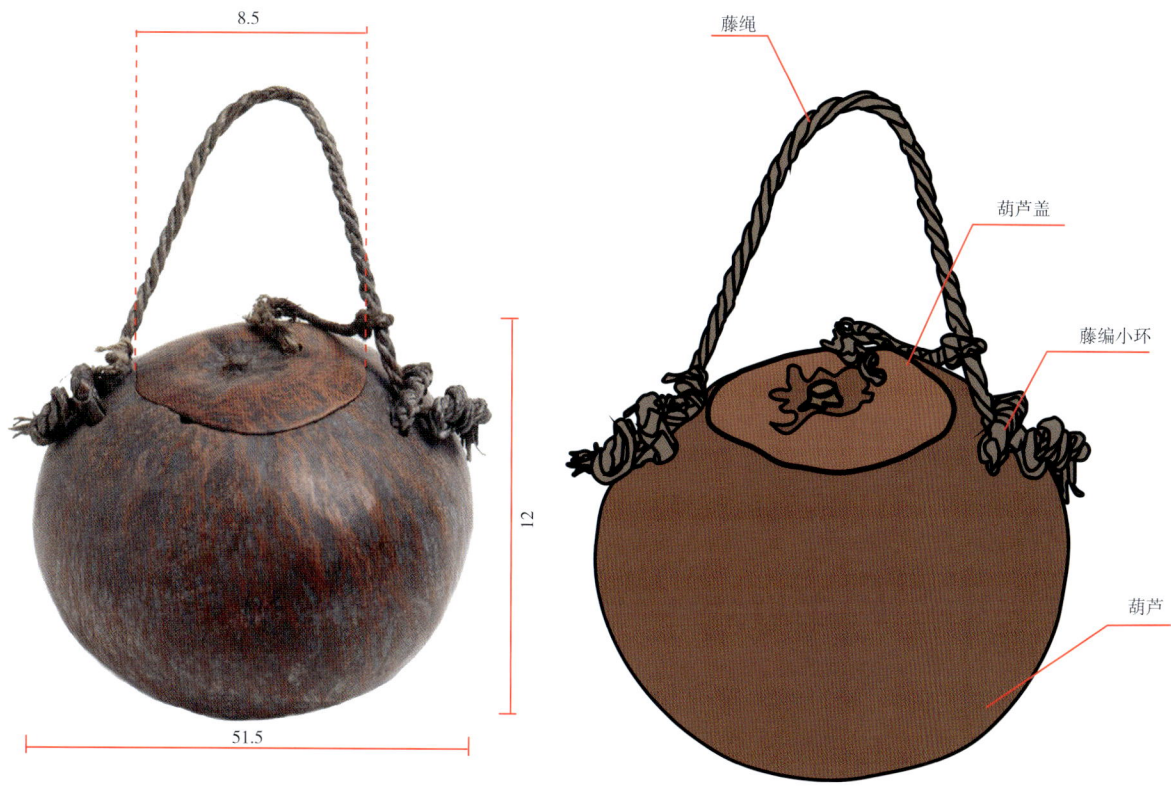

图二　泰雅族提水用葫芦尺寸图（单位：cm）

图三　泰雅族提水用葫芦结构名称图

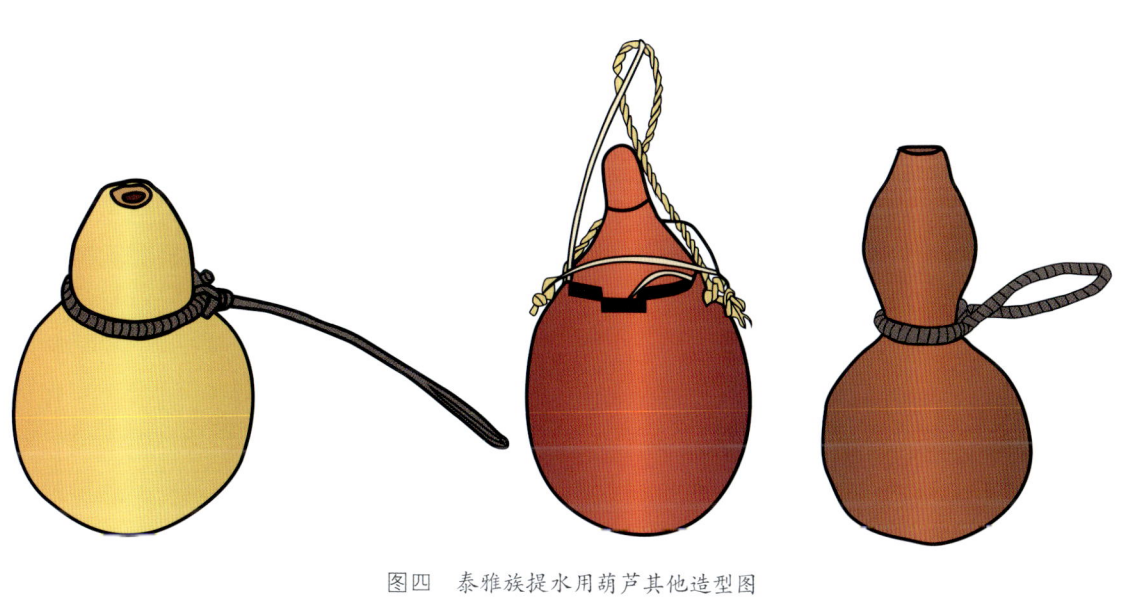

图四　泰雅族提水用葫芦其他造型图

第四章　高山族传统生活用具

165

泰雅族盛衣篮

图一　泰雅族盛衣篮主图

泰雅族盛衣篮是一种既可用于收纳衣物、又可用于储藏杂物的篮子，具有材质多样、简单方便、节省空间的特点。

本案例现藏于台湾"中央研究院"民族学研究所，由林衡立采集自宜兰县南澳乡南澳村，是泰雅族传统日常用具和容器盛具。总体长63厘米，宽37厘米，高15厘米，提手高10厘米，足高5厘米。其由藤篾编织而成，手感平滑，弹性极佳。颜色为咖啡色，柔和典雅，色泽光润。盛衣篮以藤枝为骨架定形，篮筐由藤篾编织成六角纹和十字纹，这充分发挥了藤条柔软、不易折断的特点。盛衣篮的两边各有一个长方形的提手，中间有一间隔，在使用时，可搭挂衣服，也便于提拿移动。篮筐的下方有四足，用以支撑和固定衣篮，也具有防尘、防潮的作用。本盛衣篮造型简单、做工精细、方便实用、富有古趣，在满足功能性的同时兼具很高的艺术价值。

竹藤编织在台湾原住民各族群中的使用非常普遍，以藤为原料编制的器物是高山族人民日常生活中必不可少的传统生活器具。泰雅人从大自然中学习文明，以自己的方式生活，以自然的观念劳动，与环境融为一体，其竹藤编织工艺，向来被世人所称赞。随着时代的不断变化，藤制的盛衣篮已不再多见，但它却是早先台湾原住民勤俭性情与质朴形象的永恒象征。

图片来源
图一　台湾"中央研究院"民族学研究所
图二至图四　韩学红　制图

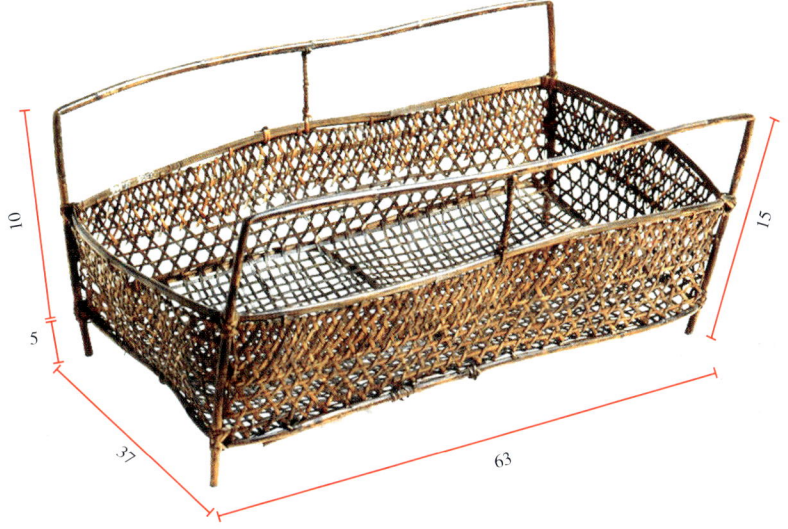

图二　泰雅族盛衣篮尺寸图（单位：cm）

图三　泰雅族盛衣篮结构名称图

第四章　高山族传统生活用具

  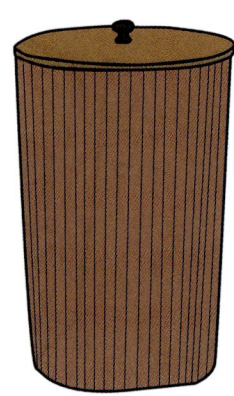

图四　泰雅族盛衣篮其他造型图

排湾族藤背包

图一 排湾族藤背包主图

排湾人故居深山，羊肠小道回绕山峦，上下坡颠簸难行，负载搬运或背或扛或头顶，人力运输是山居民族最主要的运输方式，因此竹藤编器是传统排湾族最重要的日常容器，其用途之广，为其他容器所不及，举凡用物的搬运、提带、储存及盛置，均以编器为主要容器，编织的材料有竹、藤、月桃等。仅用小刀即可将藤与竹编制成各式各样的日用的盛器，如背篓、鱼篓、渔筌、饭筊、藤包、顶篮、圆筊、方篓、鱼篮、背筐、箩筐、首饰盒等器物。

本案例为藤编织而成，出自善于编织的排湾族。藤包长36厘米，宽37.5厘米，厚12厘米，盖长50厘米。一般排湾族人外出、农作、狩猎和渔捞，都会使用此类藤包放置各类物品：或是外出干粮食物，或是收纳陷机、猎具等渔猎工具，使用方法较为灵活。此背包全以斜纹编法编织而成，有一盖连在背包前面。制作时，将藤加工处理成编织编器所需粗细之藤篾。底编和器身采用致密斜纹编法。最后再以藤片绕扎在细藤条上作成几何形波浪纹，与抽象的几何人头造型作为装饰，贴扎在盖面及背包的两侧。边缘都用加篾扎编法。背包后面两边有两条皮带，用以背负时挂在双肩。

排湾人制作藤背包，充分利用了藤材取用便利，韧度高，好塑型的特性，使得藤包成本低廉、耐磨耐用。同时也体现出排湾族人精湛编织的工艺。

图片来源

图一至图七　詹黎明　制图

参考书目

1. 顾扬. 台湾少数民族——排湾族. 北京：台海出版社，2008.

图二　排湾族藤背包尺寸图（单位：cm）

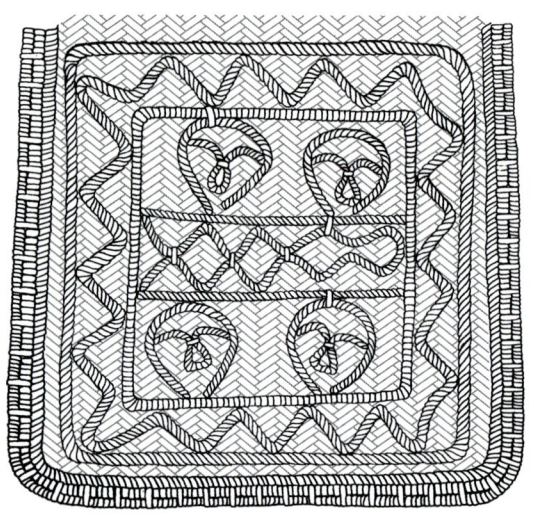

图三　排湾族藤背包盖

图四　排湾族藤背包盖斜纹编织纹

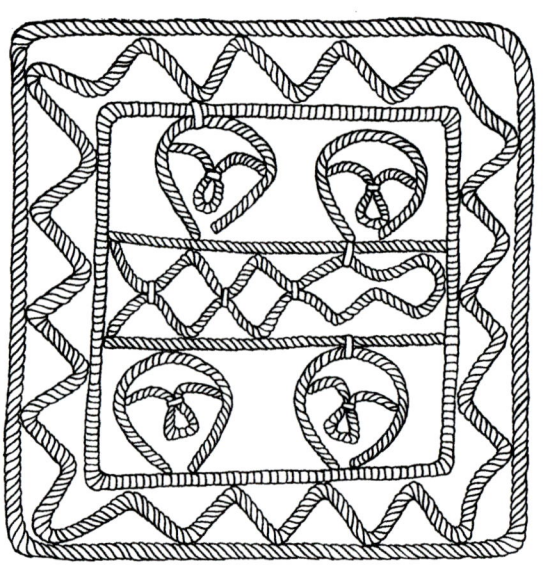

图五　排湾族藤背包细节图

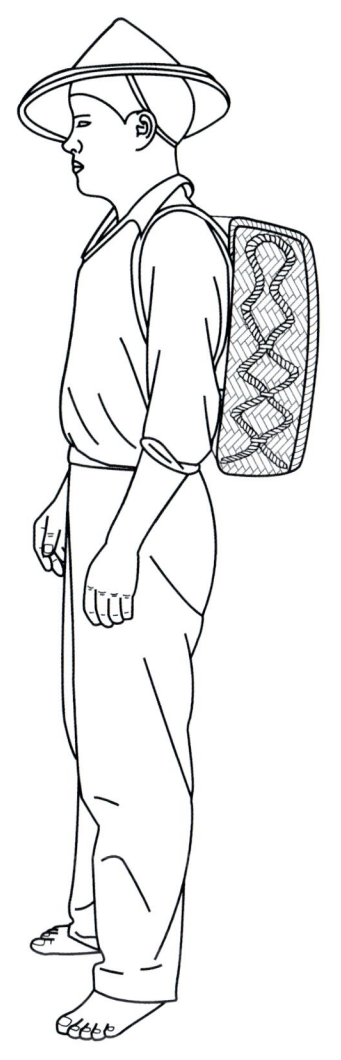

图六 排湾族藤背包使用示意图

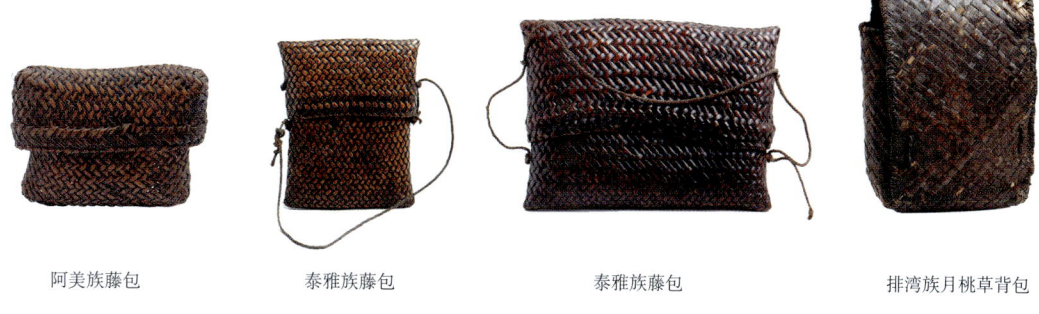

阿美族藤包　　　泰雅族藤包　　　泰雅族藤包　　　排湾族月桃草背包

图七 高山族其他样式的藤包图例

第四章 高山族传统生活用具

排湾族木凳

图一　排湾族木凳主图

木凳是由木材制作的一种坐具。其有用料简单、形状丰富、用途广泛等特点，是高山族人民日常生活必不可少的传统生活器具。

本案例现藏于台湾"中央研究院"民族学研究所，由任先民采集自屏东县来义乡来义村，属于排湾族日常生活用具。木凳为长方形，总长41.5厘米，高8.4厘米，宽11.5厘米，凳脚长11.5厘米，凳脚宽7.4厘米。木凳阴雕花纹，凳面上雕有百步盘蛇及站立的全身人像，人像圆头、长鼻、细口，双目炯炯有神。在排湾人木雕艺术中，蛇纹题材最普遍。这与排湾人所居住地的热带气候环境有关，百步蛇的排湾语即为"长老"之意。他们相信剧毒的百步蛇与他们的祖先起源有关，所以对百步蛇有敬畏心理，认为百步蛇是"吉祥之兆"，是人们的守护神。人像纹代表祖先，与排湾人有崇拜祖先的观念有关，排湾人认为祖先会在冥冥之中守护子孙。凳脚及凳面是由一块木板雕成。该木凳粗犷、质朴，凳腿较粗，看上去质朴坚固。

排湾人善于雕刻，其木雕原始、粗犷，台湾原住民雕刻中艺术成就最大。同时，传统的排湾雕刻是"平面的""装饰性的"，只有平面化的雕刻手法。排湾人的雕刻艺术品不仅是排湾人日常的消遣、感情的抒发，也是族群意念的表达。

图片来源
图一　台湾"中央研究院"民族学研究所
图二、图三　韩学红　制图

图二 排湾族木凳尺寸图（单位：cm）

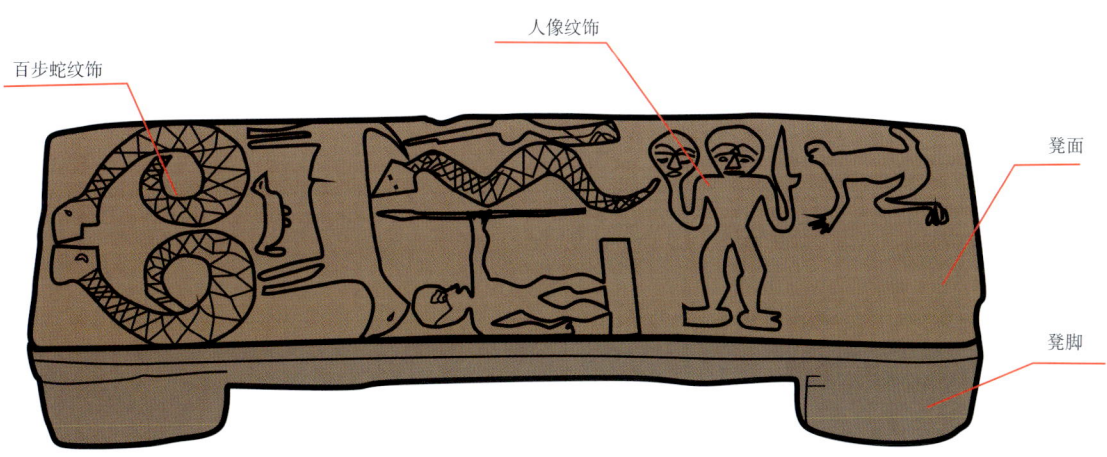

图三 排湾族木凳结构名称图

排湾族连杯

图一　排湾族连杯主图

排湾族是一个多神信仰的族群，最重要的信仰为祖灵崇拜，图腾为百步蛇，排湾族人认为百步蛇即祖先的化身，也是他们的守护神，自己就是百步蛇的子孙后代，每隔五年一次的传统祭祀节日"五年祭"就是对祖先的祭拜。排湾族雕刻有百步蛇图案的器物只有头目贵族才能使用。在婚庆礼仪的浮雕上方刻着百步蛇图案，既表达出排湾人对祖灵的敬畏，也体现出祈求祖灵庇护这对新人的愿望。

连杯是排湾族一种特殊的饮酒器具，一般用于结婚典礼、祭祀或其他庆祝的场合。连杯分三种：单杯、双连杯和三连杯。单杯为头人贵族所用，或用以奖赏战争获胜和狩猎表现突出的勇士；双连杯最为常见，是传统婚礼必不可少的礼仪用具，如今在迎接客人或缔结盟约等场合也常用；三连杯常用于需由贵族长老主持见证的婚礼，中间为贵族饮用，两边则为夫妻所持。连杯的设计使用蕴含了排湾人深刻的人际观，对他们而言，生命与宗教信仰、社会秩序共生同在，永不分割。这是一种基于人神共处、等级观念下的和谐观，是一种朴素的、古老的智慧。

本案例为人面装饰双连杯，长70厘米，宽12.8厘米，高6厘米，杯深4.3厘米。由整块木块挖制而成，杯口近似菱形，两头手柄为蛇头状，连柄中部刻圆形人面装饰浮雕，两边各挖一个方孔。

图片来源

图一、图四　李莎莉.台湾民间文化艺术.台北：南天出版社，2000.

图二、图三、图五　陈思　制图

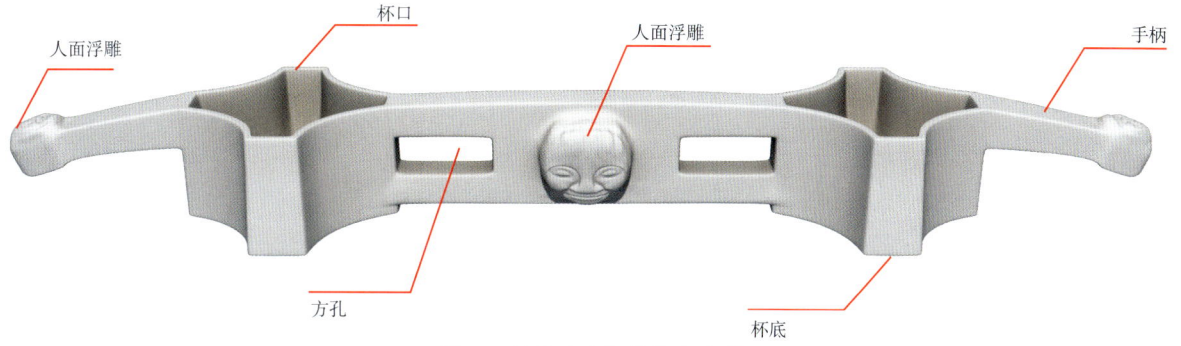

图二 排湾族连杯结构名称图

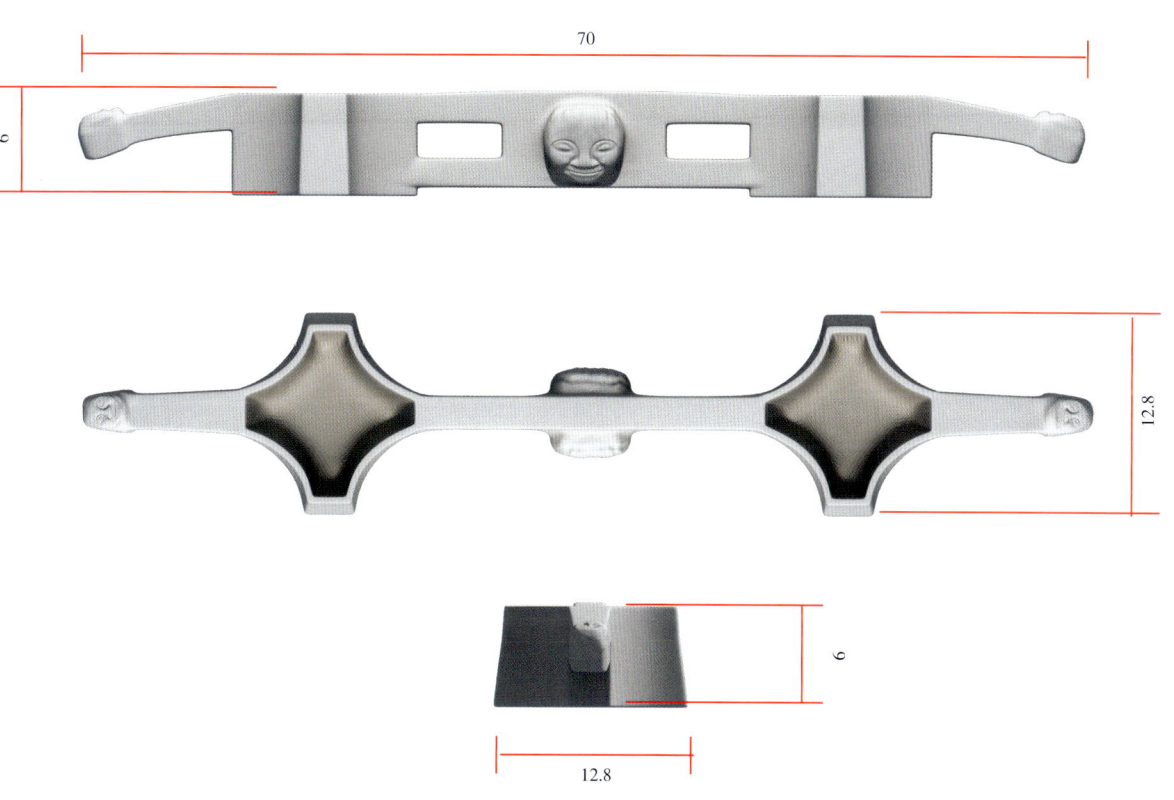

图三 排湾族连环三视、尺寸图（单位：cm）

图四 排湾族连杯使用情境图

单杯　　　　　　　　　　　三连杯

其他样式双连杯

图五 排湾族其他造型连杯图例

排湾族浅浮雕木盆

图一 排湾族浅浮雕木盆主图

台湾原住民的食器,多选用木、竹、藤等天然材料制成。就木盆而言,与汉族用木块拼接匝箍的方式不同,大多采用整节原木挖雕制作而成,造型朴素、自然。排湾族有身份的阶层所用木盆多在盆身进行雕饰,分浅浮雕和高浮雕两种,纹样和其他木雕器具大致相同,多为百步蛇、人面纹和其他几何纹样。

本案例为台湾博物馆藏品,高9.7厘米、上缘口直径19.1厘米,底部直径14厘米。由整块原木刨凿而成,口阔底稍窄,呈倒梯形。涂饰朱漆,盆身作浅浮雕,一条粗壮的百步蛇盘踞盆身大部分,四个人面纹并排于蛇身下方。

图片来源
图一 台湾博物馆
图二至图五 郑婷婷 制图

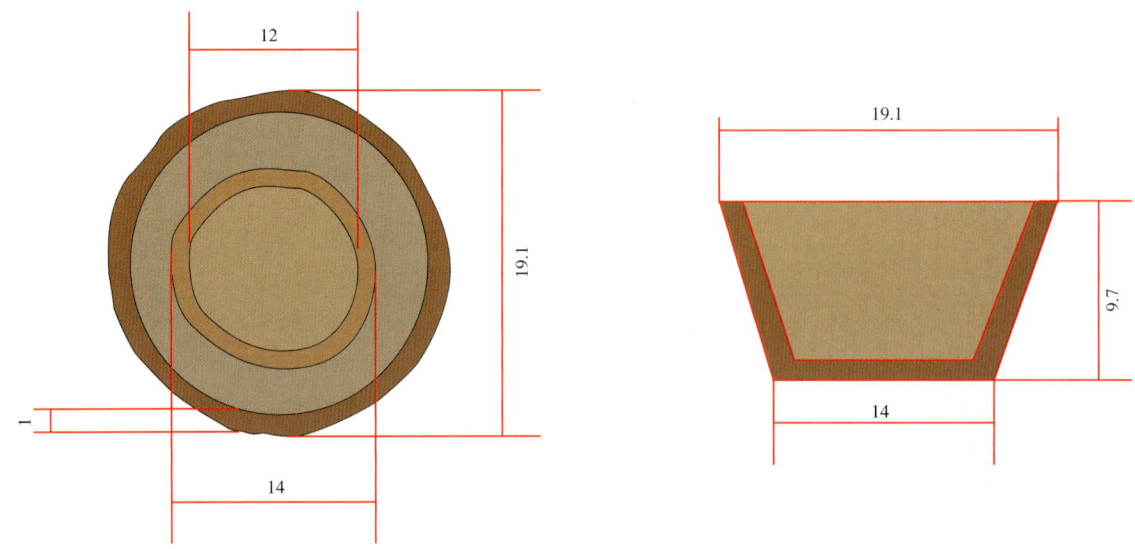

图二　排湾族浅浮雕木盆视角、尺寸图（单位：cm）

图三　盆身雕刻图案展开线描图

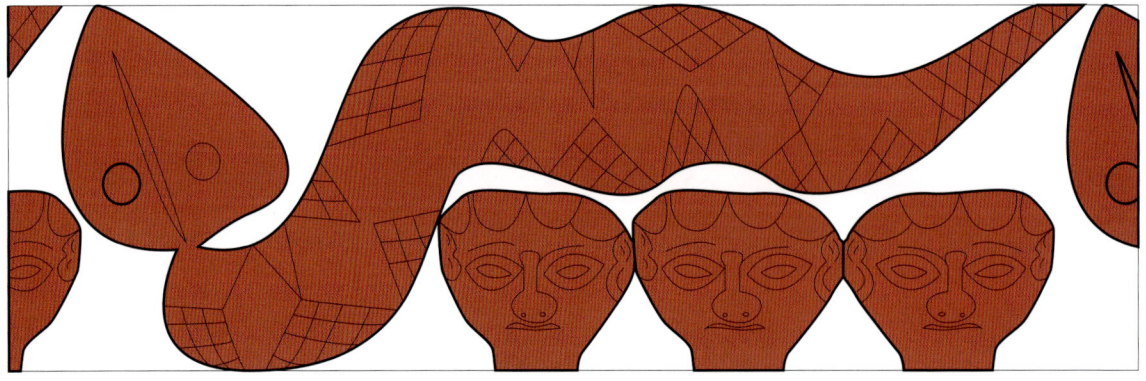

图四　盆身雕刻图案展开套色图

素面木盆（排湾族）

浮雕木盆（排湾族）

素面木盆（泰雅族）

浮雕木盆（布农族）

图五　高山族其他造型木盆图例

排湾族木梳

图一　排湾族木梳主图

排湾族女子梳发使用的梳子多为木制栉梳，制作木梳的材料多选大叶黄杨或月橘木，用整块的木料雕刻而成。木梳外形略呈长方形或梯形，其结构分梳背和栉齿两部分。上半部为梳背，作为手握持用，梳发后木梳还常常被插在头发上作为装饰，因此梳背的造型和雕饰显得尤其重要。梳背造型主要有牛角形背、弓形背、平背或圆形背等，有的背板上雕刻着精致的装饰纹样，如人面纹、蛇纹、鹿纹、鸟纹等。木梳的下半部则顺着木材纹理间隔匀称地刻出细长的栉齿，据相关调查，栉齿的数量在8~35根之间。

本案例为台湾"中央研究院"民族学研究所收藏。木梳长10厘米，高5厘米，厚0.8厘米，总共有24根栉齿，梳身上浮雕着21个小人面，五官精细，并装饰着波浪、圆形和羽状的图案。把手处由6个较大的人面纹组成，呈椭圆形，以透雕的方式呈现。梳身完整，颜色均匀而有润泽感。

图片来源
图一　台湾"中央研究院"民族学研究所
图二至图五　郑婷婷　制图

图二　排湾族木梳还原模拟色彩效果图

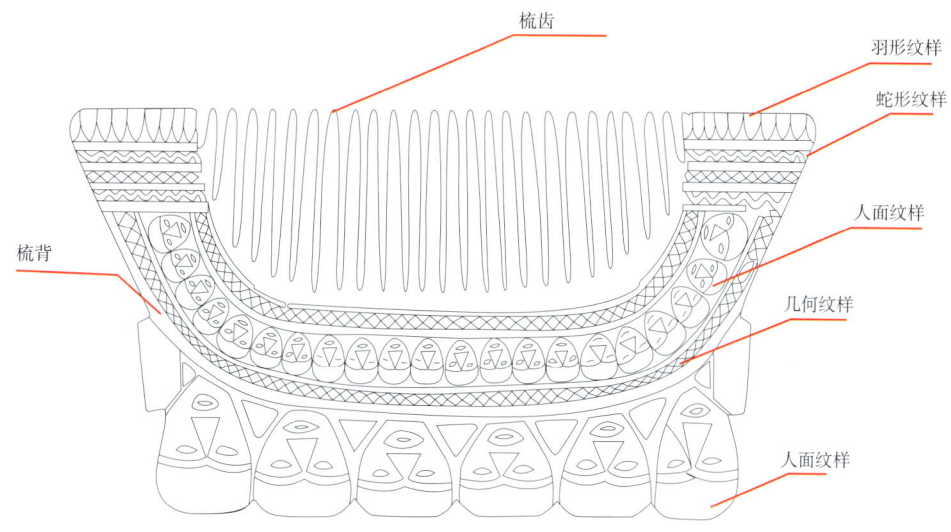

图三　排湾族木梳结构名称图

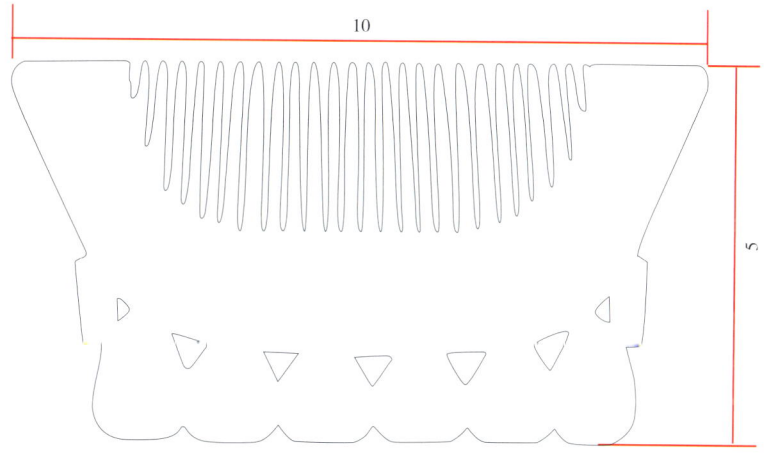

图四　排湾族木梳尺寸图（单位：cm）

图五　排湾族其他形制木梳图例

鲁凯族皮制火药袋

图一　鲁凯族皮制火药袋主图

狩猎是鲁凯人非常重要的一项生产活动，也是重要的食物来源，狩猎的对象一般以山猪、鹿和山羊为主，豹、熊和猴次之。狩猎对鲁凯男子来说是取得荣誉和权利的重要渠道，男子只有打过猎才算真正成人，而出色的猎手特别是擅长捕猎山猪者会被授予荣誉称号，并佩戴象征荣誉的百合花，受到族人的敬重。

鲁凯人原以弓箭、刀、枪矛为狩猎武器，火枪是从清代乾隆与汉人的贸易往来中传入的，成为鲁凯人主要的狩猎工具。鲁凯人能自深山取材自制火枪弹药，还能制作皮制火药袋，外出狩猎时随身携带。

完全由鲁凯人自行生产的狩猎使用的衣饰材料有两大类，一类为种植或野生植物纤维纺织成的布，另一类为利用兽皮加工制成的皮革。鲁凯人有高超的鞣皮技术，常使用的是山羌、山羊的皮，猴子、云豹和石虎的皮也都可以使用，山鹿皮太硬较不适合做皮革制品，但偶尔也用，山猪的皮太粗糙则不用。

本案例"皮制火药袋"，亦可称为皮制弹药袋、火药容器，现藏于台湾博物馆。此火药袋总长33厘米，宽16厘米，高5.5厘米，系带长38厘米，是由兽皮缝制成带盖的深褐色长方形的皮袋，周围使用麻线缝制，既牢固也可作为装饰，皮革表面没有任何纹样装饰。皮袋内有10个置物空间，可插盛火药的竹制火药管，每个竹管长约8厘米，直径约2厘米。此火药袋尚存7个竹管火药筒，带有收口绳，袋身两侧缝接同质腰带，尾端附不同材质的皮料为系绳，美观实用又体现了浓郁的民族特色。

图片来源
图一　台湾博物馆
图二至图五　詹黎明　制图
参考书目
高伟.台湾少数民族——鲁凯族.北京：台湾出版社，2008.

图二　鲁凯族竹制火药管

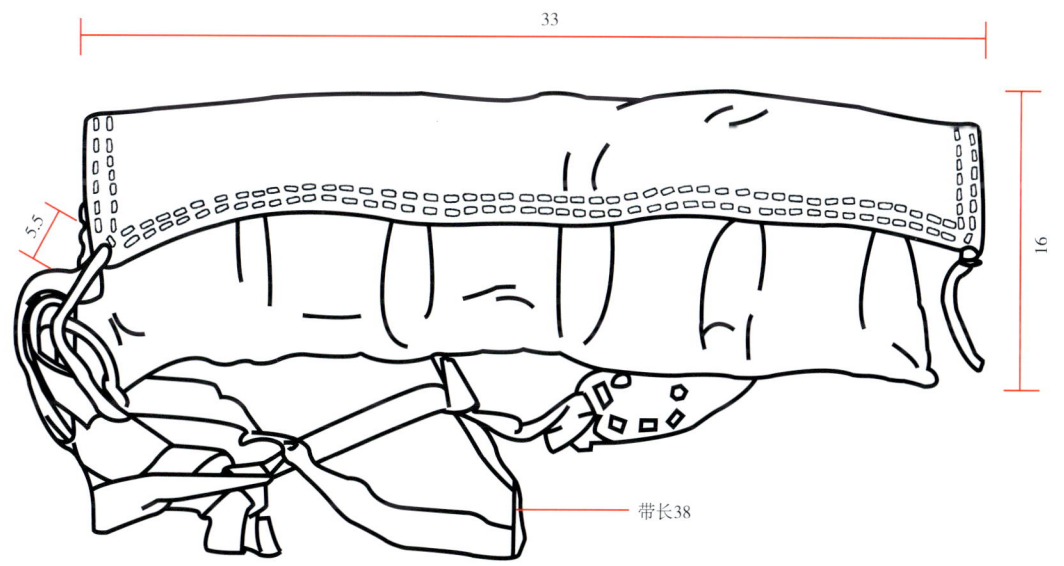

图三　鲁凯族皮制火药袋尺寸图（单位：cm）

图四 鲁凯族皮制火药袋佩带示意图

布农族火药袋

排湾族火药袋

泰雅族火药袋

图五 其他样式的火药袋

排湾族火药筒

图一　排湾族火药筒主图

台湾原住民使用的火枪多是与汉人交易而来，盛装火药的火药筒的形式亦与汉人昔日之所用者相同。排湾族的火药筒如同其他原住民族一样，多以牛角、兽骨或木头仿兽角形式刻削而成，呈弯角锥状，可立于平面，上尖端有一塞盖可防漏出或受潮，火药筒开口都在尖端的位置，是为了方便灌装火药。器身装饰有精致美观的菱形、蛇形纹饰与漆饰。

火枪自清朝乾隆传入台湾后，成为台湾原住民防御外敌和狩猎最有威力的武器，后来原住民许多自制火枪也逐渐流行。原住民的火枪一般没有纹样的雕饰，而火药筒则加以雕饰，精致美观。

本案例现藏于台湾博物馆，长3厘米，宽4厘米，高17厘米，饰带长13厘米。采用木质坚硬的木材制成，并带有贝、麻绳等复合材料，筒身施以深红色衬底，有丰富的彩饰和精美的雕刻，并且采用镶嵌工法。筒体主要刻有宛如百步蛇黑白蛇身的象征纹饰，其中白色部分以白色贝片镶嵌而成，非常精致。筒身侧边有一木头突起，其钻孔并系绑麻绳，麻绳另一端则串有两颗红褐色单珠及一枚白色海贝作为线头收尾。火药倒出的尖端口处，则另有一木栓覆盖其上。此类火药筒多配合火药枪来使用。

图片来源

图一　台湾博物馆
图二至图四　詹黎明　制图
图五、图六　台湾"中央研究院"民族学研究所

参考书目

顾扬.台湾少数民族——排湾族.北京:台海出版社,2008.

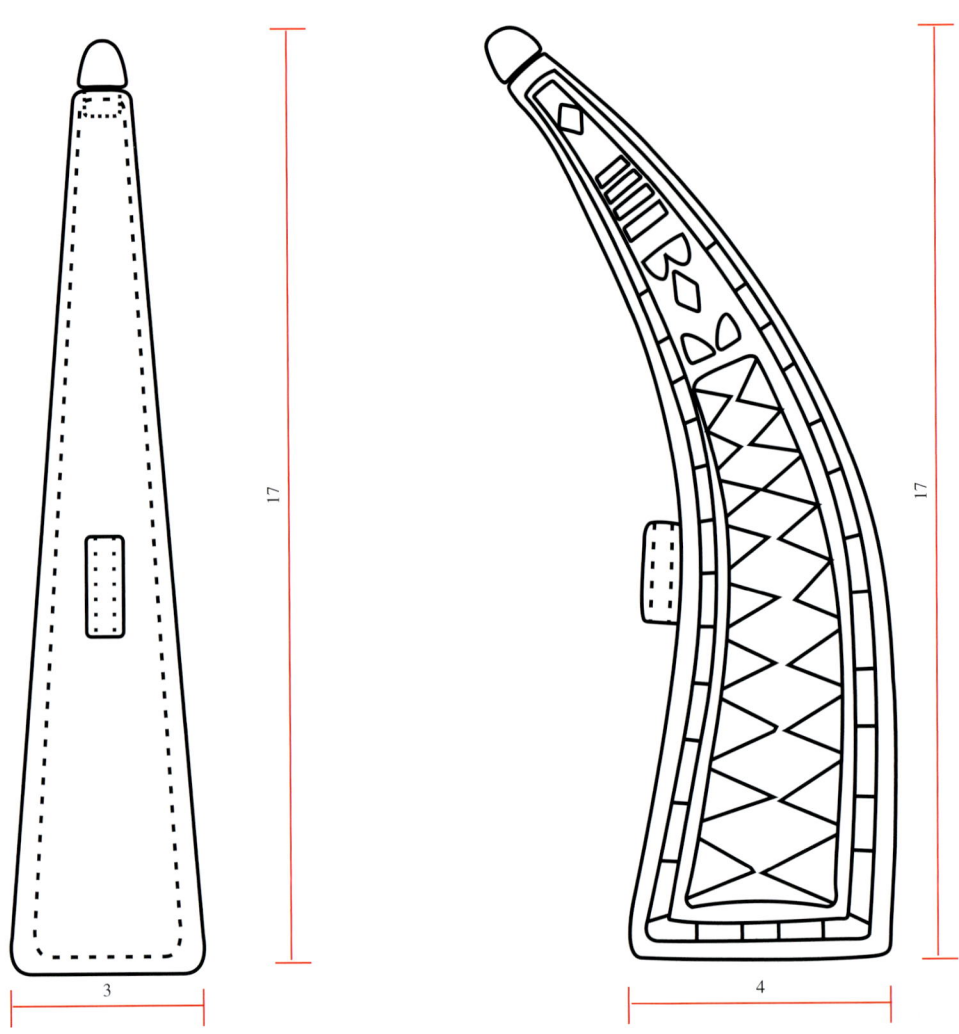

图二　排湾族火药筒尺寸图（单位：cm）

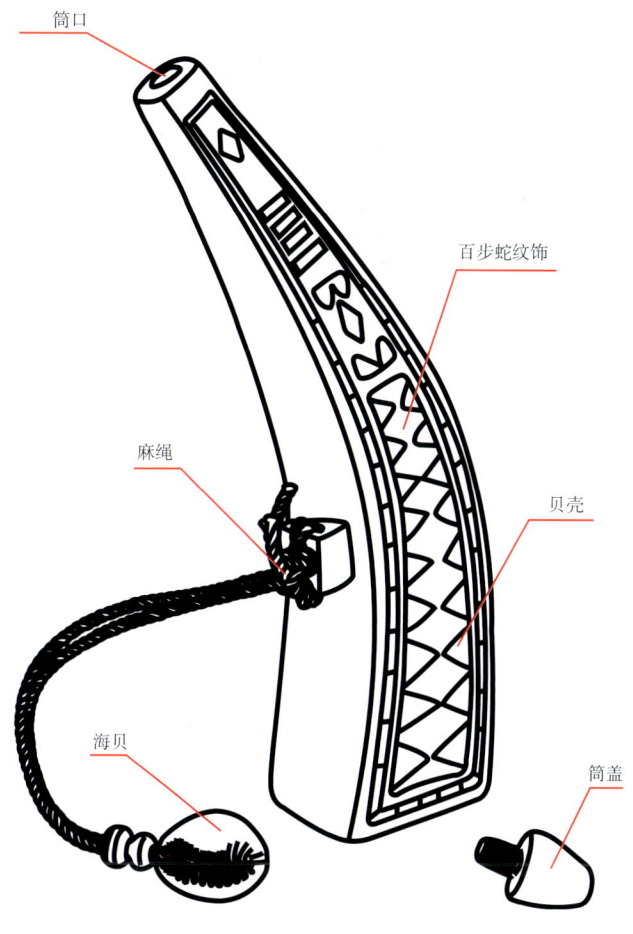

图三　排湾族火药筒结构名称图

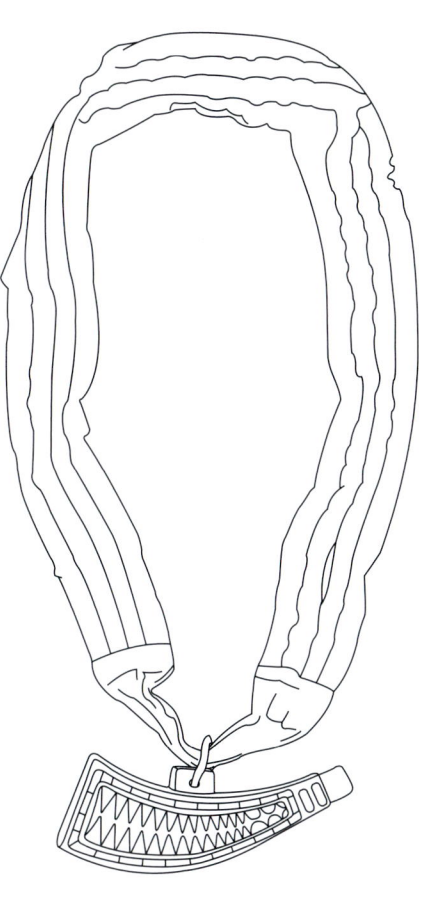

图四　排湾族火药筒与布袋线描图

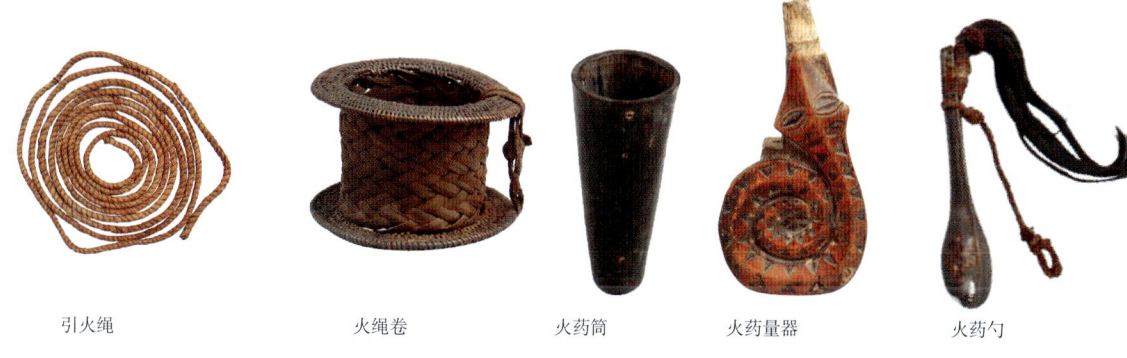

引火绳　　　火绳卷　　　火药筒　　　火药量器　　　火药勺

图五　排湾族火药筒关联图

第四章　高山族传统生活用具

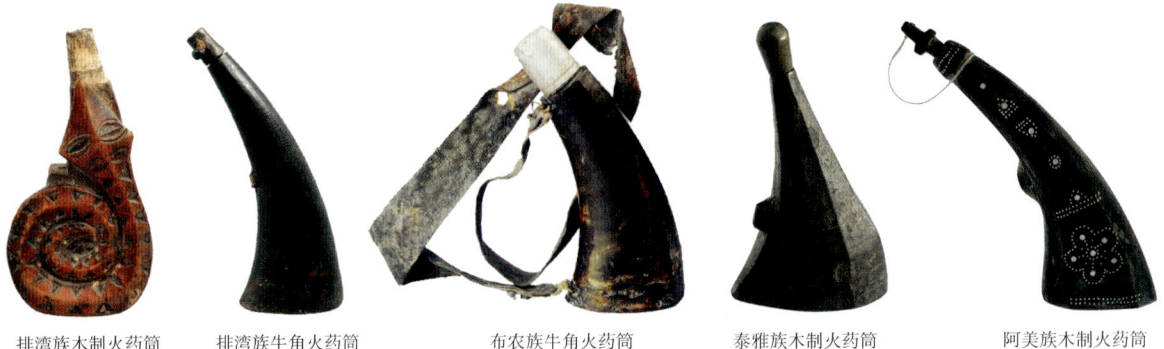

| 排湾族木制火药筒 | 排湾族牛角火药筒 | 布农族牛角火药筒 | 泰雅族木制火药筒 | 阿美族木制火药筒 |

图六 高山族其他样式的火药筒

排湾族羽扇

图一　排湾族羽扇主图

羽毛扇乃是夏季引风取凉的用具，也可用以驱赶蚊虫。其制作的主要原材料是羽毛，羽毛分野禽毛和家禽毛两类。野禽毛中尤以雕鹰类羽毛最为贵重，只限于贵族使用；家禽毛主要是鹅毛。扇柄一般以竹、木为材料制成。制成一把羽扇，要经过11道工序：选毛、出片、洗片、理片、缝片、接管、串毛、装柄、整形、装绒、绘画等。

本案例出自排湾族工匠之手，现藏于台湾"中央研究院"民族学研究所。"羽扇"的整个扇面宽48.0厘米，扇全长33.5厘米，柄长10.5厘米。为排湾族贵族使用的一种日常生活用具。由两部分组成，扇面为一排鹰羽毛，共有27根，每根羽毛大致一样，羽毛杆末端穿洞，用麻绳将末端串起。扇柄为木制，是选用质地比较细致光洁的月橘制成，并由两块扁木片构成，木柄加以雕饰，且刻有排湾族传统风格的连颈人头像。用扇柄的两块木片夹着扇面，再用绒线扎紧羽毛，最后再用铁线在木柄上钻洞扎紧。此扇的制作可能源于对鸟类翅膀的模仿，其毛片平薄，质地柔软，制工精致，雕饰精美，实用又美观，具有排湾族民族传统风格。

图片来源
图一　台湾"中央研究院"民族学研究所
图二至图五　詹黎明　制图

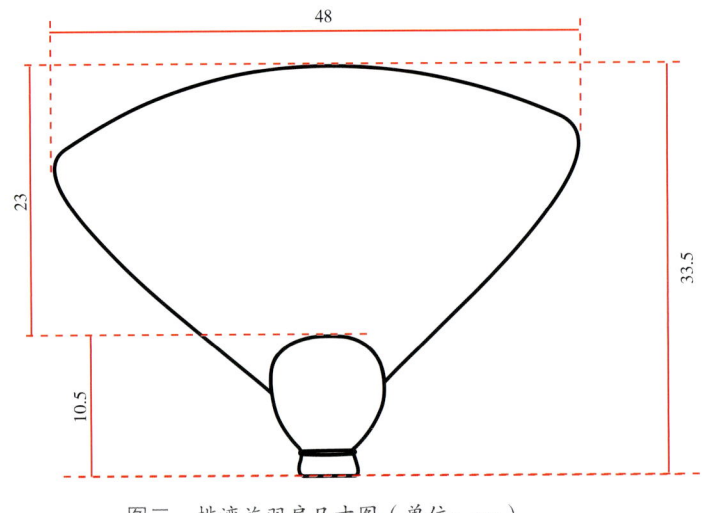

图二　排湾族羽扇尺寸图（单位：cm）

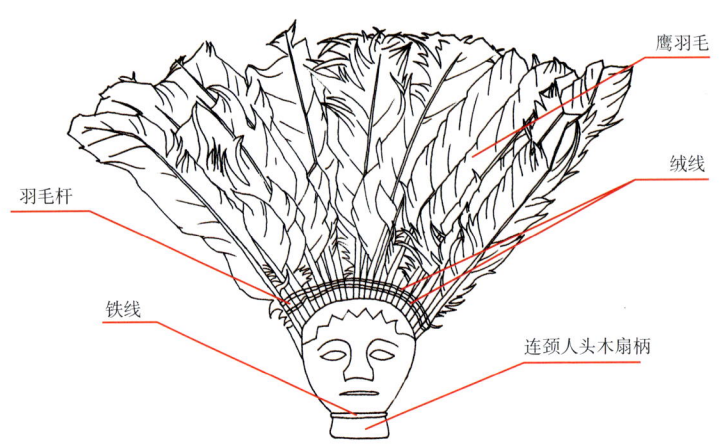

图三　排湾族羽扇结构名称图

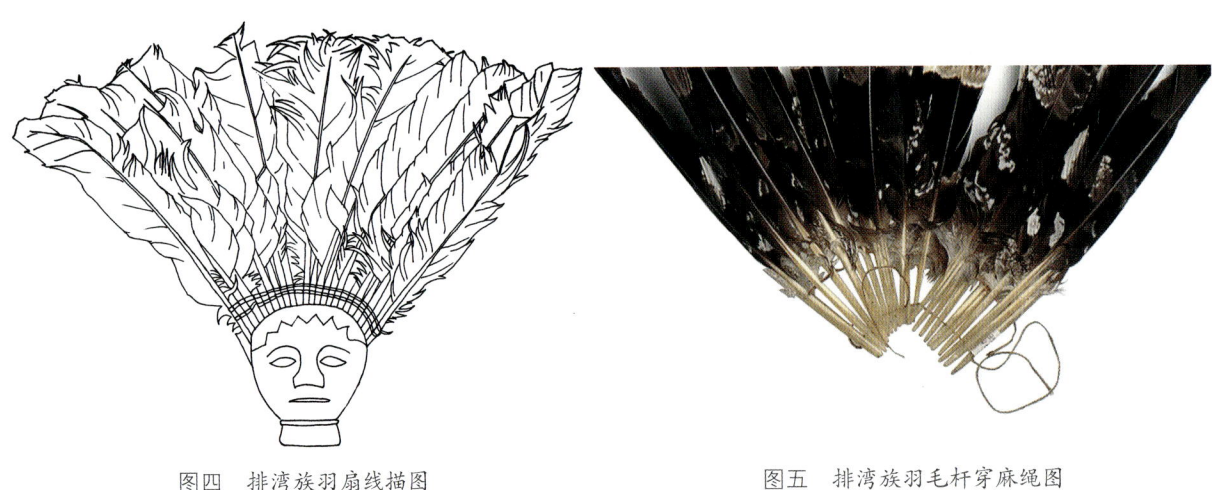

图四　排湾族羽扇线描图　　　　　　　图五　排湾族羽毛杆穿麻绳图

阿美族竹琴

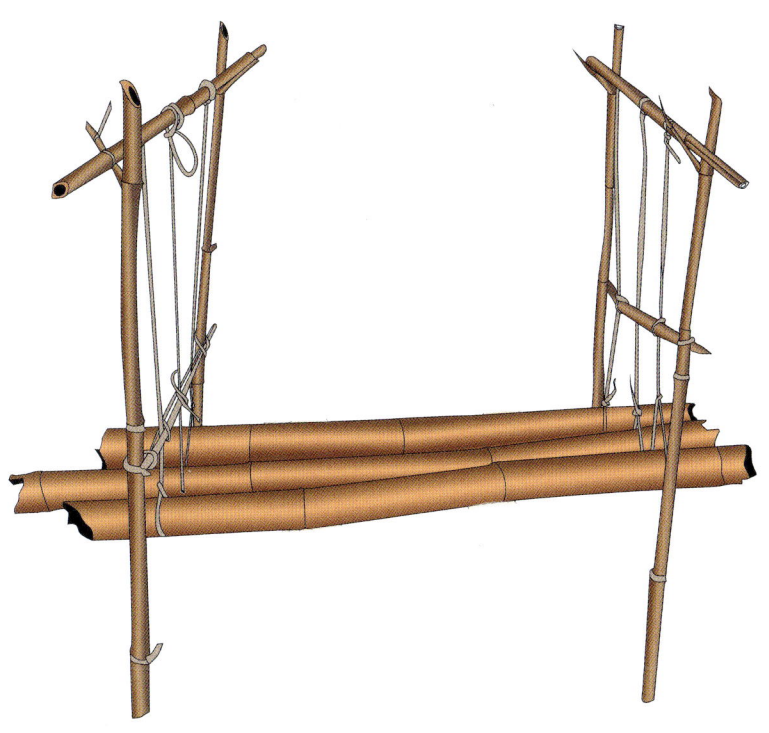

图一　阿美族竹琴主图

竹琴、木琴是高山族的传统乐器，太鲁阁族、泰雅族、阿美族等族群皆有这种乐器，但形制略有差别。而阿美族竹琴、木琴最早是作为赶鸟的器具，叫作Kokang，后来演变为乐器。早期的阿美族人通常用刺葱（俗名越椒、刺江）隔成旱田或水田的围篱，这种植物枝干有刺，可以阻挡动物入侵田园。日长月久，刺葱的枝干慢慢变干，外皮与刺脱落，变成光滑的木头。当农作物成熟了，引来小鸟的光顾，农人随手拿起树枝敲打围篱光滑的刺葱枝干，驱赶小鸟，木头竟意外发出了清脆悦耳的声响，智慧的人们就把它制成了木琴。

阿美族木琴有三种形制。其中一种是由3根刺竹构成的琴体，称为竹琴；一种是由3到5根粗细不同的刺葱、血桐、山黄麻的木材构成的木琴；另外还有一种竹、木混合的木琴，琴体在第二种的基础上再加上刺竹，制作成3到5根琴柱的竹木琴。台湾原住民木琴的音阶与汉族传统的五声音阶不同，仅有Re、Mi、So、La四声音阶。而阿美族木琴没有音阶概念，主要功能是通过轻重快慢地击打不同琴柱，产生丰富多变的节奏。Kokang敲击的方法是双手各持一支敲击棒，但不敲打同一根琴柱，传统的老琴师可敲打出快速、复杂的综合型节奏。

图片来源

图一至图四　童文志　制图

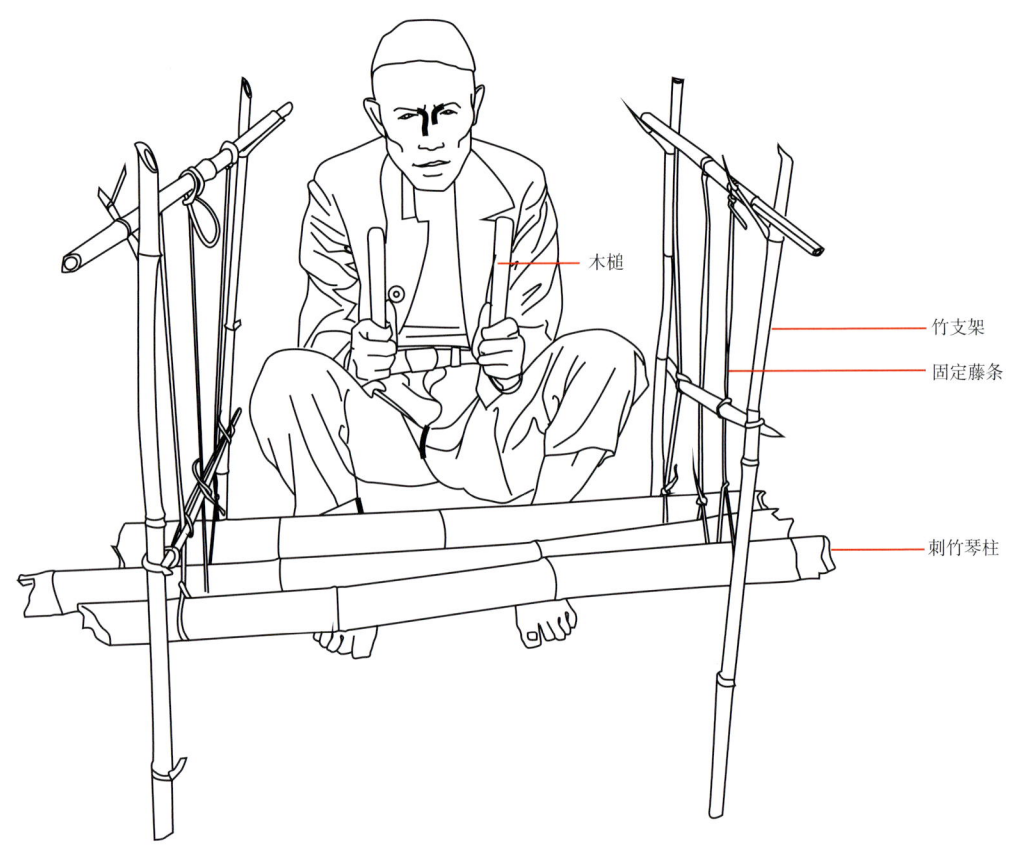

图二　阿美族竹琴构造示意图

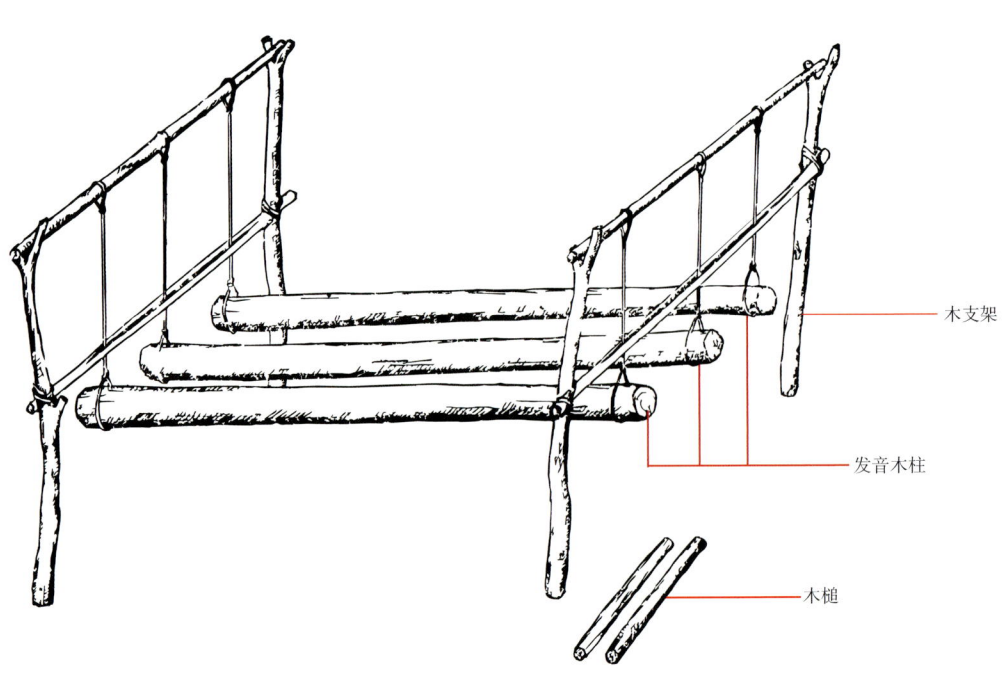

图三　阿美族竹、木琴构造示意图

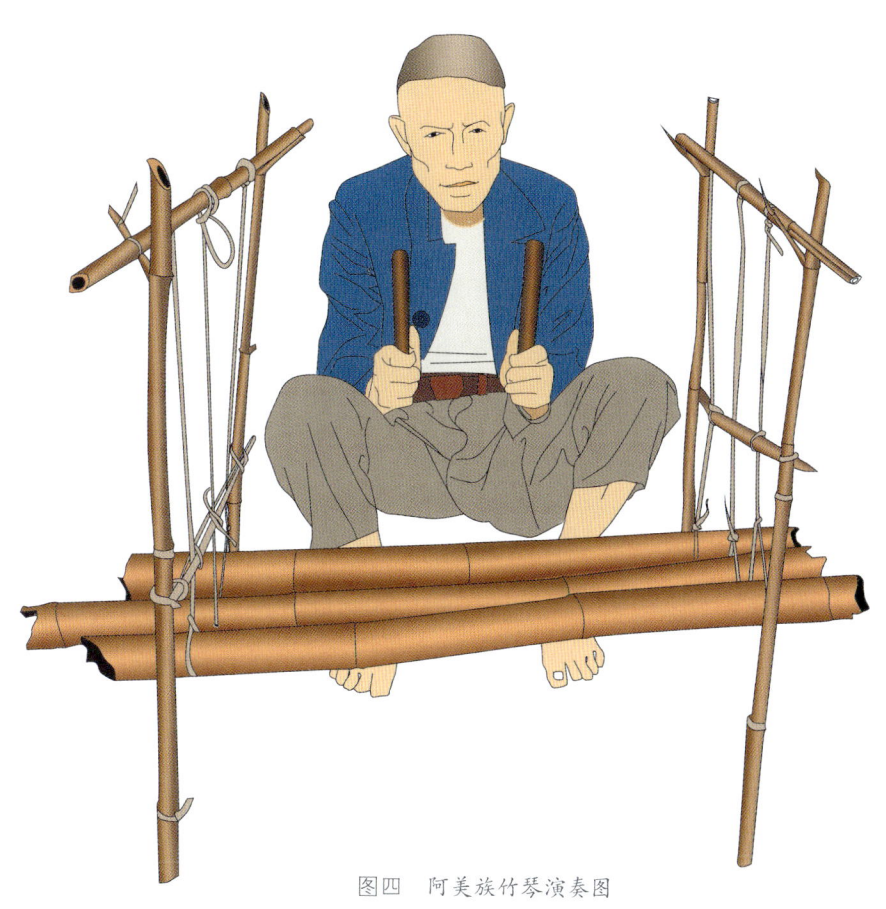

图四　阿美族竹琴演奏图

第四章　高山族传统生活用具

泰雅族木琴

图一　泰雅族木琴主图1

泰雅族木琴通常由8根木头组成。其中两根等长木头作为底座，置于左右两边；稍粗且长短不同的4根木头为发音柱，置于底座之上，按长短顺序间隔排列，近演奏者一端的音柱长，反之渐短；另两根稍细的木棍作为木槌。制作木琴音柱的材料通常要选用外硬里软的原木，演奏时将木琴放在较软的地上或支架上，用木槌敲击后，便产生振动，发出悦耳的声响。

本案例木琴两件为泰雅族木琴，由高雄市原住民祖韵文化乐舞团收藏。其一木琴总长41厘米，宽41厘米，高9厘米，由八支实心木制作，其中两支为底座，四支长短不一为发音柱，另两支小木棒是敲击用的木槌。在底座上镶嵌尺寸一致的小木条来隔开发音柱。这种不带支架的木琴通常直接放在地面上，演奏者盘坐打击琴柱。另一件为架式木琴，长49厘米，宽48厘米，高78厘米。琴体形制与前者完全相同，木琴置于琴架上便于演奏者站立敲击。

图片来源
图一、图二　高雄市原住民祖韵文化乐舞团
图三、图四　童文志　制图

图二　泰雅族木琴（架式）主图2

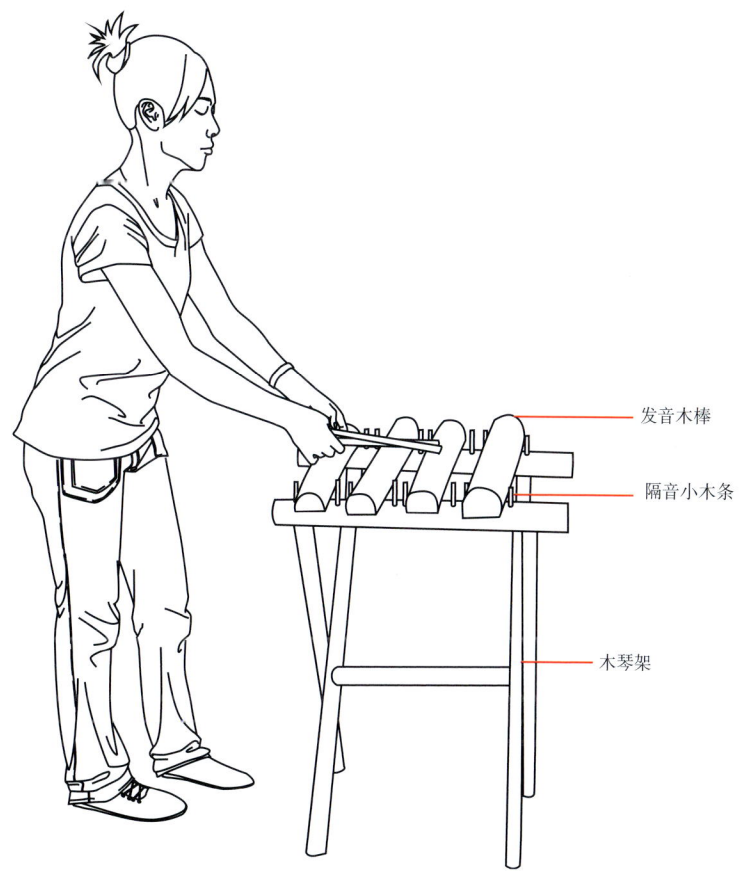

图三　泰雅族木琴结构名称图

发音木棒

隔音小木条

木琴架

第四章　高山族传统生活用具

195

图四　泰雅族木琴演奏情境图

布农族口弓琴

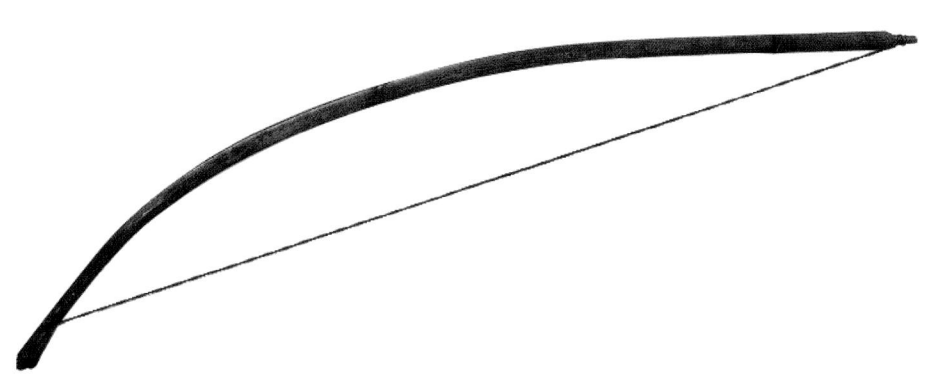

图一　布农族口弓琴主图

弓琴是利用一长条竹片弯成弓形，再以一条铁弦分别系于竹弓两端而形成的乐器。其分布遍及亚洲、非洲及大洋洲各地。弓琴的种类依德国民族音乐学者的调查研究可分为三种：有别的共鸣器的弓琴、有葫芦的弓琴、口弓琴。台湾原住民的弓琴都是口弓琴，属于擦弦乐器，为阿美人、布农人、邹人及卑南人所使用。

布农族口弓琴以竹片为弓，以月桃、麻、藤为弓琴弦，弓长约2尺，弓弦的长度约为59厘米，弦与弓距离最宽处是17厘米。绑弦的方法是在比较平直的一端，把弓端削尖，再把铁弦系紧，或是在弓端穿孔把弦穿入，顶端再加装小铁块（或玉米粒）塞住而固定琴弦，另一端则在弓端弄一凹槽，弓端内侧涂上胶，再将弓弦沿凹槽系紧，胶的作用是顶住琴弦，使其拉直。演奏时将上端衔于口中，左手握弓琴的下端，用拇指压弦，右手拨弦作音。

本案例布农族口弓琴，台湾博物馆收藏，长62.3厘米，高10.5厘米，以一根弯曲的竹篾，由两端系一条铁线组成，弓身上并带有二穿孔。布农人演奏弓琴，是将弓身朝上把琴身的上方衔在口中，左手执琴身下端（弓置于大拇指与食指之间），以拇指调节弦之振动，同时压弦或离开以改变音高，右手是以拇指和食指同时抓弦、放弦的。在演奏中间用舌头及呼气、吸气来调整气流。口弓琴作泛音奏法，可从第四泛音起，包括五声音阶之所有音程。

图片来源
图一　台湾博物馆
图二至图四　叶成闻　制图

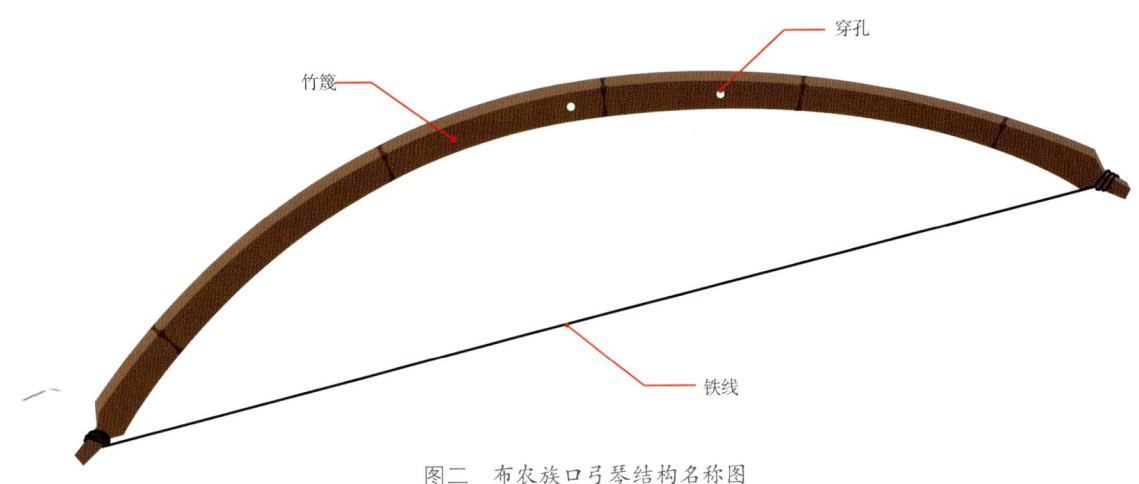

图二 布农族口弓琴结构名称图

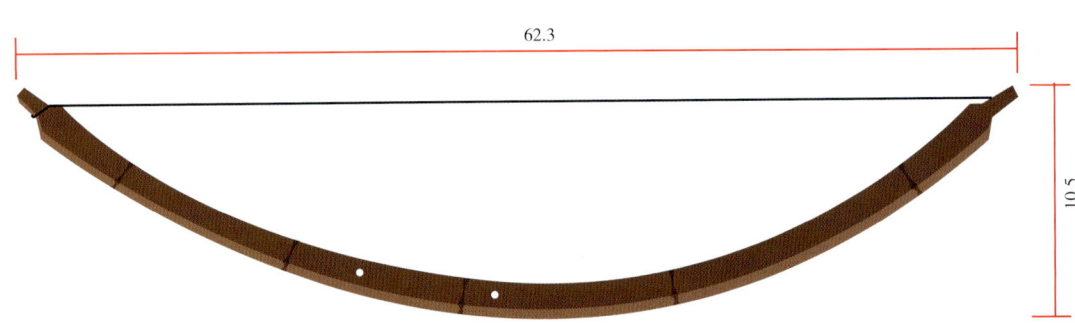

图三 布农族口弓琴尺寸图（单位：cm）

图四 布农族口弓琴演奏示意图

高山族口簧琴

图一　高山族口簧琴主图

世界各地都有口簧琴这种吹奏乐器，大致可分为两种，一种是纯口簧琴，另一种是弹口簧琴。纯口簧琴在台湾高山族各族群中使用广泛，基本构造大致相同，以一节长约10厘米、宽2~4厘米的竹片作为琴身，中间穿有长槽，安置细长舌状的薄竹片或铜制簧片，琴身两端钻孔系上麻绳。吹奏时左手持琴置于唇间；右手不断拉扯右端麻绳，震动琴簧发出声响，并随口腔形状变化和气息的轻重发出不同的音调。

本案例口簧琴藏于台湾博物馆。为单片口簧琴，竹琴身，铜簧片，形制为扁长方形，两端各有一孔以穿附麻绑。

口簧琴多用于独奏场合，琴声如轻声细语，传统青年男女于表达情意时吹奏。泰雅族口簧琴比较复杂，簧片数常见1~3片，最多可达七八片，簧片宽窄厚薄不同，产生高低不同的音阶；布农人的口簧琴，不是宗教或仪典时演奏的乐器，而是娱乐时吹奏、独奏，或是两个人合奏，但很少用来传情。

图片来源
图一　台湾博物馆
图二、图三　叶成闻　制图
图四　郑婷婷　制图

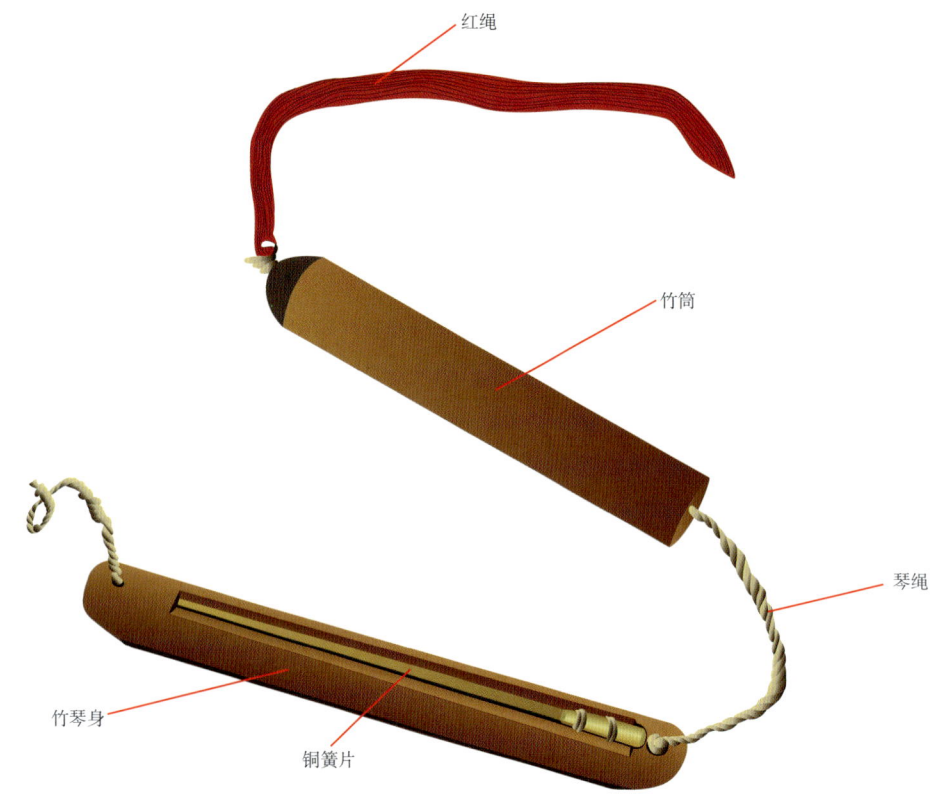

图二　高山族口簧琴结构示意图

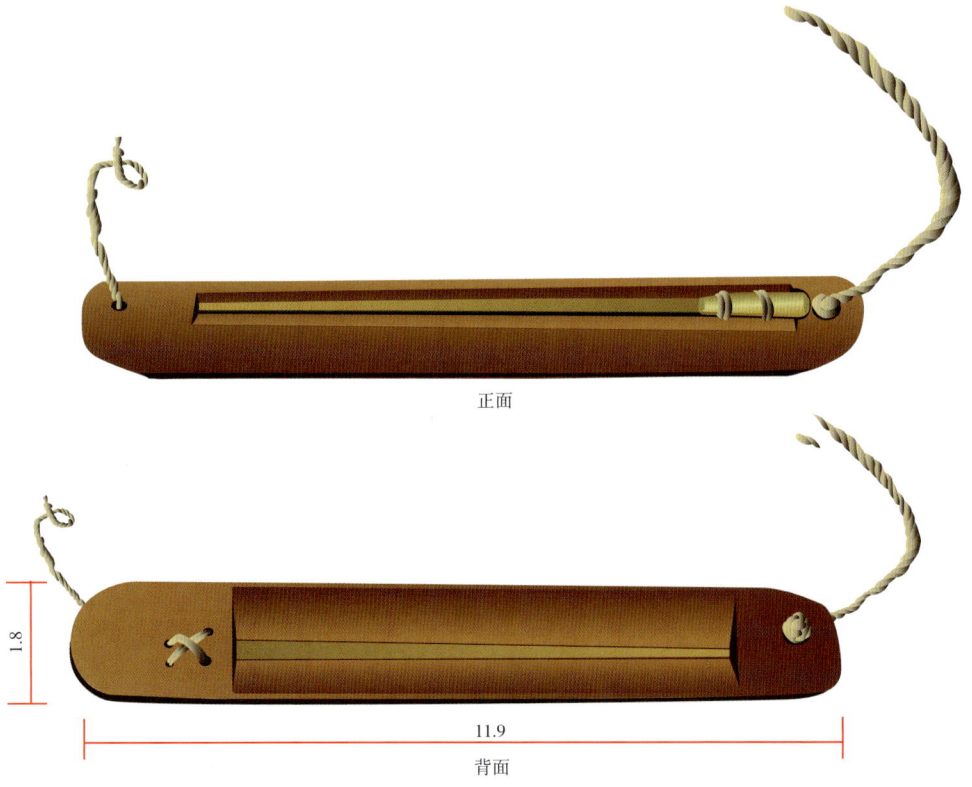

图三　高山族口簧琴视角、尺寸图（单位：cm）

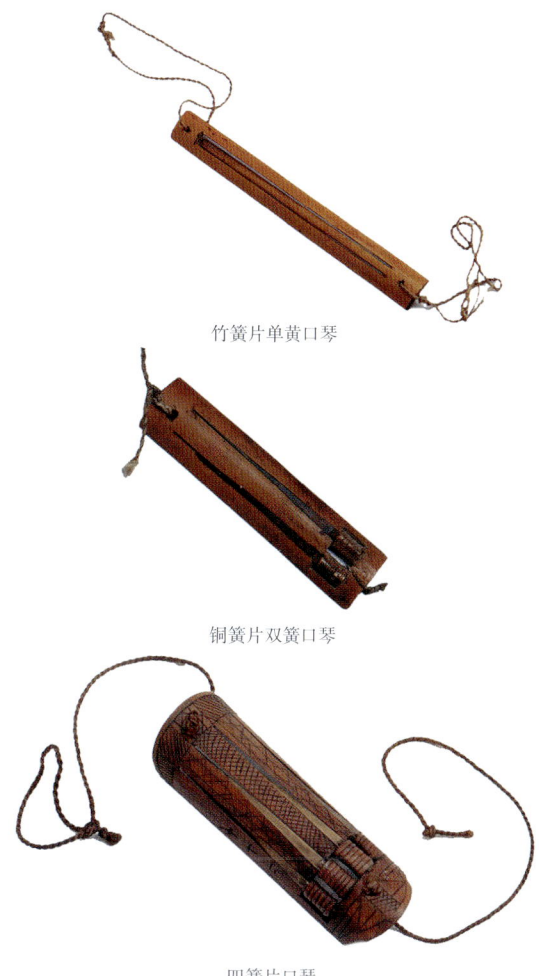

竹簧片单簧口琴

铜簧片双簧口琴

四簧片口琴

图四 高山族其他形制口簧琴图例

排湾族双管鼻笛

图一　排湾族双管鼻笛主图

双管鼻笛是排湾族一种极具特色的传统民间乐器。其在排湾族早期社会中是高尚的象征，为头目家所属乐器，一般只在头目去世或头目家男子要追求女孩时才能吹奏。但随着社会的变迁和文化的发展，这种风气渐变，平民也可吹奏双管鼻笛，但是，只有贵族可以在其上雕刻精美的百步蛇纹，而平民的则不被允许。

本案例现藏于顺益台湾原住民博物馆，由竹、藤等材料制作而成，长47厘米，每根管直径为2厘米。该鼻笛由管身、孔距、音高相同的两支鼻笛并列采用藤线编捆固定方法制成。笛身雕饰有丰富的人像纹、人头纹、百步蛇纹、菱形纹、花纹、线条纹等各式图样，雕工精致，意涵深远，应属头目或贵族阶级专属之物。

排湾族的双管鼻笛一般在谈恋爱或守丧期间使用。其中，在守丧期间如果当族人没有哭泣时，鼻笛声则可以代表吹奏者的哭声。先前的民间习俗，如有头目去世，大概有十天的时间是不可以外出做事的，去田里工作也被视为禁忌，但是在这一期间为了安慰大家的心情可以吹奏鼻笛。鼻笛声传达着族人的情感。此外，排湾族的鼻笛是不可以配歌的，吹奏地点、吹奏时间长短、是否重复吹奏都随个人意愿。在过去的排湾社会里，一般庶民死亡是不可以吹鼻笛的。此外，用特定的调子唱述神话故事时则可以在一旁吹奏鼻笛。

总之，排湾族双鼻笛不仅外观精致美观而且具有丰富的文化内涵，排湾族民众可以通过吹奏鼻笛来抒发自己内心的情感。它是排湾族传统民间乐器的重要组成部分，深受当地民众的喜爱。

图片来源
图一　顺益台湾原住民博物馆
图二、图三　叶成闻　制图
图四　罗礼平　制图

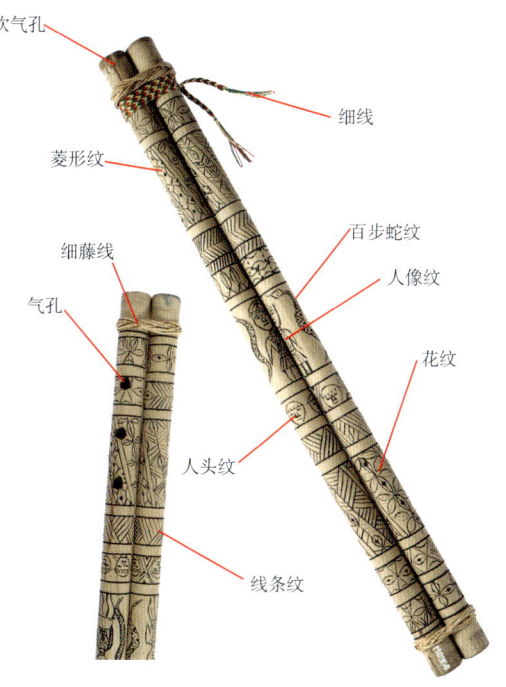

图二　排湾族双管鼻笛结构名称图

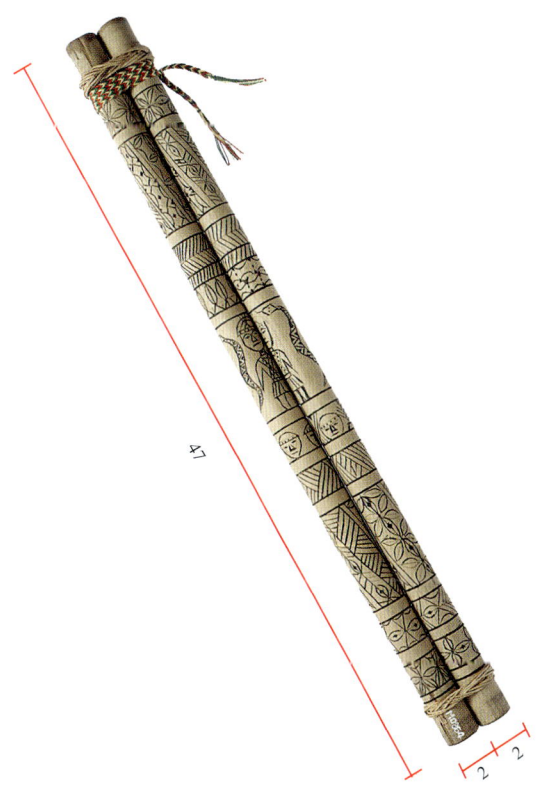

图三　排湾族双管鼻笛尺寸图（单位：cm）

203

图四 正在吹奏双管鼻笛的排湾族男子

排湾族铝管口笛

图一 排湾族铝管口笛主图

铝管口笛是台湾原住民的一种吹奏乐器。由铝材铸造而成，形制与竹笛相似，是工艺与音乐的完美结合。

本案例现藏于台湾"中央研究院"民族学研究所，由胡台丽、年秀玲采集自屏东县玛家乡排湾村。其总长为46.7厘米，直径为1.8厘米。铝制，铝管的两端由套有胶管，对笛身起到了一定的保护作用，也使音色更加准确。管身漆成红褐色，上面有6个笛孔。在两端套住的胶管一长一短，长的一端有两个孔洞，上雕饰有菱形装饰图案，短的一端也雕有同样的装饰图案。在吹奏口笛时，嘴唇要对准吹孔，角度要接近水平。风门要小，唇肌收紧，气流宜细而急。运气也有特殊的要求，在整个吹奏过程中，腹部要紧收、不能松弛。口笛可以奏出各种嘴上技巧，堪比竹笛。

铝管口笛造型简单，体型小巧，音色明亮、高亢，穿透力强，适宜表现优美、明快、热烈的曲调。在台湾原住民中，排湾人能歌善舞，配以铝管口笛优美的音律，表演起来显得别具一格，活泼清新。它在展示排湾族原始文化的魅力的同时，也广泛用于传情达意、交流思想，在生活中发挥着积极的作用。

图片来源
图一 台湾"中央研究院"民族学研究所
图二至图四 韩学红 制图

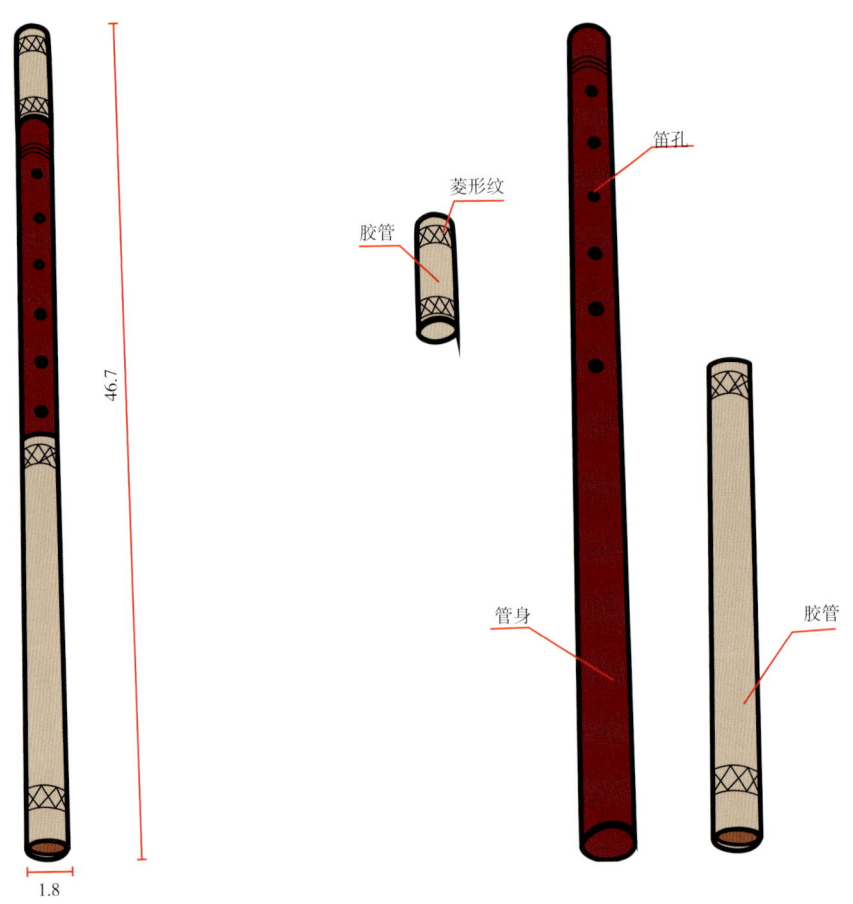

图二 排湾族铝管口笛尺寸图（单位：cm）

图三 排湾族铝管口笛结构名称图

图四 排湾族铝管口笛演奏情境图

阿美族木鼓

图一 阿美族木鼓主图

木鼓是阿美族、平埔族、排湾族等族群的传统乐器。木鼓是台湾见之于著录的最古老的乐器，已有一千多年的历史，木鼓至今仍保存使用，已成为具有民族特色的文物。明万历三十一年（1603）陈第《东番记》中记载他所见之平埔族群："家有死者，击鼓哭，置尸于地，环以烈火；干露置屋内。"荷兰传教士George Candidius 在1628年的报告描述台南平埔各社："人死后，他们在屋前敲打以树干刳空做成的木鼓，把噩耗告知村人。"制作木鼓选择空心的树干为鼓身，用凿子挖成较阔的鼓沟，鼓心中空处悬吊一条由两端开口穿入的螺旋形粗铁丝，用以增加共鸣，使用鼓槌敲击时可以发出更响亮的鼓音。木鼓的使用，从早期记录可知与丧仪、传讯、歌舞有关。一般用来召集社众，并以鼓声长短和多少来通知事项，之外也用于歌舞。

本案例1961年采集于花莲县光复乡马太安社，现收藏于台湾博物馆。鼓身长75厘米，高22厘米，两头宽23厘米，腹宽19厘米，上挖长沟长55厘米、宽9.5厘米，鼓槌长40厘米，粗2.5厘米。木鼓采用空心的树干为鼓胴。木鼓的鼓沟稍阔，鼓音较差。木鼓一般用绳索吊起或绑在树干上敲打，如果置于地上击打，鼓音则会因回振而受到干扰。

图片来源
图一　台湾博物馆
图二至图四　郑婷婷　制图

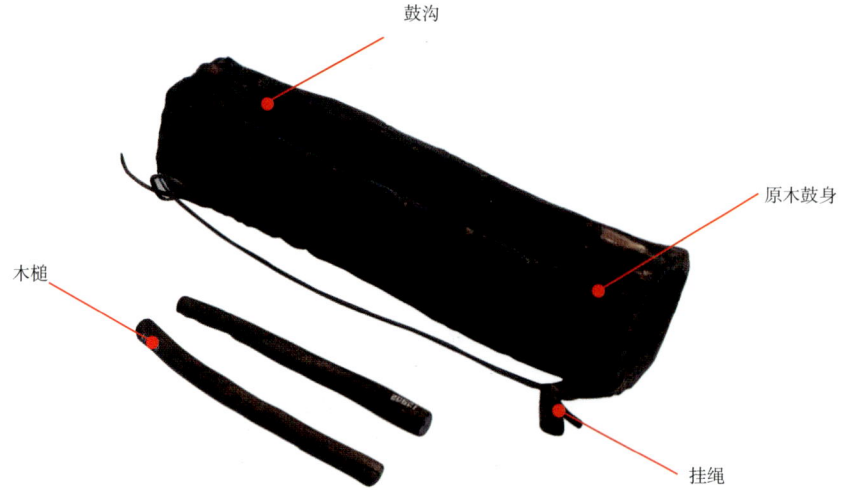

图二　阿美族木鼓结构名称图

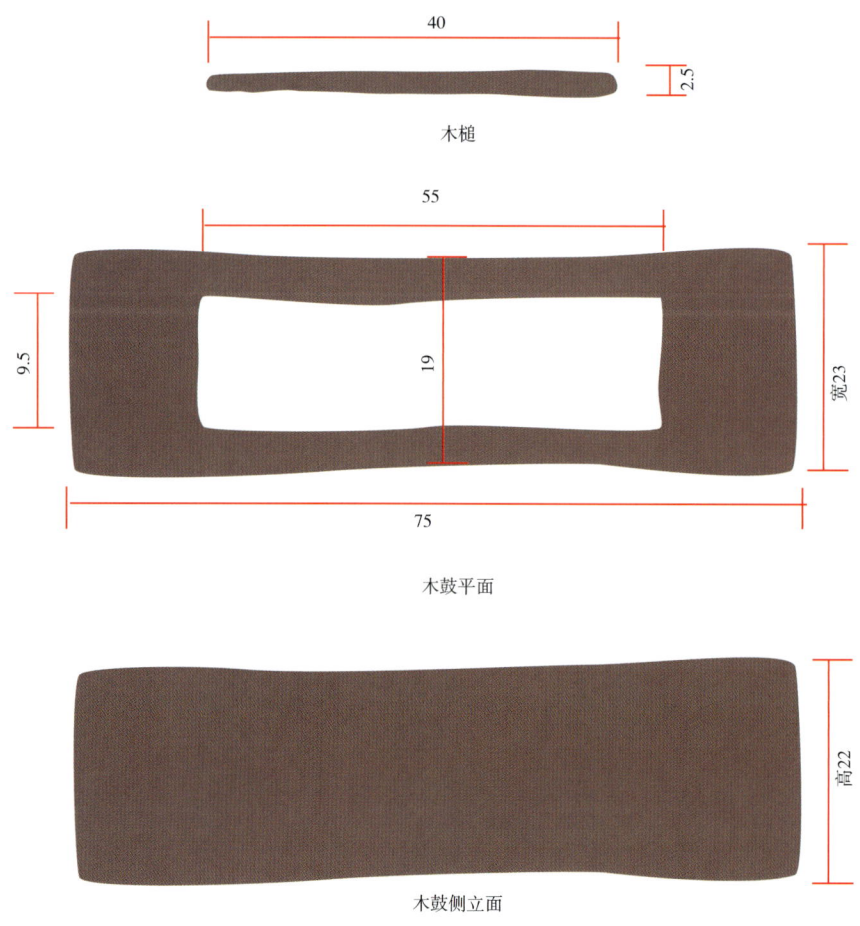

图三　阿美族木鼓视角、尺寸图（单位：cm）

图四 阿美族木鼓演奏图

排湾族牛皮木鼓

图一　排湾族木鼓主图

排湾族的木鼓制作材料、原理同阿美族、平埔族木鼓差别不大，但形制更为精致，其雕刻和彩绘等也充分展示了排湾族的文化特色。

本案例收藏于顺益台湾原住民博物馆，高30厘米，直径15.3厘米，以木为主材质，金属、麻为副材质，鼓身刻有人头纹、人像纹、三角波浪纹等纹样，制作技术主要采用了雕刻、彩绘、钉接、编绑等手法，被排湾民族用来当敲击乐器。鼓身所雕刻的人像纹代表祖先，与排湾人有崇拜祖先的观念有关；人头纹除了代表祖先之外，与猎头风俗有关，双脚直立或略弯，足尖多指向两侧（向外），这种处理方式是因排湾人的早期木雕大多是平面的，这就是排湾族的木雕特色；而几何图形多用于边饰，可能由人头纹或蛇形纹等演变而成。

该木鼓使用的漆料颜色较为简单，以黑色为主，色彩单一，显得十分古朴，与雕刻线条图纹的原始风格，正好相得益彰，是具有独特艺术价值的民俗艺术品。

图片来源
图一　顺益台湾原住民博物馆
图二至图四　郑婷婷　制图

正面　　　　　　　　　　　　　　　侧面

图二　排湾族木鼓视角图

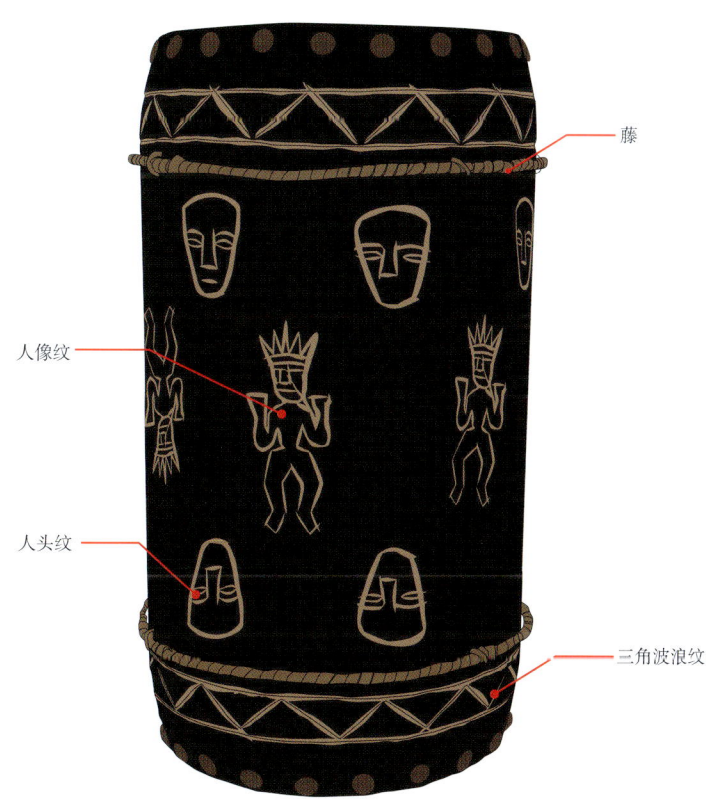

图三　排湾族木鼓名称示意图

图四　排湾族木鼓尺寸图（单位：cm）

第五章 高山族传统生产工具

高山族织布机

图一　高山族织布机主图

台湾高山族各族群都有独特的纺织工艺。传统织布是由女性完成，为男人禁忌之活。织布技术通常为家族是口传身受，学习者大多为未成年少女。女孩子通常把织布作为一种游戏活动，摘取数根树枝插在泥地上，当作整经棒，以细爬藤代替麻纱，模仿大人整经。

高山族传统织布纺纱材料普遍采用天然苎麻皮层纤维加工制成，染色颜料也采用天然植物提炼而成，如姜黄炼出黄色颜料、薯莨炼出咖啡色颜料、盐肤木炼出黑色颜料等等。制线工艺流程：刮麻—析麻—析绩—捻线—上线架—漂白（染色）—晒线—整经线。高山族各族群织布机大同小异，用竹、木料制作。包括经卷、线综棒、固定棒、卷布夹、动隔棒、打纬棒、背带等七个组件。泰雅、布农等族群使用织布机的经卷体量较大，将一截树干刨空为长方体，两侧为短立面，一长立面的中间挖有一个矩形洞口为织具顶面，各织具的配件都收放在经卷空匣内。排湾、鲁凯等族群织布机使用经卷体量较小，仅用长方木条制成，不具备储物功能。使用方法：女子席地而坐，两腿平伸，踏住经卷，用腰带把卷布夹系于腰间，若两腿微曲，经线便会呈现松弛的状态。这时提起线综棒扭转动隔棒，形成梭路。将打纬棒穿进梭路后，并投梭引纬线，先把纬线打紧，再以刀状打纬棒将梭路支起以便穿梭，纬线穿进后，将刀状打纬棒抽出，撑起使经线呈现紧张的状态，两手推送线综棒及动隔棒，合并上、下拉动，即形成另一梭口，两脚撑紧经卷箱，使梭路张开，将打纬棒穿进梭路，打紧纬线，再支起打纬棒，穿梭引纬，首织前可以两片削薄的竹片代替第一次的纬纱，且在此整经纱密度，如此周而复始地织，直到布匹织完为止。

高山族各族群织布多采用多种颜色夹织方法，夹入不同色的纬线，以构成几何形花纹的变化。由细棒子取代梭子，穿引出所需的花纹和图案。所织的纹路基本组织有平纹组织、斜纹组织、缎面组织三种。不同族群的传统用色与图案有各自的特点：平埔各族多以白色（麻线原色）和黑色两种为主，但织绣花纹的色彩则多以红色最为常见，其他颜色依次为蓝、绿、紫以及黄色等，纹饰多为几何形花纹，如八瓣花叶形纹、卐字形纹、类似雷形纹、八卦图形纹等。泰雅族、赛德克族衣服的色彩多用红色；花纹以横条形纹和几何图形为主，其中菱形花纹具有祖灵的眼睛之意，并喜以白纽扣为饰。布农族喜用红、桃红、橙、紫、黄、及蓝等鲜艳色彩；织纹以百步蛇背脊的菱形纹为主。邵族与邹族用色以红、橙、黄、绿色为主；常饰以菱形、三角形及曲折形纹等。排湾与鲁凯二族较喜用红、橙、黄、绿四种色彩。阿美族早期服饰以黑色为主；花纹以菱形纹与三角形纹为主，菱形纹象征贵族阶级之始祖百步蛇的背纹，三角形纹代表百步蛇侧面花纹。卑南族喜施以红、黄、绿、黑及白等色，多饰以菱形图案。噶玛兰族过去织布以蓝、红、黑三色为主，撒奇莱雅族则以黄、蓝、红、白四色为主。太鲁阁族喜以白色为底，上织以红、蓝等色菱形花纹。雅美族的衣服简单而朴实，是以白色和黑或藏青色相间的条纹构成。

图片来源
图一至图七　叶成闻　制图

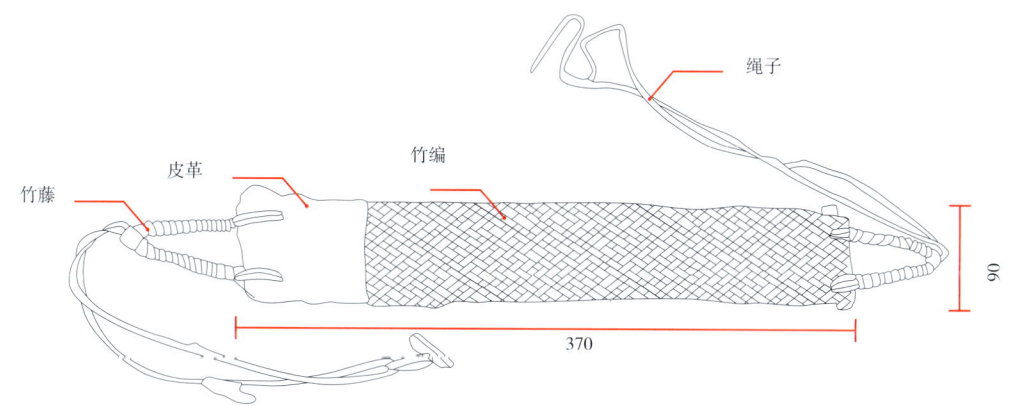

图二　布农族织布机背带结构名称图和尺寸图（单位：cm）

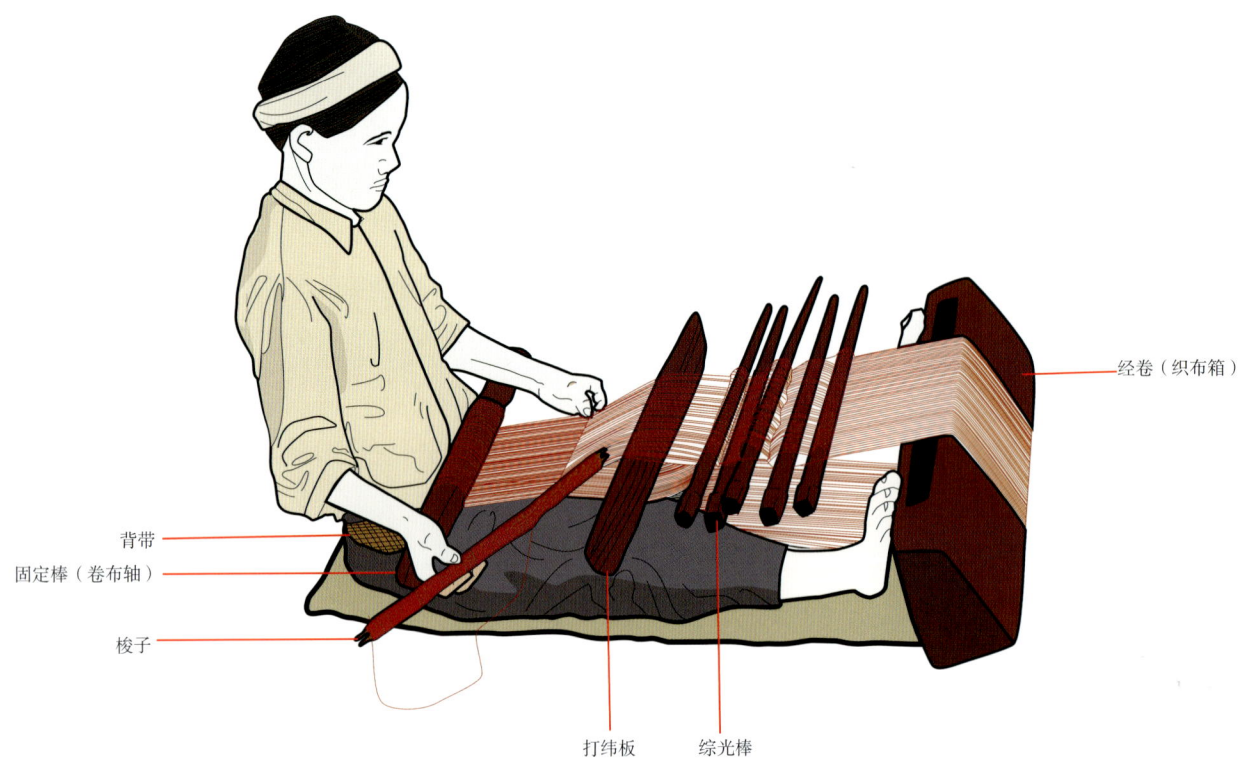

图三 高山族织布机构造示意图

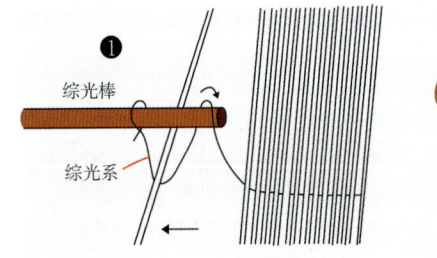
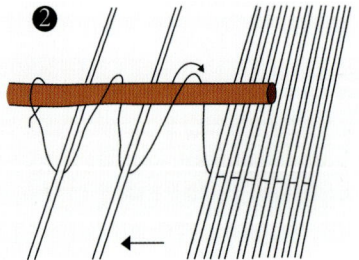
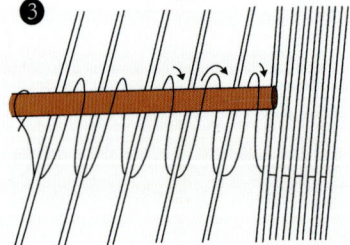

图四 线综棒穿线示意图

图五 高山族织布机织布实景局部

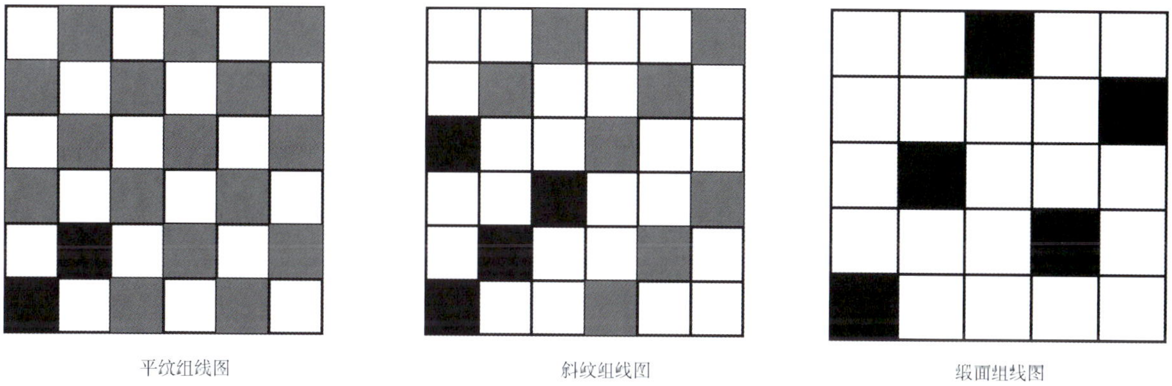

平纹组线图　　　　斜纹组线图　　　　缎面组线图

图六 高山族织物纹路组织示意图

邹族　卑南族　阿美族　鲁凯族　邵族　泰雅族　雅美族　排湾族　布农族

图七 高山族各族群织物色彩与图案

第五章 高山族传统生产工具

217

泰雅族整经架

图一 泰雅族整经架主图

泰雅族是原住民族中分布最广的一族，居住在台中、埔里、花莲以北的山区，面积几乎占原住民分布地的三分之一。由于地域较广，山势陡峻，族群间的内部差异也相对增大，例如语言、服饰、纹面等，都有一定程度的差异。

泰雅人的织布工具包含两大部分，一为整经架，另一为织机。整经架是织布机的灵魂。整经架亦可称为"经线架""理经架""梳麻架"，即为整理经线之用。织机零件有经线筒、打线板、夹布板、分线棒、梭子及其他小棒等。泰雅织物是以垂直式整经架整经，水平式背带机织作，所织作的纹样色彩多半于整理时已设计完成。整经架的构造很简单，由底座与木棍两部分构成，通常是在一块木板上打十多个洞，有四个或五个洞上插上木柱。（如果没有木板，原住民会在石板地上的缝隙插上整经柱。）原住民的整经架，式样大致相似，至少四根、至多六根柱子。本案例中，整经架底座是一块长方形木板，长为197厘米，宽12厘米，高5.6厘米。上面凿有12个小洞，洞的直径约2厘米，用来安插直形或叉形木棍。

整经就像做衣服前的设计、制图和剪裁，是织布的基础。织布的花纹、成品的美观，关键在于整经的好坏。整经的第一考虑，就是先决定织布的长短，以及织布的纹路，在整经板上找到适当的距离，再把四、五或六根柱子插上，然后依序绕线，周而复始地操作，直到经面达到适当的宽度之后停止，最后才将缠在整经架上的麻线移到织布机上织成布。

常见的整经法有四种。第一种是无架整经法，也是最简单的整经法，不需要整经架，只要两根尖木棒即可，经线在两木棒间成横8字状，当经线面到达合适的长度即可停止，倒纱过后再绑综绕线，才能织出布，泰雅族较多以此方式整经；第二种是四柱整经法，是织法中最古老、应用最广的平织法，其中经线与纬线以等距隔开，一上一下均匀交织；第三种是五柱整经法，即斜纹织法；第四种是六柱整经法，是一种山形纹的穿综法。

总而言之，在台湾原住民各族群中，泰雅人的纺织工艺最为发达，拥有一定的地位。除了具有绚丽夺目的色彩、图纹之外，织物还曾经是记录历史、神话及社会规范的载体，被视为族群历史文化的象征。

图片来源

图一至图四　詹黎明　制图

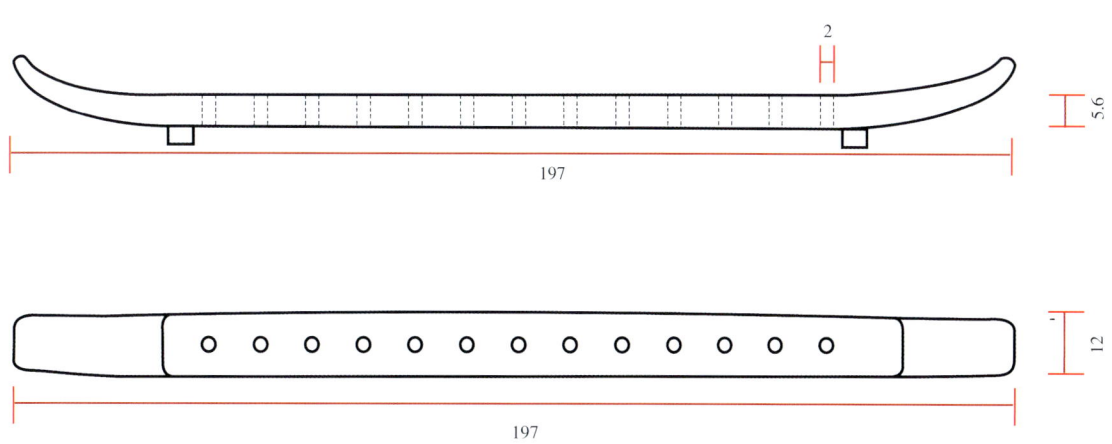

图二　泰雅族整经架尺寸图（单位：cm）

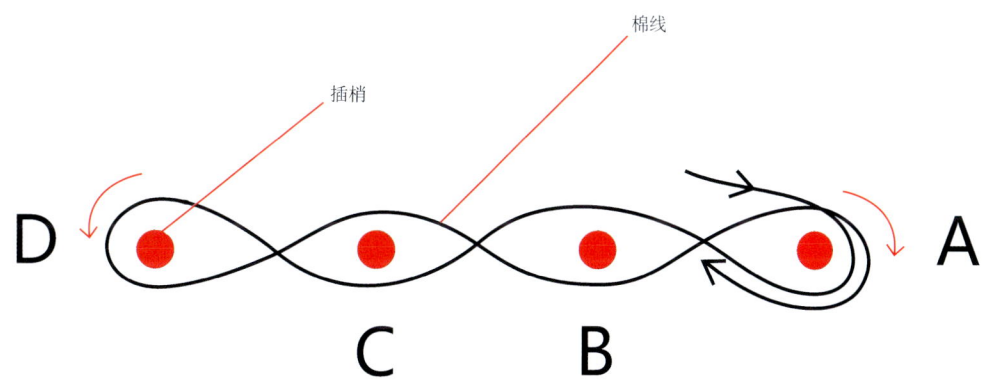

图三　泰雅族四柱整经法之平织法示意图

图四　泰雅族整经架使用情境图

阿美族手执捕鱼网具

图一 阿美族手执捕鱼网具主图

在台湾原住民中，兰屿雅美族和海岸阿美族以捕鱼为主业，而其他族群聚落大多傍山邻水，将鱼作为主要副食。对于台湾原住民来说，渔捞就成了农暇时的另一种生产方式，也是男子的工作。阿美族的渔捞分海上捕鱼和河川捕鱼二大类。

台湾南端的鹅銮鼻第二史前遗址就有出土渔业工具。相关研究表明，史前人们就已经掌握了捕鱼的技术，其中包括：竿（绳）钓鱼法、拖曳绳钓鱼法、镖鱼法、毒鱼法、网鱼法等。其中网鱼法还包括手捞网法、投网法、手网法、拉网法等。明代以后捕鱼网具更加丰富多样，主要有撩网、棍网、推网、拱兜网、地网、插网、抢网、粘网、拉网、流网、拖网、打网、旋网、张网、河围网、划网、抄网、呼网、挂网、溜箔网等等。

本案例为阿美族手执三角形外口竹架麻网捕鱼具，用于河川捕鱼，现藏于台湾博物馆，长102厘米，宽72厘米，每个渔网洞直径约1厘米。以竹竿做骨架，类似一个圆弧形的捕鱼具，渔网以麻绳编织而成，牢固耐用。

图片来源

图一 台湾原住民文化园区馆藏文物数字典藏
图二、图三 叶成闲 制图
图四 柯芳怡 制图

第五章 高山族传统生产工具

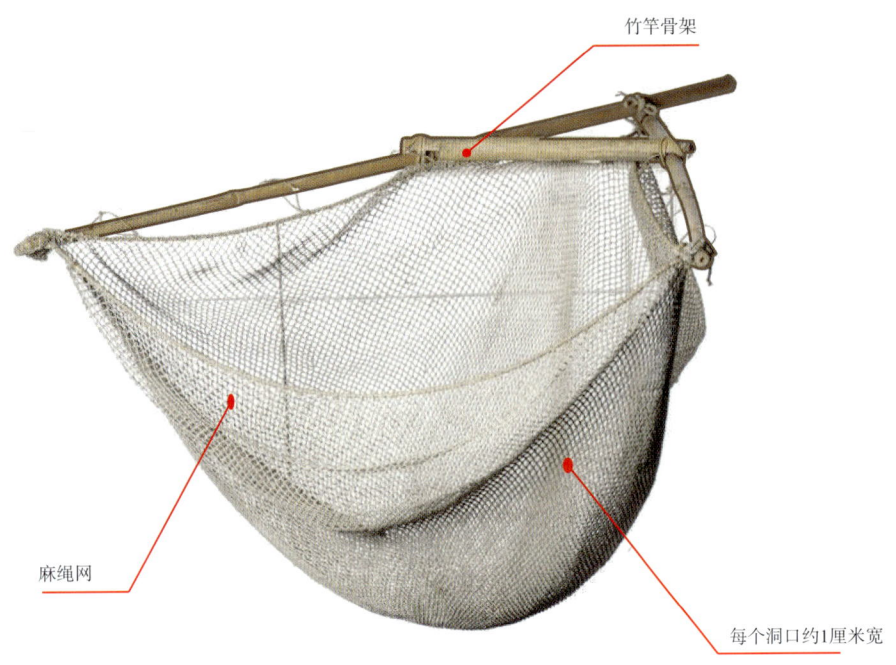

图二　阿美族手执捕鱼网具结构名称图

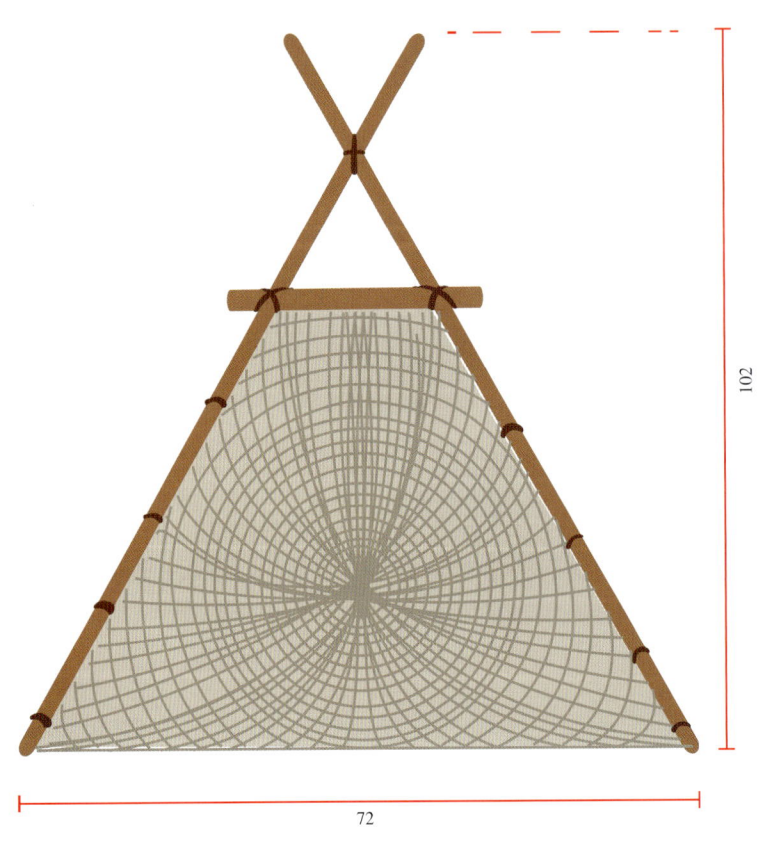

图三　阿美族手执捕鱼网具尺寸图（单位：cm）

图四　阿美族手执捕鱼网具使用情境图

阿美族漏斗形鱼笙

图一　阿美族漏斗形鱼笙主图

鱼笙是河川捕鱼编器，台湾各族所用的鱼笙的形制与东南亚各地所见者相似，用细竹条以绞织编法缚扎而成，做漏斗状，其内侧有缚附以刺藤者。如南势、秀姑峦阿美，在居住地的临近河川中，即用鱼笙来诱捕或放置捕获之鱼虾。鱼笙主要是放置在浮屿上或者岸边浅水的地方诱鱼。为避免鱼笙被水冲走，要先用竹子穿过鱼笙的把手后插在泥土中，在其周围铺上树叶杂草引诱鱼儿跳上来产卵。杂草因为没有根，所以每天要更换一次，一般都是在晚上更换，第二天来察看是否有鱼跳入鱼笙即可。这种方法一般在五六月间使用，由于所捕的鱼比较少，使用的人并不多。

本案例为阿美族漏斗形鱼笙，台湾博物馆收藏，长50厘米，口径长25.6厘米，用竹篾编成，略呈圆锥形，内附圆锥状导入笙，顶端闭口无盖。与一般鱼笙顶端带活动取鱼盖有所不同，本件为闭口。

图片来源
图一　台湾博物馆
图二、图三　叶成闻　制图
图四　郑婷婷　制图

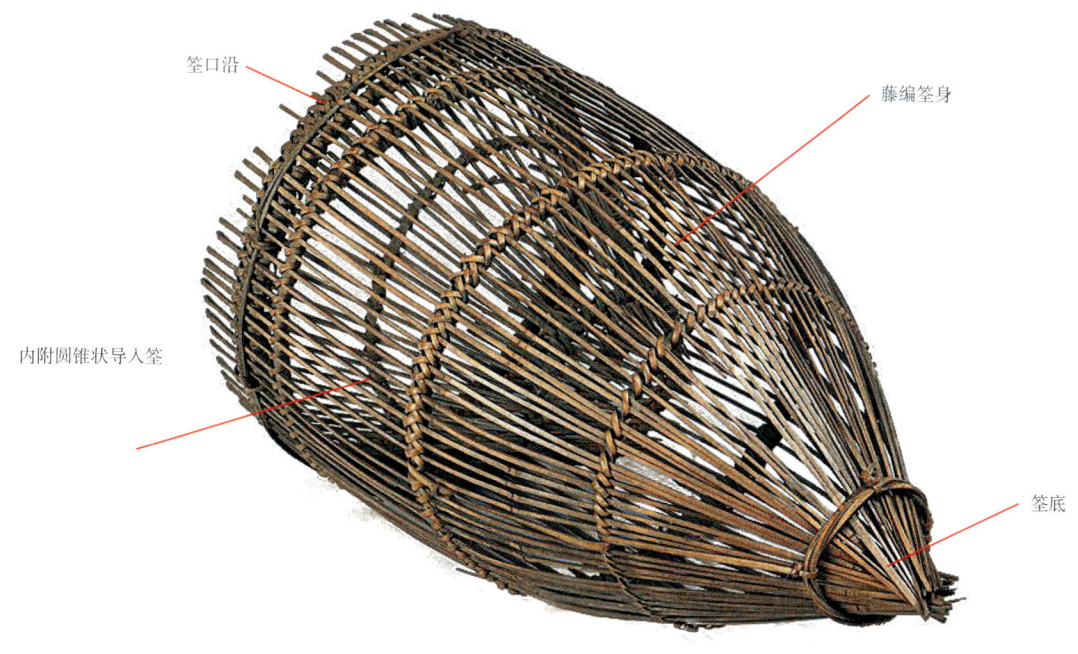

图二 阿美族漏斗形鱼筌结构名称图

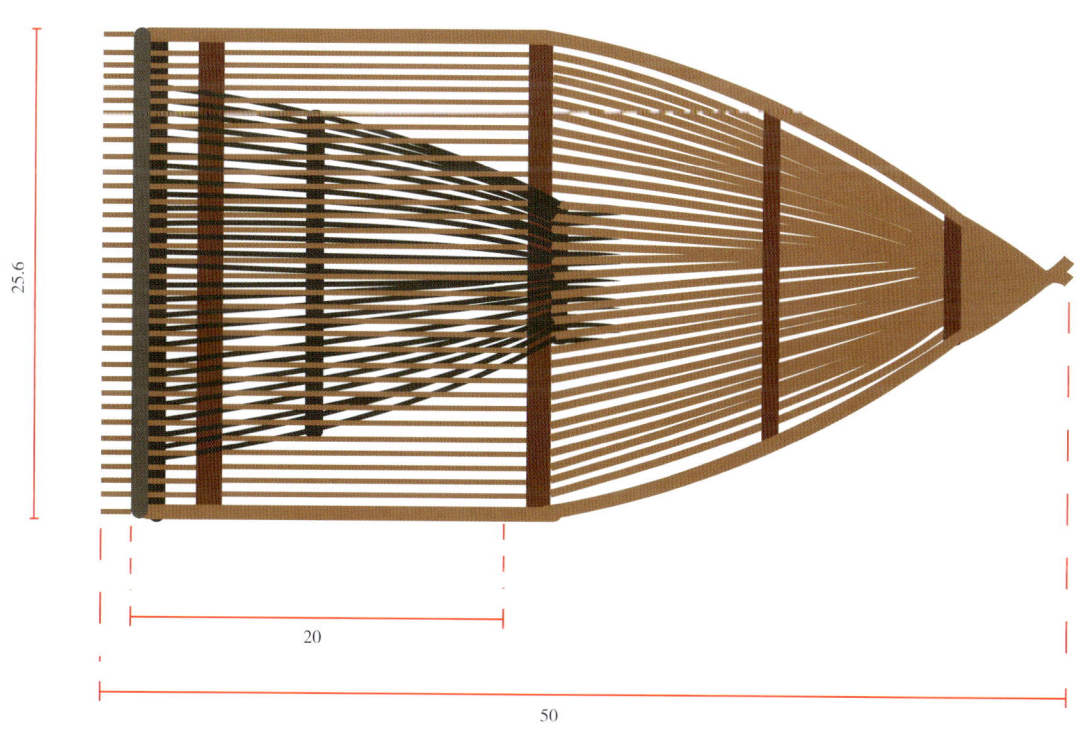

图二 阿美族漏斗形鱼筌尺寸图（单位：cm）

第五章 高山族传统生产工具

225

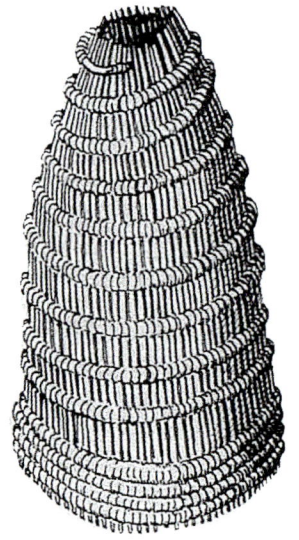
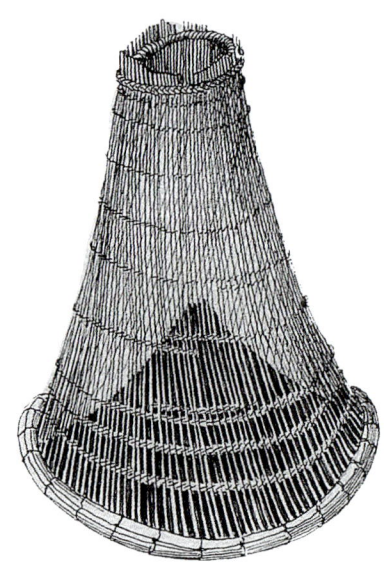

图四　其他形制鱼筌图例

泰雅族负薪架

图一 泰雅族负薪架主图

在原始农耕时代，泰雅人的生产工具十分简单，大多以木制、竹制为主。泰雅族负薪架是日常用具，用于搬运狩猎成果和农产品等。负薪架所用的竹子和木材几乎都是以整材、篾材和片材等形式出现，因此最大限度地保留了天然竹子的平行直纹、竹节的结棱结构和木材的原有肌理。

本案例藏于台湾博物馆，1957年采集于宜兰县南澳乡武塔村，采用木材制作而成，长66厘米，宽41.5厘米，高40厘米。由两个V字形的木头、一块木板、三根被竹藤缠绕的木棍和一条竹片编织的拱形绳带组成。从整体的造型设计上看，主要采用了线材立体结构。通过线面的交错效果和网格的疏密变化来体现一种强烈的韵律感。这种韵律感，是泰雅族运用线材空间构成所表现出来的特点。

从技术上看，运用了削、编的手法。所谓削，是指斜着刀略平地切去物体的表层。编就是指用细条或带形的东西，按一定的规则或次序交叉组织或排列起来。泰雅族人的编制工艺，不仅为族人提供日常生活所使用的器具，还提供许多与宗教信仰、社会礼仪、经济活动、审美情趣、衣饰文化等有关的手工艺品。负薪架主要以竹子、木头等材料制作而成，具有取材方便，易于操作，形式多样，实用性强的特征，反映了泰雅族人民丰富的审美情感，生动的想象力和敏锐的感受力。

图片来源
图一　台湾博物馆
图二至图四　郑婷婷　制图
参考书目
陈小艳.台湾少数民族——泰雅.北京：台海出版社，2008年．

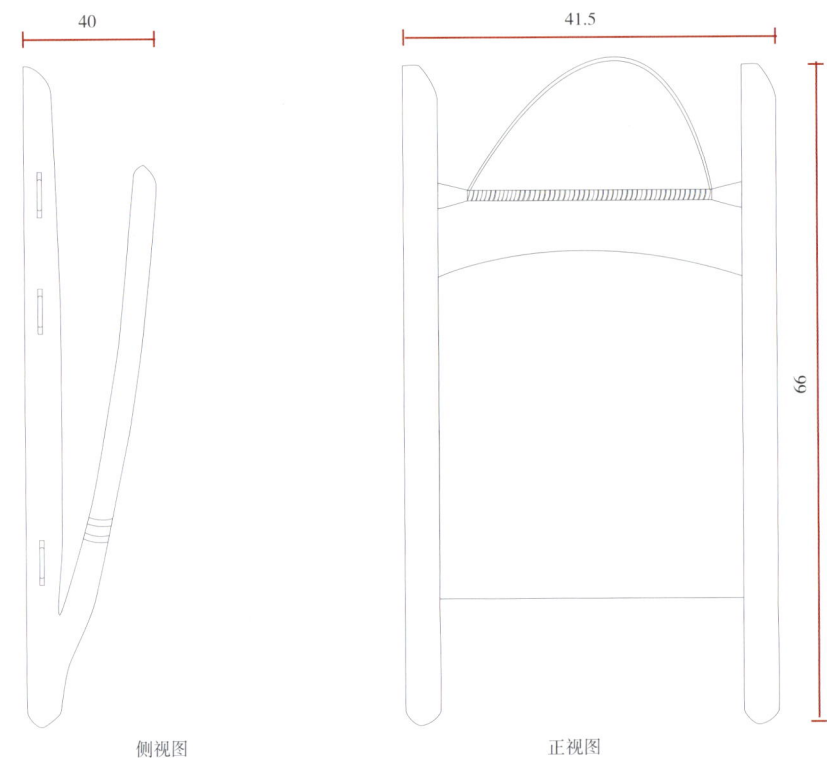

图二　泰雅族负薪架视角、尺寸图（单位：cm）

图三　泰雅族负薪架结构名称图

图四　泰雅族负薪架使用示意图

第五章　高山族传统生产工具

邵族木臼、木杵

图一 邵族木臼、木杵主图

邵族所居住的环境自然资源比较丰富,盛产竹木,所以在长期的生产生活中族人就地取材,发展出以竹木为主的工艺。刳削是台湾原住民族群比较精通的一项木工工艺,可以制成各种富有族群特色的器具。主要有舂米用的"木臼",贮藏用的"木桶",制酒、制糕用的"蒸桶"等容器,还有枪柄、汤匙、汲水桶以及独木舟等。

邵人先前舂米碾米,要去掉五谷杂粮的外壳,就要使用"杵"与"臼"。制作"杵"要选用粗大的木干,将木头的两端削成各约两尺长的圆柱体,中间削细,整体长五六尺。"臼"是将一块大的圆形中头木间挖空,一般高约两尺,细腰。

本案例为台湾"暨南国际大学"人类学研究所收藏。木臼高44厘米,上口直径38厘米,内口直径30厘米,底部直径36厘米,腰部直径27厘米。木头挖削而成,桶形,平底细腰阔口,腰部以上中空。木杵长约120厘米,粗的一端直径约8厘米。"杵""臼"的制造工艺相对简单。

由于现在邵人早已不再使用这种原始

的方法舂米了,"杵"也就变为一种表演器具。表演用的杵一般长短不一,可以在演奏中发出高高低低的美妙声音。

图片来源
图一　台湾"暨南国际大学"人类学研究所
图二、图三　叶成闻　制图
图四　王炜昶　摄制

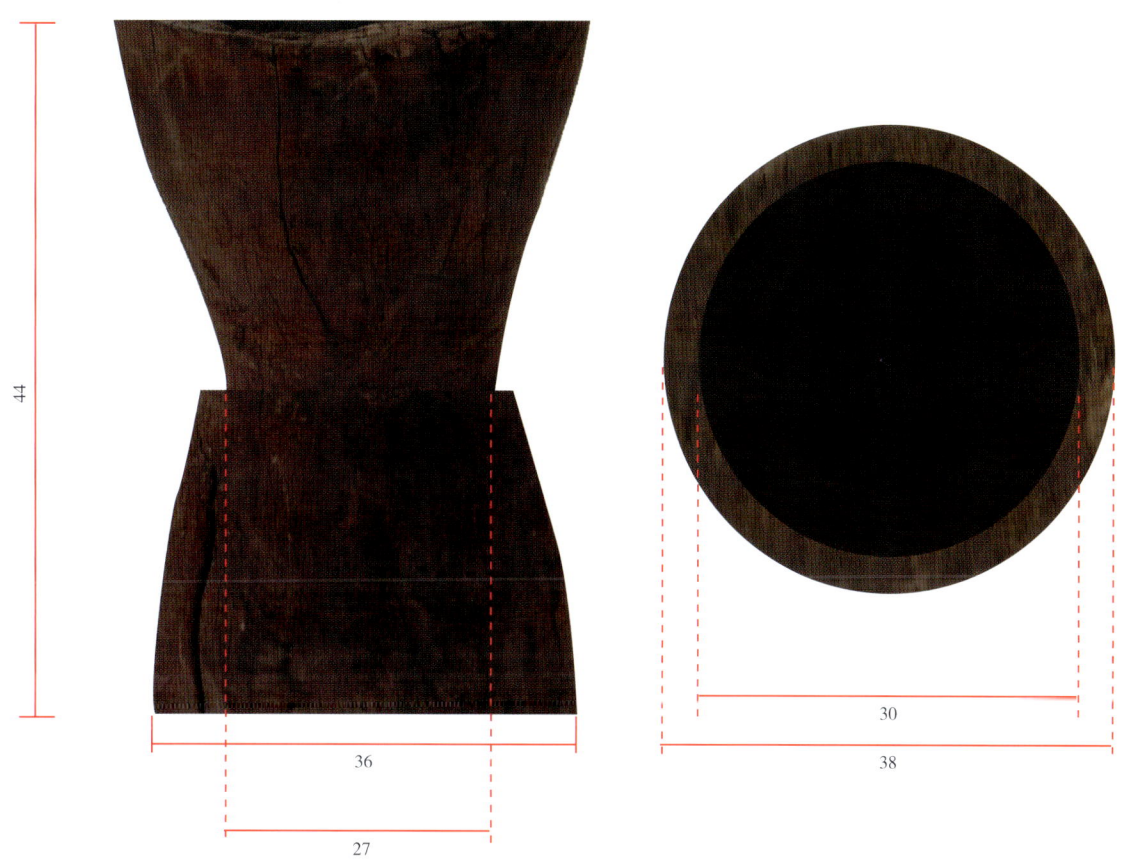

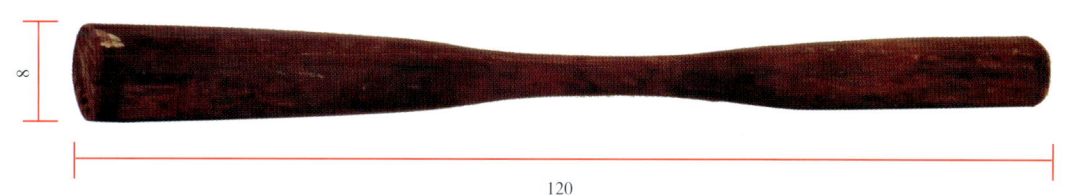

图二　邵族木臼、木杵尺寸图(单位:cm)

图三　邵族木臼、木杵使用示意图

图四　邵族杵音表演现场

泰雅族木钩

图一　泰雅族木钩主图

泰雅族木钩也称为"挂钩""挂物钩"，是族人一种木制的日常用具。本案例木钩全长54.5厘米，把长47厘米，直径3厘米，三个钩长短不一，均在10厘米以上。采用质地轻巧的木材削制而成，分为把及三个钩状部分，把尾有突起处，可将绳索固定于把上。泰雅族人会在屋内任何梁下悬挂木钩，尤其是在炉灶上面的横梁下悬挂木钩，以便放置衣类或杂器；还可以用木钩在墙面上钩架竹竿，也可挂衣类及杂物。

从制作工艺上看，泰雅族木钩制作精巧，美观大方，充分体现出了族人在制作上娴熟的技艺。泰雅男子几乎个个精通木工制作，日常生活的用具都为自制。族人的工艺技术通常是跟父兄学来，制作的物品多是家中所需的日常用品。

还有一种类似手锹形状的木钩，长约35厘米，可配以扁担作为农具使用。

泰雅族木钩还有着特殊的用处。由于泰雅族的部落大都群居在山区，没有文字，他们会利用自然物来做记号，木钩就是其中一种。族人先是在耕地的醒目处铲掉一小块杂草，在路口交叉处插两根树枝，架上横木，然后在上面挂上手锹形状的木钩作为标记，以表示这块地是属于做记号人的所有权，除此之外他们还会通过类似的一些方式来表达自己的思想。泰雅族的木钩虽然结构简单，但用途多样，且能够实现多种功能，是泰雅族人的智慧与精湛工艺的体现之一。

图片来源
图一至图四　詹黎明　制图
参考书目
陈小艳.台湾少数民族——泰雅族.北京：台海出版社，2008年.

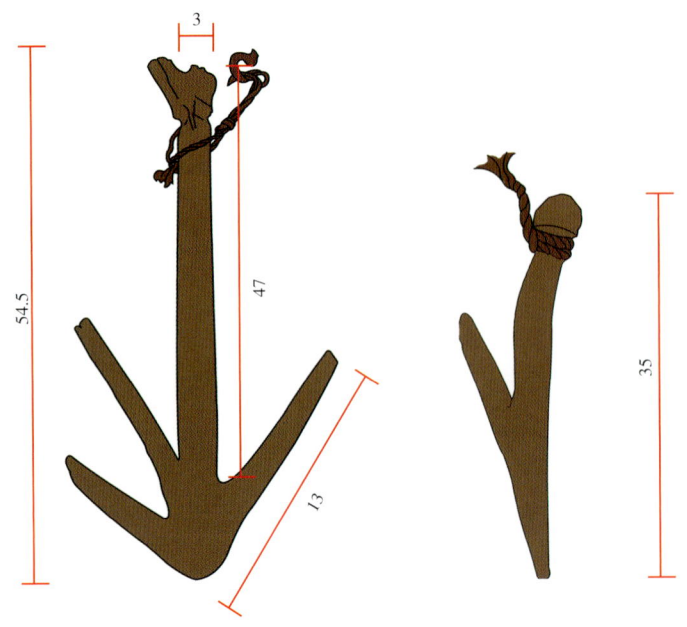

图二 泰雅族木钩尺寸图（单位：cm）

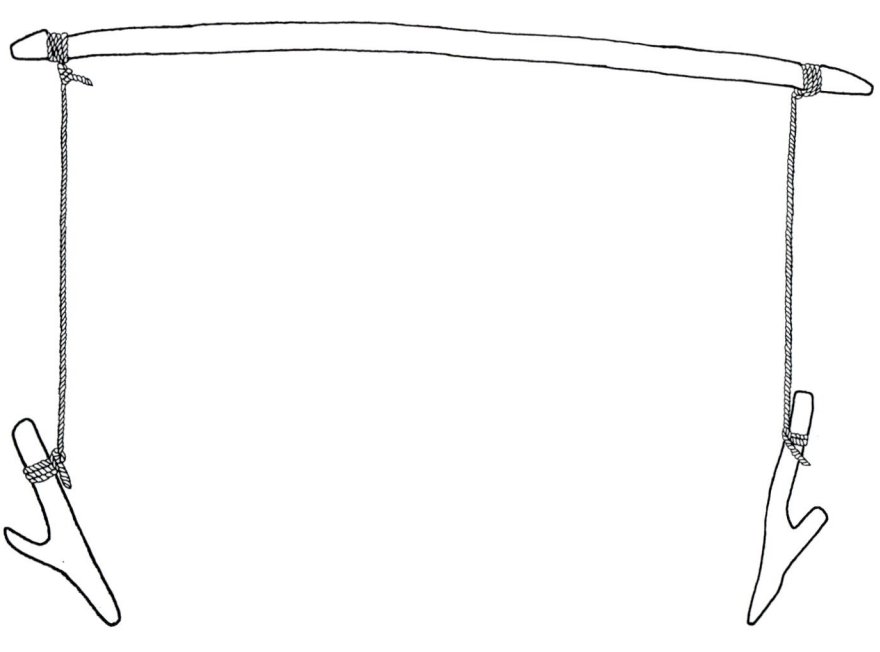

图三 泰雅族扁担与木钩线描图

图四 泰雅族木钩使用示意图

邹族手锹

图一　邹族手锹主图

台湾原住民的原始农业，属于烧垦锄耕农业，兼事狩猎、捕鱼和采集。原始的耕作方法不懂得施肥灌溉，不懂利用牛耕，一切劳作均靠人力，他们的农具也较简陋，仅有掘杖、手锹、镰刀、耙、刀等。这里介绍手锹这一农用生产工具。

农耕播种时，人们主要用手锹把土弄松弄平，起到松土碎土的作用，然后播撒种子于松土上，再用足平土。本案例现收藏于台湾"中央研究院"民族学研究所，采自嘉义县阿里山乡达邦村邹族。手锹柄长34厘米，刃长27厘米，刀宽2.3厘米。手锹主要用木、竹、铁这三种材料进行缠绕、组合制作而成。手锹整体形状是呈普通所见的锤子状，分为手锹柄与手锹头两部分。手锹柄稍弯，尾部有绘制的图案，手锹锤部与柄部连接一头较粗，另一头较细，手锹锤部通过竹条缠绕与一尖锐铁片相连接。

此手锹制作所用到的木、竹、铁均为常见，取材比较容易，其形制独特，实用性非常强，手锹上的装饰图案，具有很强的民族特点，在原始耕种时代，为人们的生产带来便利，是从事农耕生产劳动的台湾原住民智慧的体现。

图片来源
图一　台湾"中央研究院"民族学研究所
图二至图四　王雪姣　制图

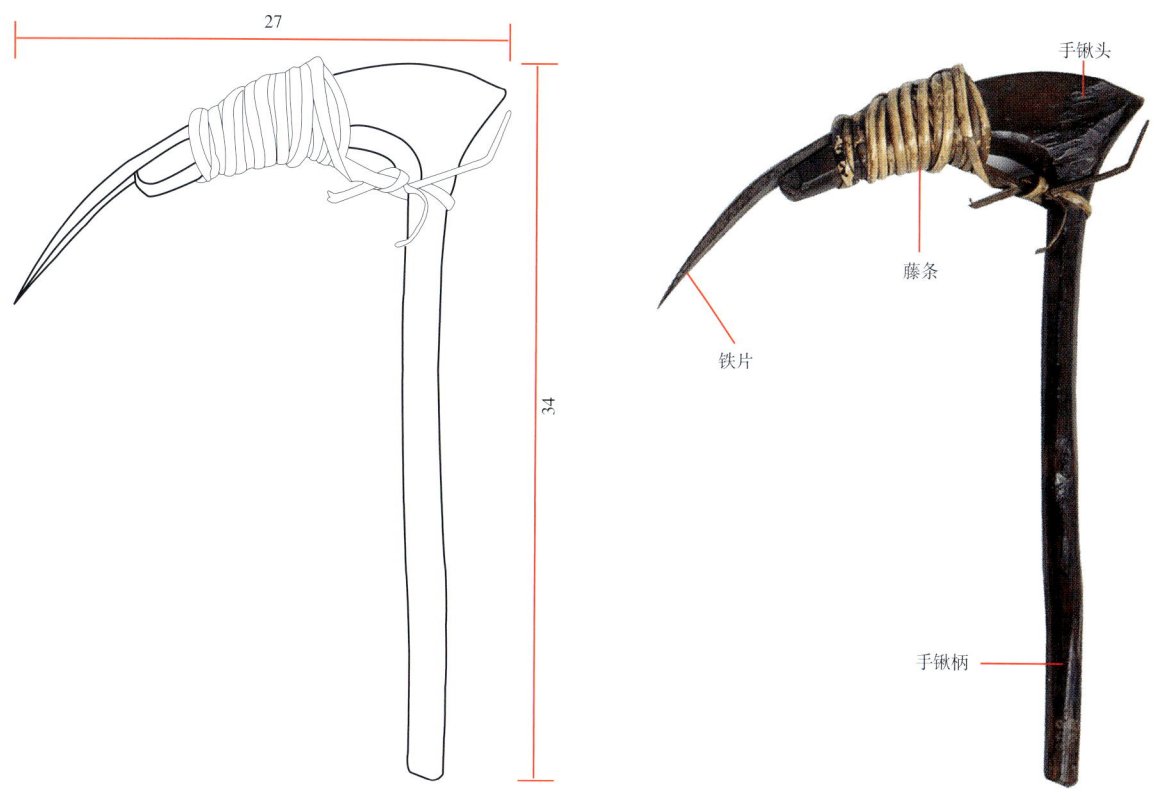

图二 邹族手锹尺寸图（单位：cm） 　　图三 邹族手锹结构名称图

图四 高山族其他样式手锹图例

第五章 高山族传统生产工具

雅美族斧头

图一　雅美族斧头主图

台湾原住民的生产生活中，斧头是主要用具之一。斧子共分为两部分：斧头和斧柄。斧头一般为坚硬的金属所制，如铁；斧柄一般为木质；斧刃形状为弧形。斧头具有造型简单、便于携带、使用方便等特点，为台湾原住民所喜爱。

本案例现藏于台湾"中央研究院"民族学研究所，由任先民采自台东县兰屿乡东清村雅美族。柄长46.5厘米，柄头宽7厘米，刃宽7.5厘米，斧头长14.5厘米，斧头厚0.6厘米。此物件为铁斧头，木柄，斧头有生锈，柄头最顶端呈弓形，柄头下4厘米，有5厘米长的洞，就把斧头底端插入，柄在柄头起11厘米、19.5厘米、43.5厘米处，都刻有1厘米宽的锯齿纹。

雅美人利用斧头开垦山田，清除根枝、伐木造船等。雅美人在丧葬中也会用到斧头。出殡时由死者最亲近的家属背着遗体，送葬的近亲男子分别守在遗体的前后，并携带斧头及木板两块，沿着丧路，前往墓地。送葬者到达墓地边缘时，背尸人先将遗体放下，大家走到墓地的丛林前先举行驱逐恶灵的仪式。仪式完成后，进行下葬。这些过程中斧头用于清理草本，修整木石等。然后众人沿着丧路走回，一路上大喊大叫驱逐恶灵，并将所带之绳索、挖棒、斧头的木柄等丢弃到墓地不远处的小丛林。

图片来源
图一　台湾"中央研究院"民族学研究所
图二至图四　韩学红　制图

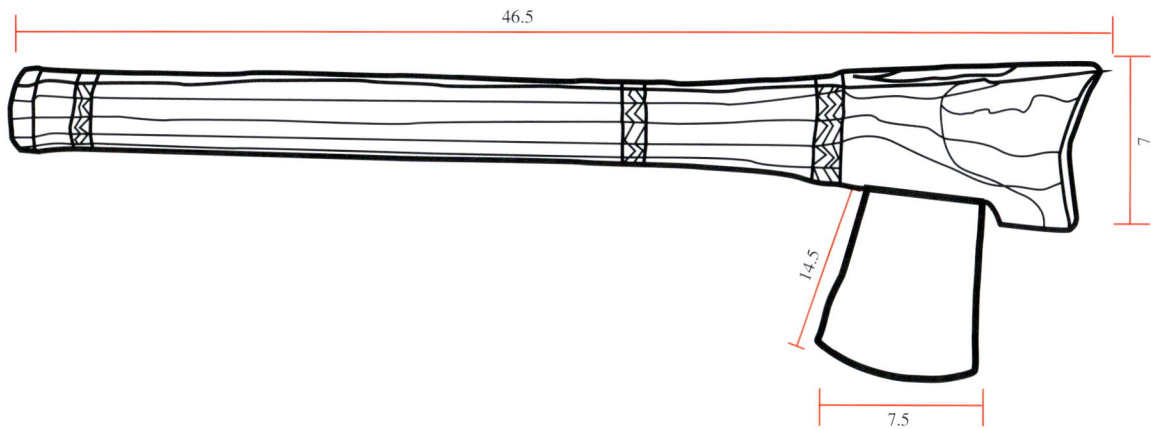

图二　雅美族斧头尺寸图（单位：cm）

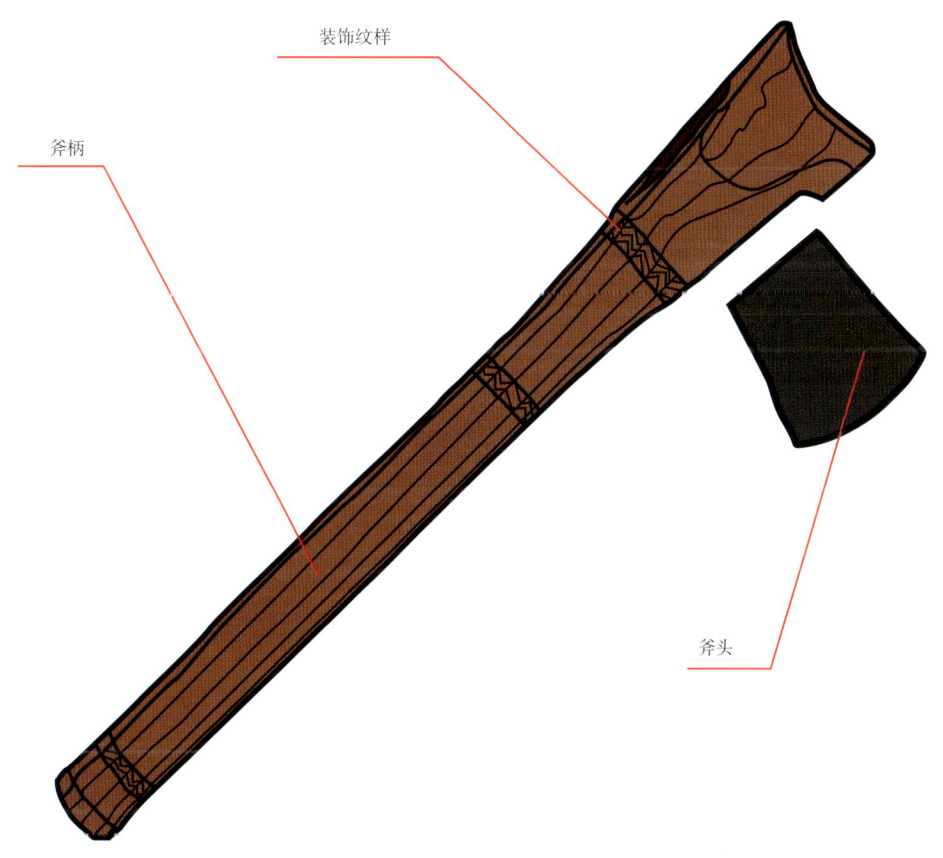

图三　雅美族斧头结构名称图

图四　高山族其他样式斧头图例

雅美族拼板舟

图一　雅美族拼板舟主图

拼板舟与雅美族民众的生活息息相关。拼板舟的建造主要以捕鱼为目的，但是在陆上交通尚未发达以前，船只同时也兼做水上交通工具及搬运木头、羊、农产品的运输工具。

本案例现藏于顺益台湾原住民博物馆，为一人乘坐之彩绘雕刻小船。船身长300厘米，宽84厘米，高125厘米。船身的黑白锯齿纹代表波浪，船首尖端两处雕刻人像纹，代表祖先或是英雄人物；其下方的同心圆纹，俗称"船之眼"，呈星芒状是船的眼睛，象征太阳光芒向四面八方照射，可以使水面平静，出海顺利；船身其他部分则以人像纹和波浪纹做装饰。拼舟板通常会在船首尾两端插上木制雕刻装饰物，其上再插鸡尾毛。涂饰船身的颜料原为自制，以红、白、黑三色为主。红色颜料是兰屿红土做成的，白色颜料的主要成分是贝壳烧成的灰，黑色颜料来自锅底煤灰。由于天然颜料取得不易，现在大多用油漆替代。

从制作工艺上看，雅美人建造的船只并非挖空树干所成的独木舟，而是用斧头刮削的木板，以木钉、藤结拼合而成的精细工艺产品。以拼板方式建造，不同部位会根据其功能选取适当木材，一艘船只同时采用三到四种木材建造实为常见。龙骨分成三段，包括船头、中段、船尾，以榫接合。人们将树木削成弧形的船板，构成船舷。船板全以木钉接合。拼板的尺寸凭借长辈的技艺传承和自己的经验拿捏，其接合方式靠树根木栓固定，并以植物填塞拼板缝隙以防漏水，制作技术极为精巧，为台湾原住民文化中所独有。

雅美族拼板舟的种类有大小船和有无雕刻纹之分，有雕纹的大船最能代表雅美族人团体合作精神。但是要完成一艘有纹饰的大船绝非易事，造船时不仅得严格遵守各种禁忌，最后还得举行盛大的船祭才可真正使用，从造船的决议开始到船只能下水捕鱼，整个过程大约需时三年。新船下水的船祭仪式为村中之大事，在仪式前三四天，男性需将待宰杀的猪羊集中圈养，女性则要到水田采收芋头，并堆到船上直至掩埋整个船身为止。船祭前一天有简单的仪式，晚餐过后则开始整夜的歌会，歌曲为族人熟悉的曲调，歌词则由主客自编，内容大都和造船之事相关。近年来，由于机动船只的引入，传统驾驶大船的渔捞活动已较少见，具有团体合作精神象征的船祭相对也较少举行。

总而言之，雅美族拼板舟做工讲究，设计精良，比较富于装饰性，充满了美感，是雅美人重要的产品和财富。拼板舟体现了雅美人高超独到的造船技术、风格独特的雕刻艺术和匠心独运的设计理念，是值得保存、供后人鉴赏的人文景观。

图片来源
图一　顺益台湾原住民博物馆
图二至图五　叶成闻　制图
参考书目
高鹏.台湾少数民族——达悟族.北京：台海出版社，2008.

图二　雅美族拼板舟正立面图

图二　雅美族拼板舟平面图

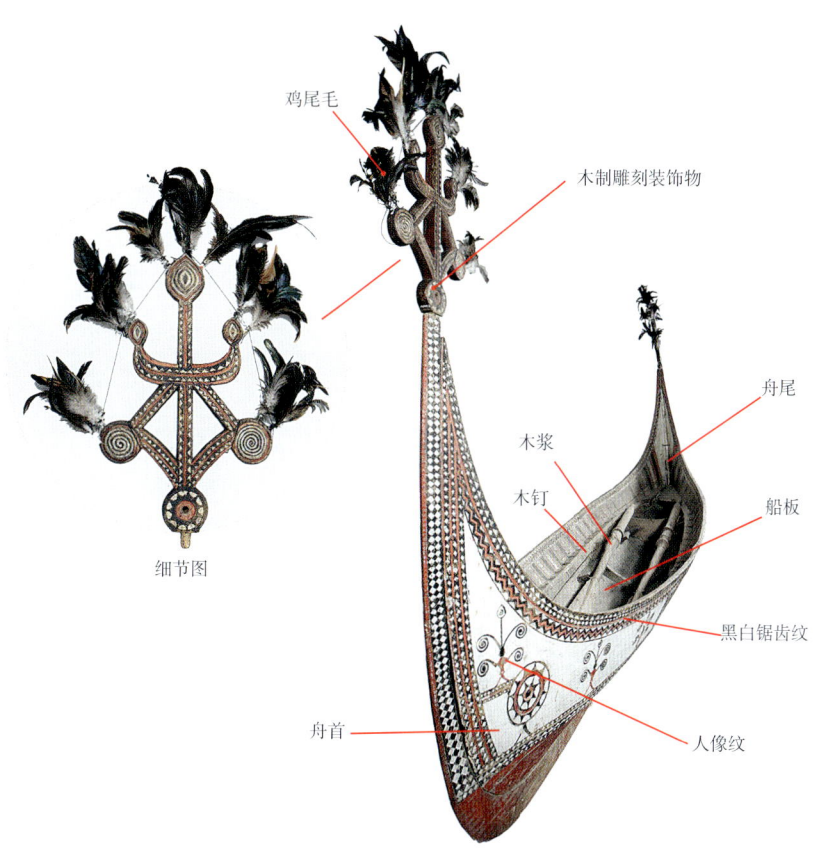

图四 雅美族拼板舟结构名称图

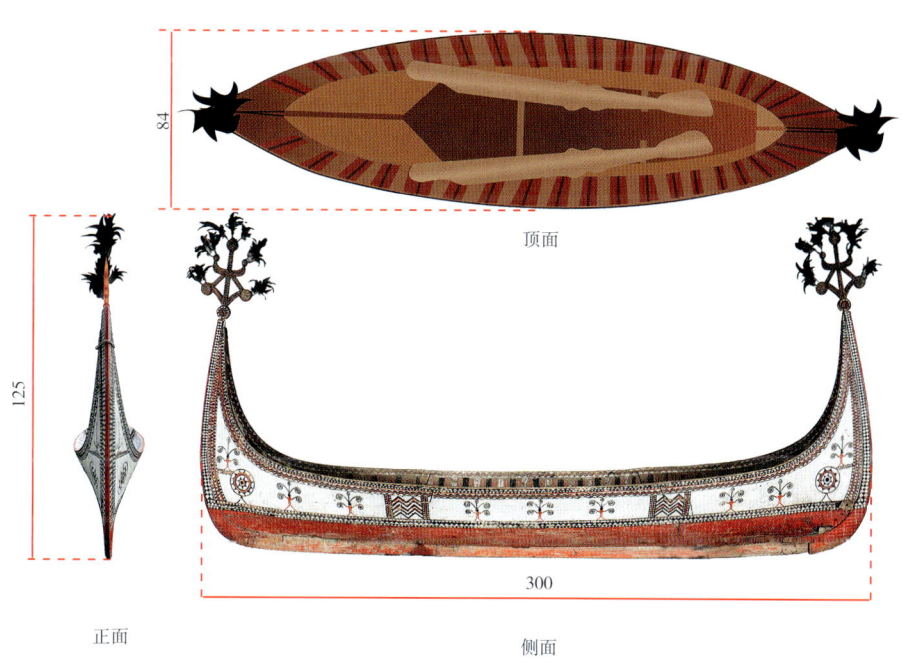

图五 雅美族拼板舟三视、尺寸图（单位：cm）

雅美族准绳

图一 雅美族准绳主图

雅美族的木工制作技术比较发达，主要用于建筑家屋、打造船只以及制作生活器具。"准绳"是雅美族木工制作中重要的工具之一。

准绳即"水准""绳墨"，亦可称为"墨斗"，是雅美人做木工与石工时，拉线弹弄测直线用的工具，20世纪初始传入兰屿。此种极便利拉线即可弄直的工具，立即被雅美人所吸收，作成自己所喜欢的形状，成为具有雅美族风格的工具。

本案例现藏于台湾"中央研究院"民族学研究所，长为17厘米，宽6厘米，高3.5厘米。基本配件有车身、木轮、摇把、蘸斗、划尺子（墨签）、线锤等部分，由木头雕刻而成。整个"准绳"雕刻不很细致，但朴素无华，结构设计巧妙，整体造型繁简得当，线条曲直有节奏。

图片来源
图一 台湾"中央研究院"民族学研究所
图二至图四 詹黎明 制图

参考书目
陈小艳.台湾少数民族——泰雅.北京：台海出版社.2008.

图二 雅美族准绳墨签

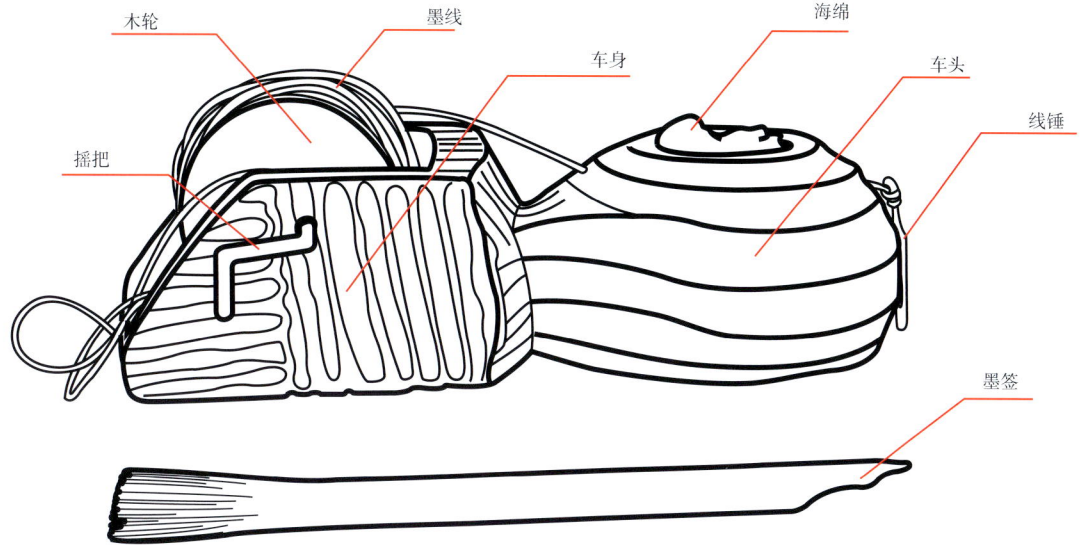

图三 雅美族准绳结构名称图

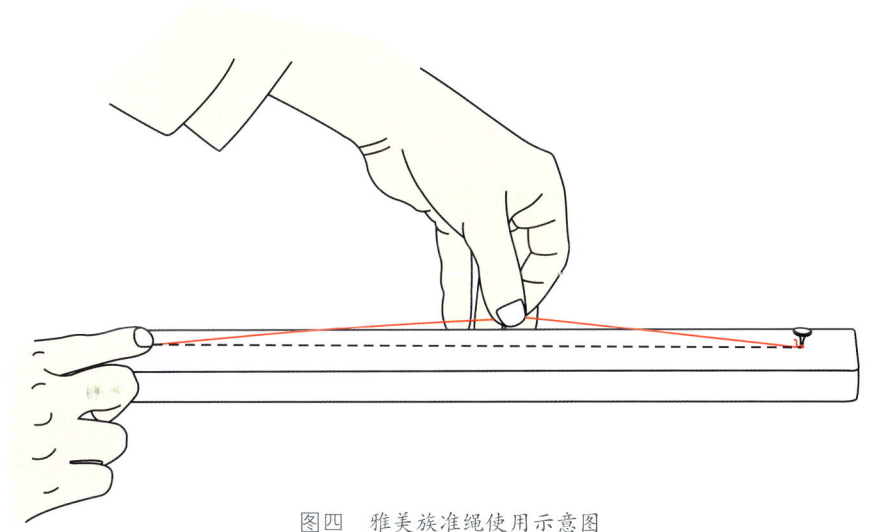

图四 雅美族准绳使用示意图

第六章 高山族传统手工艺和宗教造像

雅美族陶偶

图一　雅美族陶偶主图

雅美族人将对自然的观察和生活的积累，转变成他们自己的艺术语言和艺术图案，创造出生活的艺术。当飞鱼季结束，天气进入凉爽的10月，也就进入了雅美族人的"制陶月"。他们认为10月间浪涛汹涌无法出海捕鱼，相对闲暇，是制作陶器的最佳时间。制陶工作主要是由男性来完成。制陶主要有以下步骤：采土、捣土、和坯、捏制、刮修、烧窑等。通常雅美人会上山挖掘陶土打成泥浆，然后制出成品模型，接着用木头造窑架，慢慢烧制陶器。待木架烧光后再将陶器移往别处风干冷却，就大功告成了。

本案例采集自台东县兰屿乡，现收藏于顺益台湾原住民博物馆，名为单人顶壶，主要是供娱乐。陶偶高20厘米，底盘直径为10厘米，呈土色。陶偶为一名雅美族男性，双手举一水壶于头顶上，应该是当时族人的生活状态的一种写照，是他们打水的生活场景的再现。这些形状朴拙的陶偶，体现了心灵手巧的雅美族人对生活的热爱。

图片来源
图一　顺益台湾原住民博物馆
图二至图四　王雪姣　制图

参考书目
高鹏.台湾少数民族——达悟.北京：台海出版社，2008.

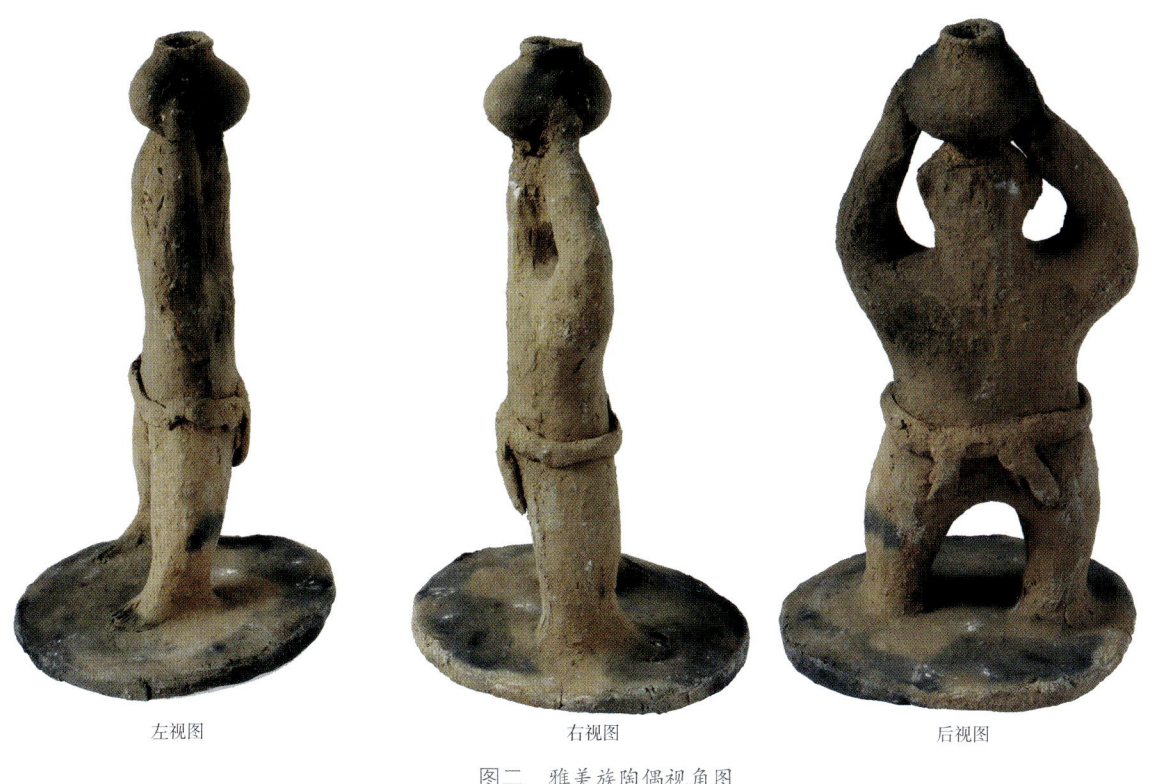

左视图　　　　　　　　　　右视图　　　　　　　　　　后视图

图二　雅美族陶偶视角图

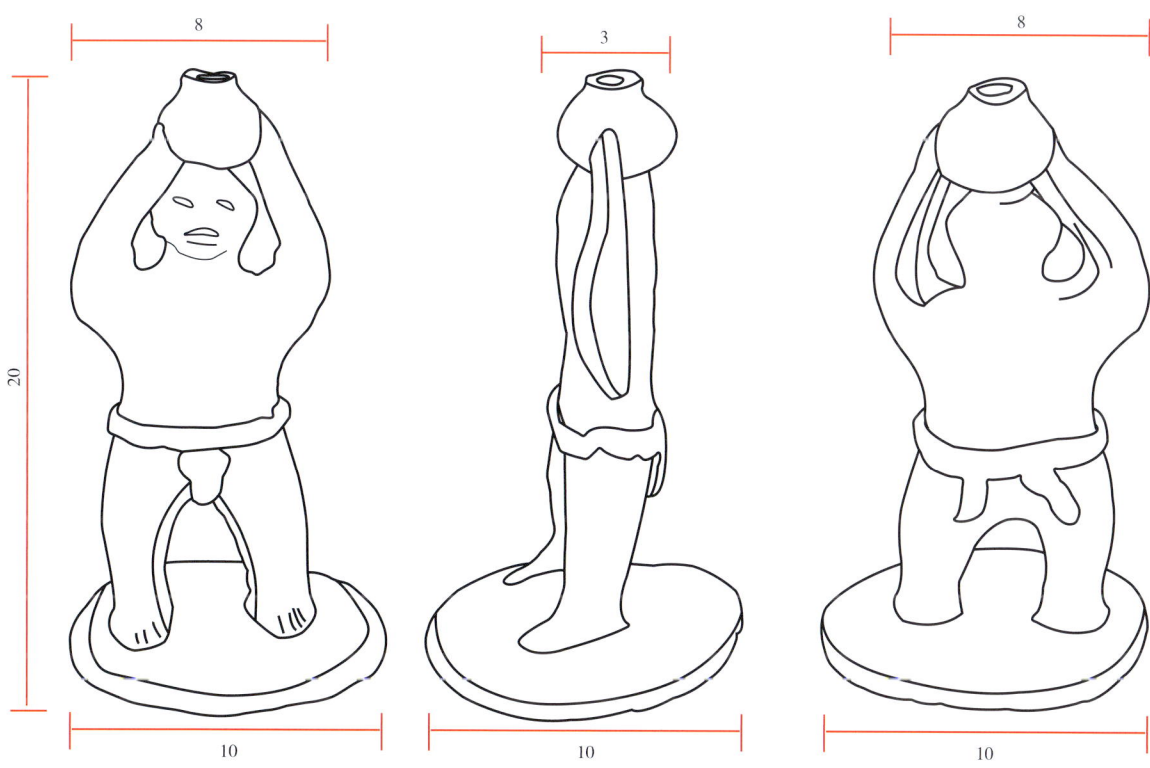

图三　雅美族陶偶尺寸图（单位：cm）

第六章　高山族传统手工艺和宗教造像

249

陶偶（五人抬船）　　陶偶（双人抬船）　　陶偶（武装）　　陶偶（羊）

图四　雅美族其他样式陶偶图例

雅美族木雕人偶

图一 雅美族木雕人偶主图

雅美族精湛的雕刻技术主要表现在传统拼板船雕制和船体浮雕装饰方面，此外也体现在包括陶制玩偶、木偶等在内的圆雕上。

雕刻木偶具有休闲娱乐的作用，同时也是练习雕刻的一种方式。木偶雕刻大致包括人型、动物型和船型等类型。本案例为木雕彩绘人偶五件，伊能采集，现藏于台湾大学人类学博物馆。用圆雕手法刻出身躯、四肢、头脸的立像，表面并施以黑或青色彩绘，风格极为精致细腻。与陶塑人偶不同，木雕人偶造型特征并不明显，脸部轮廓和双手结构方式，也与雅美族传说造船和耕作技术祖先"magamaog"雕像极为相似。此类雕像具有驱除恶灵和辟邪的作用。如同拼板船上的涡卷状人形纹、插有黑鸡毛的船首饰，以及传统家居悬挂的山羊角雕饰，皆为表现偶像。

此五件木雕人偶的造型取自神话人物意象，体现了雅美族群的娱乐器物中所传递出的族群图腾文化特征。

图片来源
图一 台湾大学人类学博物馆
图二、图三 翁东翰 制图

参考书目
胡家瑜，崔伊兰.台湾大学人类学系藏品资料选编一：人类学系伊能藏品研究.台北：台湾大学出版社，1998.

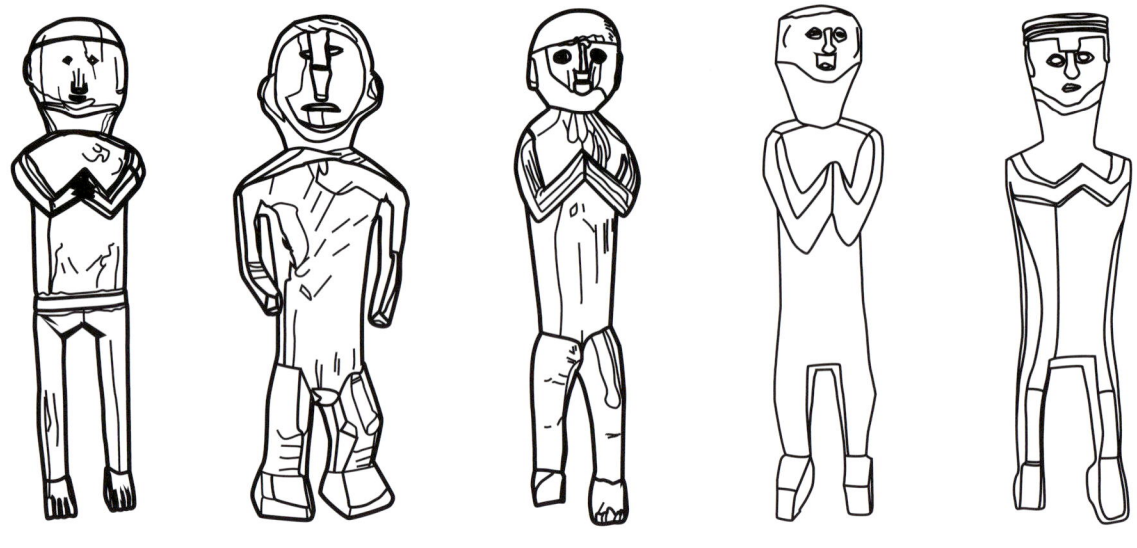

图二　雅美族木雕人偶白描效果图

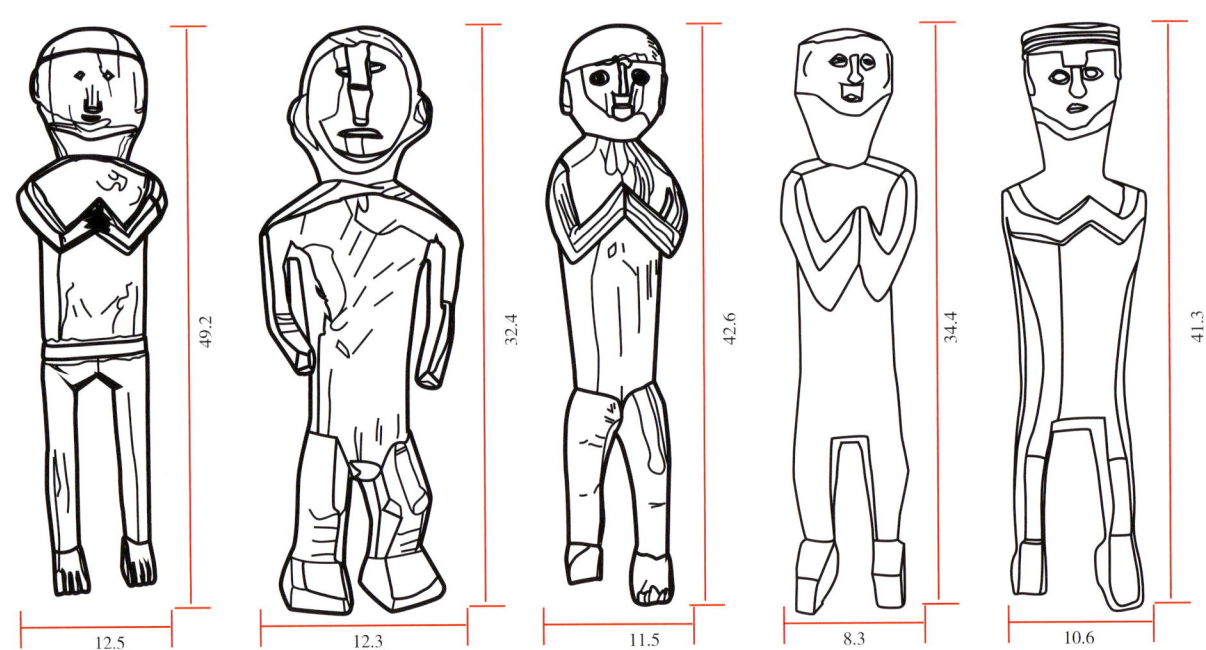

图三　雅美族木雕人偶尺寸图（单位：cm）

排湾族木雕人偶

正面　　　　　　　　　　　　背面

图一　排湾族木雕人偶主图

在传统的排湾族社会中，雕刻师多为男性，且多具有贵族身份，偶有平民，数量不多。以往的排湾族中并无专业的雕刻师，雕刻工作只是为满足社会的需求。装饰或美化家舍都是贵族阶级的特权，因此平民的雕刻师只能为贵族服务，不能用在自己的家舍上。雕刻师无法通过雕刻技法而获得社会身份的提升，至多只能得到众人的尊重而已。现代的排湾族雕刻已不再似往日一般和日常器用、阶层制度的关系紧密结合，其艺术创作成分愈来愈重。创作的目的一方面为发挥个人自我的展现，另一方面则是因为族群意识再兴，因此大多致力于反映本民族狩猎、劳作、祭拜等的生活形态，故作品多与生活结合。

木雕人偶在排湾族的手工艺作品中时有出现，本案例现藏于顺益台湾原住民博物馆，主材质为木质，长14厘米，底盘直径为26.5厘米，高37.8厘米，通体呈浅褐色，属于排湾族家庭摆设的工艺品。此类型的雕刻图案的题材较为生活化，如狩猎、跳舞、上山劳作、照顾小孩等，有的表现内容更为具体，比如头目正在抽烟的姿态等等。雕刻作品大小不一，形态多样，表现的方式抽象中偏于写实，而且出现了与排湾族传统平面雕刻大不相同的立体雕像。本例雕刻中描绘的是一家人的形象，夫妻俩身着排湾族传统服装，互相搭着对方的肩膀，另一手执一个传统饮具双连杯同饮，膝下蹲踞着孩子，一幅其乐融融的景象。其中母亲面带微笑，为排湾木雕中少见。整体雕刻技法粗犷而简练，有着太平洋土著艺术的特征。

图片来源

图一　顺益台湾原住民博物馆
图二、图三　王雪姣　制图

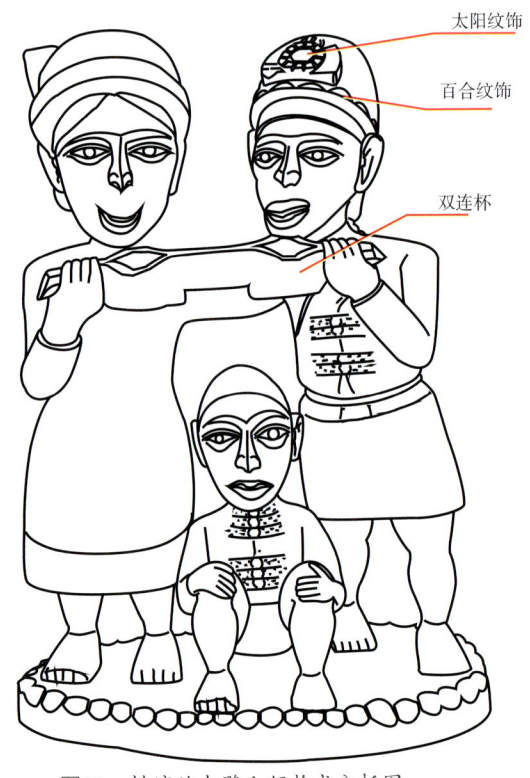

图二　排湾族木雕人偶构成分析图

图三　排湾族木雕人偶背部尺寸图（单位：cm）

平埔族木雕人像

图一 平埔族木雕人像主图

提到高山族雕刻，大多学者通常只注意到排湾木雕、雅美族拼板舟雕饰等，而平埔族木雕鲜有人关注。主要原因，一方面平埔族的木雕保存数量甚少，另一方面平埔族与汉人接触时间久，汉化较深，甚至难以分辨。

本案例平埔族木雕彩绘人像五件，均为台湾大学人类学博物馆伊能藏品，虽为汉式神像，但其装饰风格和雕刻手法应该属于少见的平埔立雕人像。根据这五件木雕人像的不同造型特征，大致可分成三类：

图一（1）、（2）两件雕像，造型粗犷，且无彩绘，脸部眉骨突起与三角形鼻部相接，嘴部宽厚张开，有具体四肢，剃发，穿开襟及膝短裙。最突出的特点是人偶双脚微屈张开，中间突出一短柱，有学者认为可能是模仿男性生殖器，或者仅作为外接的插栓。

图一（3）、（4）两件雕像，圆润细腻，圆头大脸，身体呈圆筒状，无具体四肢，男子仿汉人发式，前顶薙发背后留长辫，身穿及地长袍，双手端正地合握腰前，表面用白、黑、红、蓝色绘饰；从底部皆有方柱形切断痕迹看，可能原为木插柱。其脸部的雕刻形式、大小和木插柱的特性，与祖先雕像相似。

图一（5）此件雕像，原本由正、反两半拼合组成，现仅存正面一半，背后一半已脱落遗失。雕像较小，相对写实，人像接近真人身体比例值，脸部细眉小眼，嘴边有短须，头顶盘双髻，身体呈圆柱形，双手合于腰前，着宽长袖长袍，站立于八角形彩绘底板中心。长袍前胸部位绘有特殊花形纹饰，雕像表面布满精致显眼的绿、红、蓝、黑、白色彩绘装饰。人像的服饰装扮虽然与汉人相似，但其雕绘风格又不同于汉人神像，体

现了两种文化的融合。

图片来源
图一　台湾大学人类学博物馆
图二、图三　翁东翰　制图

参考书目
胡家瑜，崔伊兰主编.台湾大学人类学系藏品资料选编一：人类学系伊能藏品研究，台北：台湾大学出版社，1998.

图二　平埔族木雕人像线描示意图

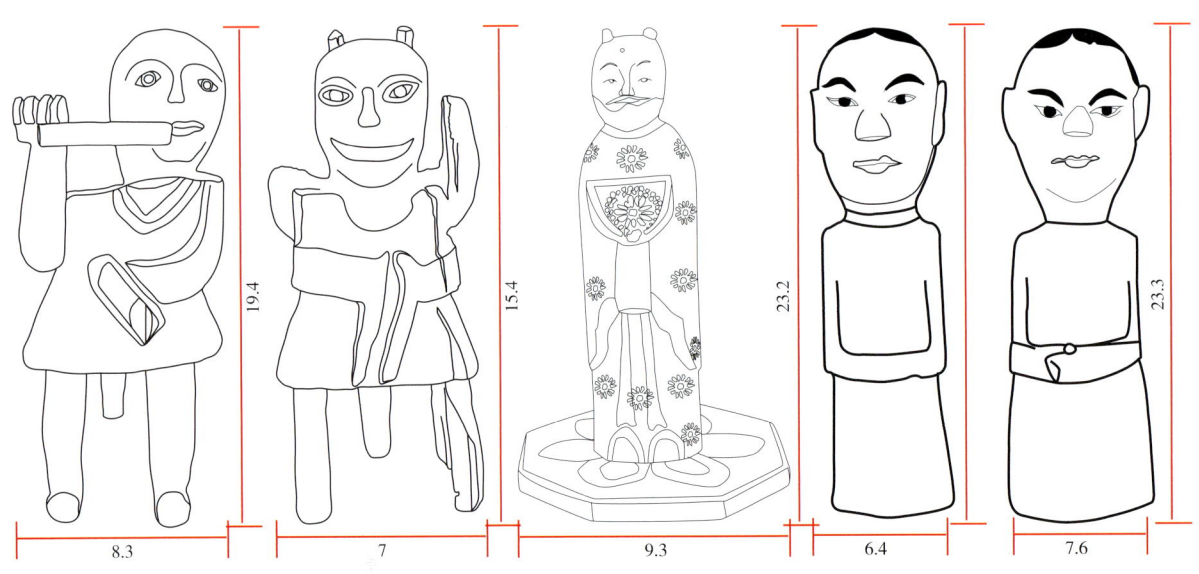

图三　平埔族木雕人像尺寸图（单位：cm）

排湾族雕刻木盒

图一　排湾族雕刻木盒主图

高山族的原始艺术主要反映在雕刻上，其中又以排湾人、卑南人、鲁凯人的最为突出。此木盒是排湾族的日用品容盛器具，其雕刻技术具有代表性。

排湾人木雕艺术表达的题材，以人像、人头、蛇纹、鹿纹为主，因人头、人像与蛇纹，与贵族为百步蛇后裔的传说有关，人、蛇乃贵族阶级的象征。而蛇纹题材的普遍，应该是与排湾人所居住的生活热带气候环境有关，他们认为百步蛇有"长老"的含义，因此称百步蛇为蛇的长老。木盒上蛇的身体由连续反复的对称排列的三角形花纹组成。

本案例收藏于台湾"中央研究院"民族学研究所。木盒高9.9厘米，深度8.8厘米，口部内径8厘米，底径7.2厘米，腰围42.5厘米。

木盒分为盒身和盒盖两部分，制作技术主要为雕刻和刳。木盒的图案为人面蛇并排复合纹，三角形蛇纹。盒盖中部浮刻一人面像，浮刻的蛇盘绕在人面像周围，蛇口部顶在人面颔下，蛇的身体是以三角形的连续花纹组成；盒身中间环绕着一排相同的人面头像，人面头像的上面环绕着两圈三角形纹样的蛇的身体，下面是蛇的头部。木盒上雕刻蛇纹，应是贵族才可使用的物品。

木盒的制作，取材便利，造型丰富，木盒上雕刻的纹样具有很强的民族文化意义，是族人的美好精神理想的寄托。

图片来源
图一　台湾"中央研究院"民族学研究所
图二至图四　王雪娇　制图
参考书目
田富达,陈国强.高山族民俗.北京：民族出版社，1995.

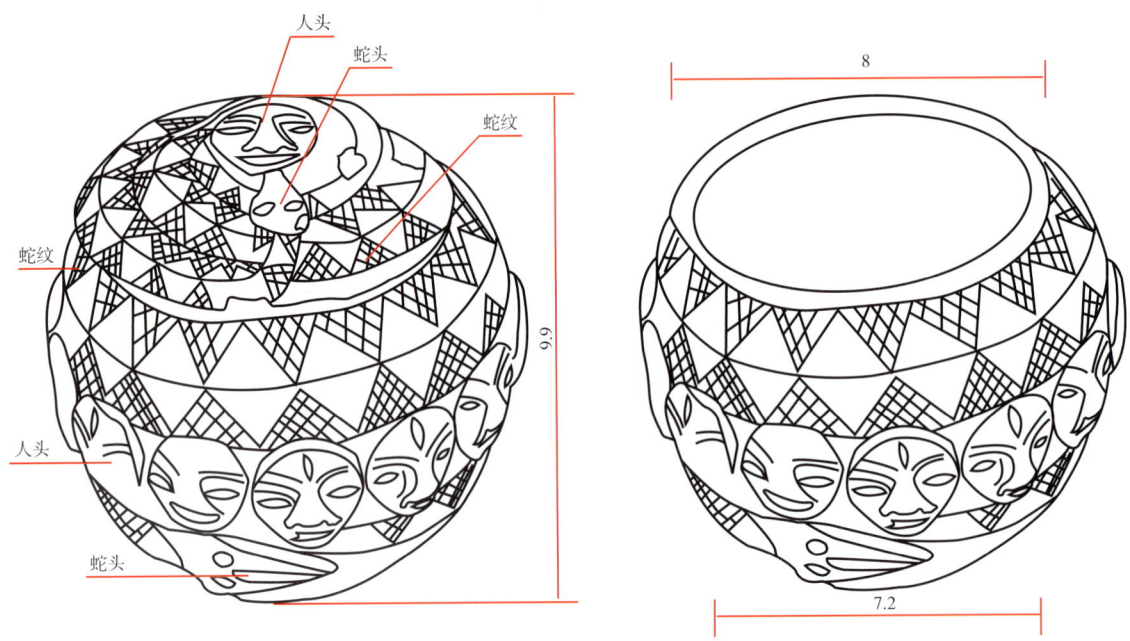

图二　排湾族雕刻木盒结构名称、尺寸图（单位：cm）

图三　排湾族雕刻木盒木雕图案细部

图四 排湾族雕刻木盒图案细部

排湾族头目诞生陶壶

公壶　　　　　　　　　　　　　　母壶

图一　排湾族头目诞生陶壶主图

头目诞生陶壶是排湾族传统生活中贵族和头目所使用的器物。它有公壶、母壶之分，被认为是贵族阶级的传家宝，是身份和地位的象征。排湾族民众对陶壶十分珍视和崇敬，因为在排湾族拉瓦尔亚群的神话传说里，陶壶和贵族的诞生有关，是祖先在人间居住的地方，所以陶壶也就被赋予了"创生"的意喻，与生命的孕育、延续有密切的关联。

排湾族民众以人的样态来类比诠释古陶壶的形制。若由上往下看，正面看去壶口中间即为人面，侧面为头饰，壶颈为头部，若有图纹则类比为人的项饰。颈部与腹部中间为胸部，图纹仿若身上的衣饰，腹部是区分性别的重要部位。公壶的图纹是以百步蛇纹为男性象征，母壶则缀有铃铛为女性乳房之意。阴阳壶则以百步蛇、蛇腹纹、蛇背纹等为男性象征，同时亦有露珠纹来代表女性。

本案例排湾族头目诞生公母陶壶除了腹部点状凸起装饰纹样有所不同之外，其余外观大致相同，直径35厘米，高38厘米，重8.1千克。公壶腹部点状凸起为实心，母壶则与之不同，点状装饰有明显的女性乳房特征。二者皆为古铜色，制作优良，精致美观，体现出了排湾人精湛的制作工艺和深厚的文化底蕴。从形制上看，属于圆形圈足壶，两壶正面皆有一道裂口，从裂口中可分别看到一位男婴和一位女婴睡在陶壶之中。陶壶表面有琉璃装饰，一条百步蛇攀附于陶瓷两侧形成壶耳，周围带有菱形纹样装饰。

陶壶是排湾族三宝之一，在排湾族社会中被赐予了神圣与神秘的色彩，同时也具有丰富的文化意义。

图片来源
图一至图四　郑婷婷　制图
参考书目
顾扬.台湾少数民族——排湾.北京：台海出版社，2008.

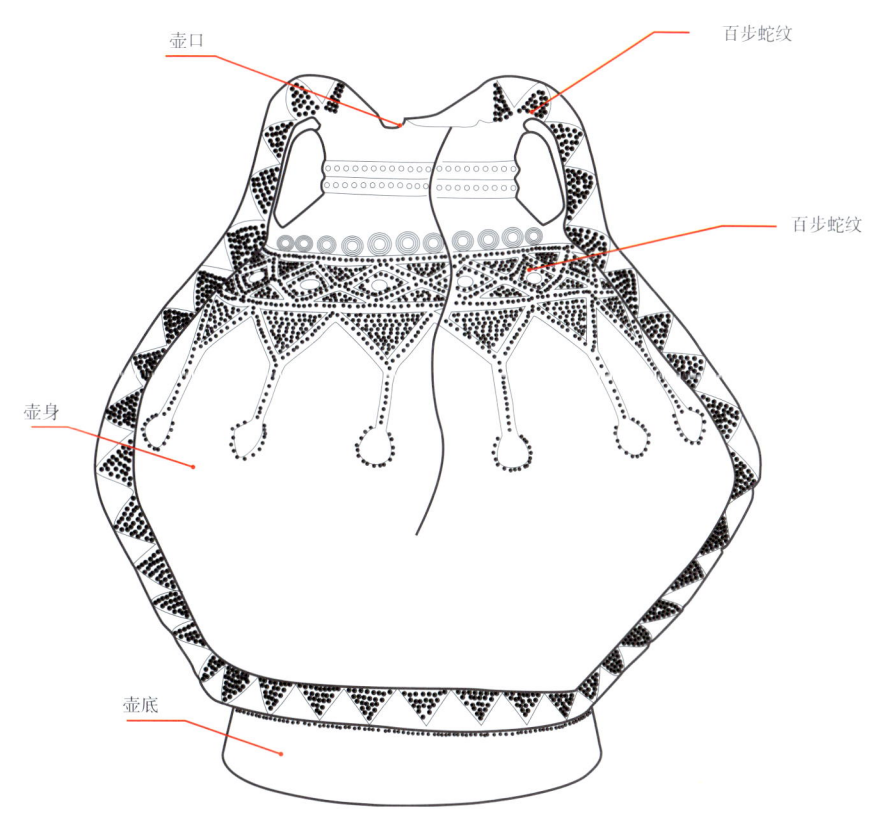

图二　排湾族头目诞生陶壶结构名称图

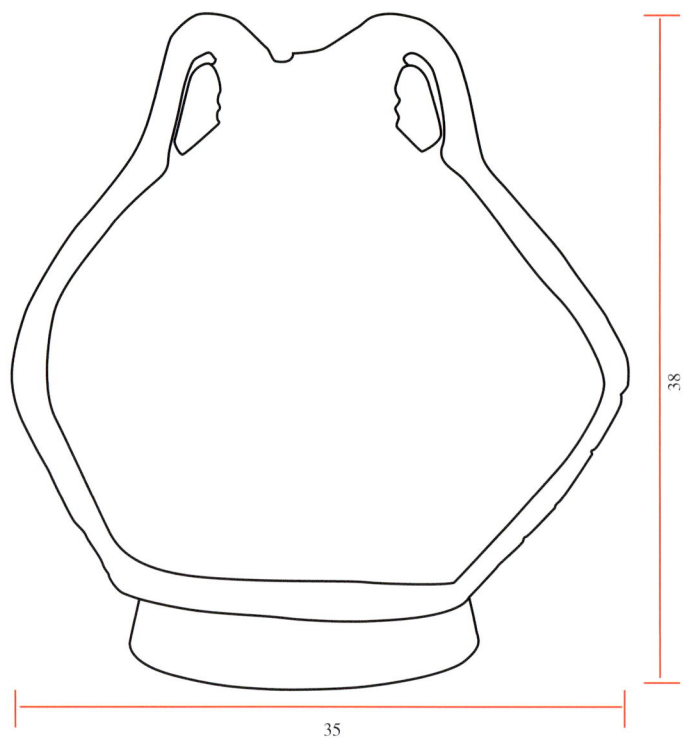

图三　排湾族头目诞生陶壶尺寸图（单位：cm）

图四　排湾族头目诞生陶壶细节图

排湾族占卜箱

正面

背面

图一　排湾族占卜箱主图

占卜是台湾原住民民俗生活中的重要行为，无论是日常活动如开垦、出草、狩猎、酿酒、烧陶，还是重要活动如建屋、婚丧、祭祀等，都要占卜以问凶吉。不同的族群占卜方法也不同，如鸟占、石占、梦卜、水占、竹占、草占、瓢占等。占卜仪式多为巫师操作，经常每社有数人至十余人，阿美人的巫师为多，布农人、泰雅人较少（每社仅有一二人）。巫师多为女性，也有少量男性巫师，一般认为女巫的法术较男巫为高明。他们多为世袭，必须通过学习巫术取得巫师资格后才能作法。台湾原住民巫师在占卜和祭祀时，使用占卜箱、木壶、木缸和瓢壶等法器。占卜箱顾名思义就是巫师装法器的箱子，大多用木制，也有用竹篾编成。木箱通常用整块木料挖空制成无盖方箱，箱体正面和两侧刻画人头纹或蛇纹。精致、讲究的占卜箱还在木箱表面嵌入筒帽、贝壳或瓷钮，并涂上红与黑两种颜色。箱内储藏小刀、猪骨、煤炭、珠子、猪脂、树叶等道具。

本案例为顺义台湾原住民博物馆收藏。长22厘米，宽13厘米，深4厘米，红色箱底，正面及两侧面刻有人面蛇身纹、人头纹，黄铜钉的眼睛，蛇身上用贝壳和瓷片镶嵌。箱子的上端附有麻线编的网，并连接绳子，便于巫师背带。根据文献记载，箱内另有一竹筒和方形木盘，竹筒内置猪骨及干猪皮，作为祭品的象征，合起来代表一只完整的活猪；木盘则为行法时放置祭品及道具之处，有时巫师也会采用新鲜树叶（榕树、桑树等）作为祭品的盛放处。

图片来源
图一　顺义台湾原住民博物馆
图二至图五　郑婷婷　制图

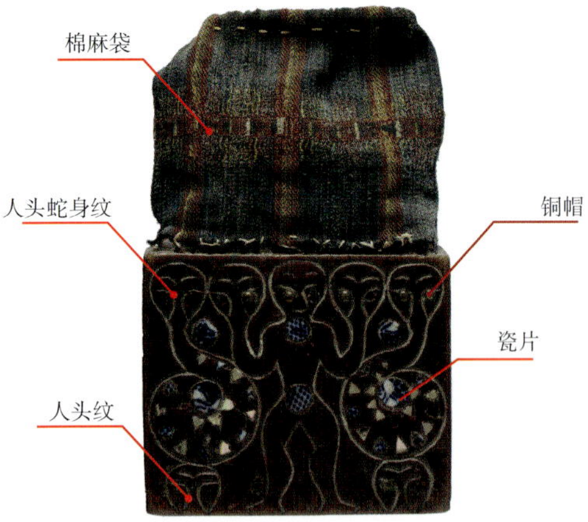

图二　排湾族占卜箱结构名称图

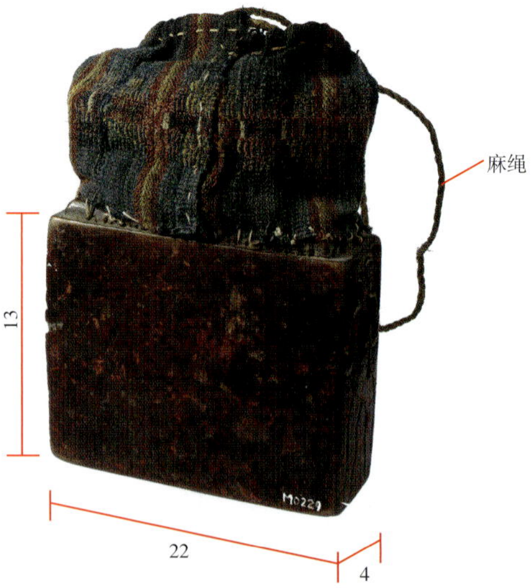

图三　排湾族占卜箱尺寸图（单位：cm）

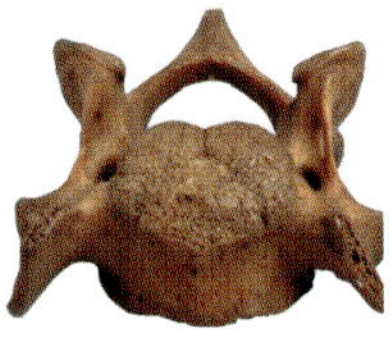

1.动物脊椎骨 　　2.动物胫骨 　　3.煤炭

4.木盒 　　5.半月形小刀

图四　排湾族占卜道具

图五　排湾族持占卜箱的女巫

高山族图腾柱

图一　高山族图腾柱主图

高山族受自然环境和生产力水平的限制，原聚居于平原的族人，先后迁移到中央山脉两侧的山林高地。落后的自然经济，封闭的原始文化，成为该民族千百年来物质生活和精神生活的基本模式。为了维护民族利益，繁衍民族子孙，他们长期在与自然搏斗的同时，自发地追寻、回忆民族祖先的来源和业绩，以此作为现实的族人价值取向，形成了图腾崇拜的信仰体系。高山族图腾柱一般装饰在屋内外显著位置，多以圆柱状为主，在柱身上刻画图腾、祖灵等形象。而随着社会的进步，图腾柱用以装饰的作用日益提升，也出现了描绘生产生活场景的题材。

本案例为木材质图腾柱雕刻，现藏于顺益台湾原住民博物馆，族别尚不明，宽37厘米，高243厘米，厚6.5厘米，呈竖长条状，通体深褐色。雕刻古拙、粗犷但不失细节，内容丰富。图像自上而下依次描绘了部落贵族长者、部落士族青年、正在捣糕的妇女们、狩猎采摘的场景、使用渔网捕鱼的场景共五组内容。在制作的细节上通过器物的不同，展现阶层的区别，例如部落贵族手中握着的长柄武器有百步蛇缠绕，而士族阶层则为普通武器。

高山族图腾柱无论在造型或是题材上都十分贴近生活，其制作者尊重传统样式，在雕刻纹样上利用大小两组三角波浪纹和菱形百步蛇纹表现出对称性，展现出浓郁的民族风情。

图片来源
图一　顺益台湾原住民博物馆
图二至图四　翁东翰　制图

部落贵族长者

部落士族青年

妇女捣糕场景

狩猎采摘场景

捕鱼场景

图二　高山族图腾柱局部图

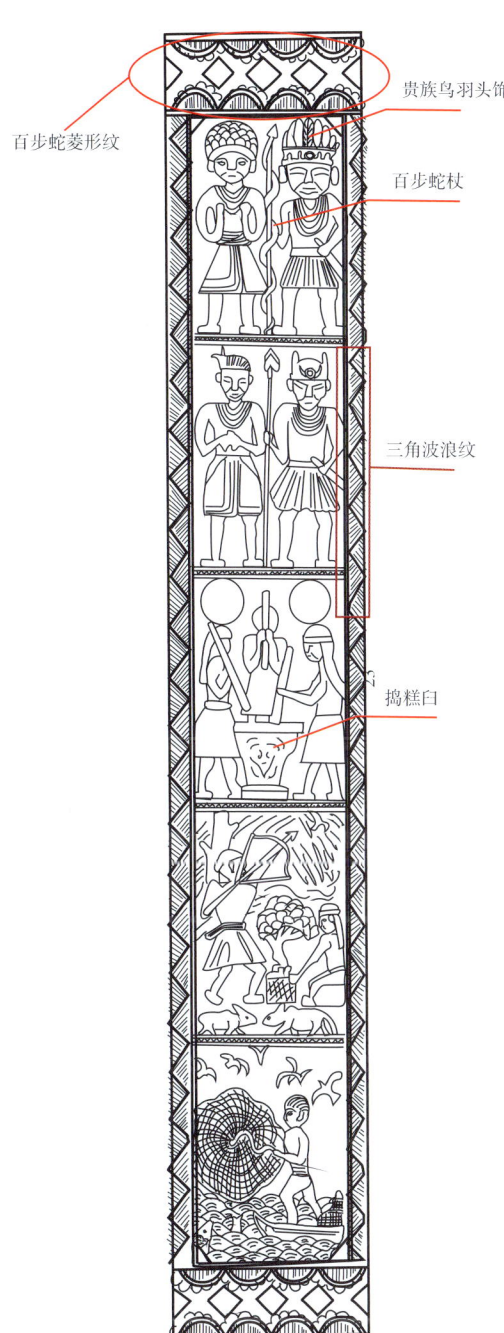

图三 高山族图腾柱结构名称图　　图四 高山族图腾柱平面尺寸图（单位：cm）

排湾族浮雕立柱

图一　排湾族浮雕立柱主图1

木雕装饰在排湾族群生活中相当普遍，家屋前的雕刻立柱、壁板、横梁往往代表主人的身份地位。日常生活的用品、宗教用品也都有雕刻纹样，图案多以人像、人头、百步蛇、野猪、鹿等为主，还有双图纹、太阳纹、网形纹、风车形纹、四叶形纹等，有的人蛇同形，还常常出现男性生殖器官图形。

传统的排湾木雕着色多以黑、红、白为主色，用锅底的烟灰或薯榔制成黑色，用红藤草制成红色，用河床里的石英石研磨制成白色。制作白色涂料的办法：首先将石英石用烈火烧，将烧红后的石块，迅速置于冷水中，石块则会爆裂成白粉，然后将白粉与清水搅拌呈胶状，涂饰于木雕面上。雕刻师多为男性，大多出身于贵族，也有少量的平民。平民雕刻师专为贵族服务，自己的家屋不允许有雕刻装饰。

本文三例，其一"排湾雕刻立柱"，台湾顺益台湾原住民博物馆收藏，赭色原木浮雕，高76.5厘米，宽26厘米，厚3厘米，由人像、三角波浪纹构成。其二"排湾彩色雕刻立柱"，顺益台湾原住民博物馆收藏，高148厘米，宽52.3厘米，雕刻一人形手持短刀和手杖，着肉、浅绿、黑色。其三"排湾彩色雕刻立柱"，台湾博物馆收藏，高223厘米，宽72.8厘米，厚3.8厘米，形象与第二例相似，黑、红、白着色。

图片来源
图一至图三　顺益台湾原住民博物馆
图四、图五　翁东翰　制图

图二 排湾族浮雕立柱主图2　　　　　　　　图三 排湾族浮雕立柱主图3

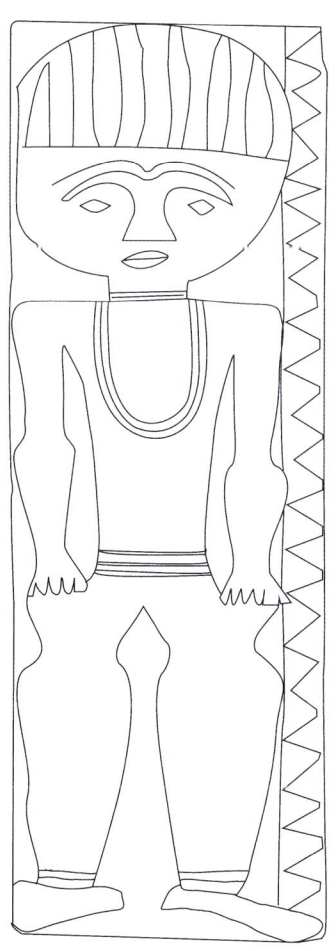

图四 排湾族浮雕立柱线描图

图五 排湾族浮雕立柱彩色还原效果图

卑南族女人像板雕

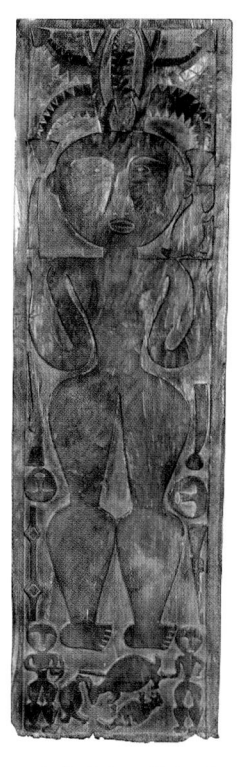

图一 卑南族女人像板雕主图

高山族各群族对祖先来源的认知分为两个系统,知本系统认为祖先来源于石生,南王系统则认为祖先来源于竹生。卑南族除了祖灵崇拜之外,他们认为,大自然包括天、地、山、水、风、雨、植物等均有主宰的神灵,这与认为祖灵掌控一切的其他族群有明显的区别。显然,这一族群的信仰已处于祖先崇拜向诸神崇拜的过渡阶段,其信仰已经具有一定的系统性。

在雕刻艺术上,尽管没有达到排湾人凡物必刻的痴迷程度,卑南族对雕刻的喜好还是显而易见的。几乎每家每户的入口、转角、墙壁,均饰有雕刻,通常以木柱和木板为主,许多雕刻板面积硕大,可起到挡板或屏风的作用。最常见的图案是人头、人像,各种动物和狩猎工具,再饰以一定的几何图纹。对于一个没有自身文字的民族,雕刻作品不仅仅是一种视觉的装饰,它为口传文化的传承起到重要的作用,它类似于现代的照相,既可能是族群重大事件的一种记录,也可能是家族变迁或个人成长的见证,或是古老传说的一种传衍。

本案例现藏于台湾"中央研究院"民族学研究所,高180厘米,宽69厘米,厚4厘米,木板呈暗红色,主体刻一女性正面人像浮雕。人像形体饱满,头戴羽冠,两手细长,弯曲向上,一手持刀,一手捧一只动物。两条大腿极为壮硕,大腿两侧的木板边缘刻有猎枪、砍刀、连杯以及两个人头。主体女性人像下方左右两边还刻有两个正在狩猎的男子，中间是三只受伤倒地的动物，无疑是个狩猎的场景。

图片来源

图一　台湾"中央研究院"民族学研究所
图二、图三　翁东翰　制图

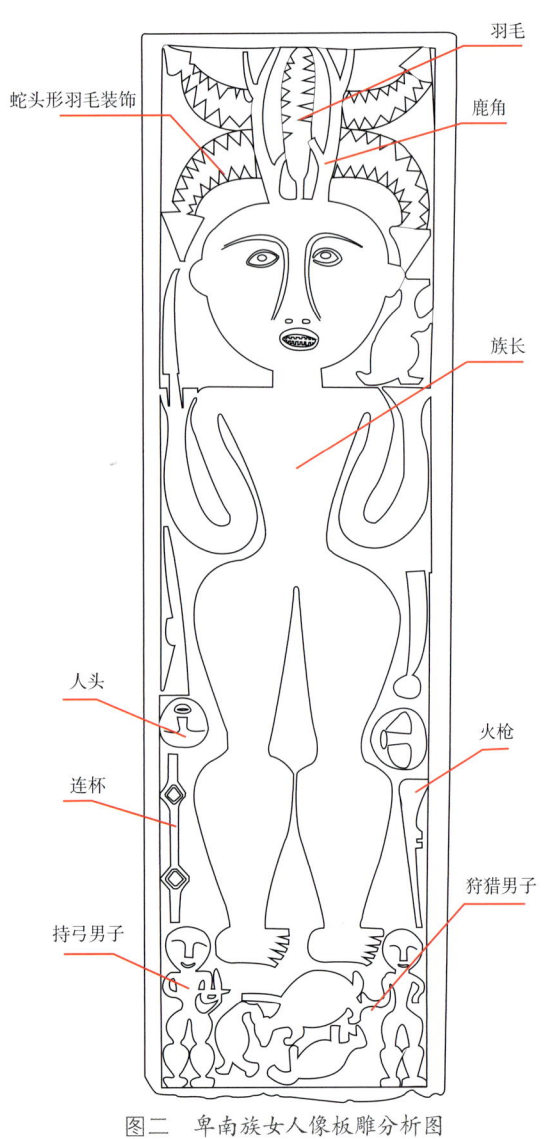

图二　卑南族女人像板雕分析图

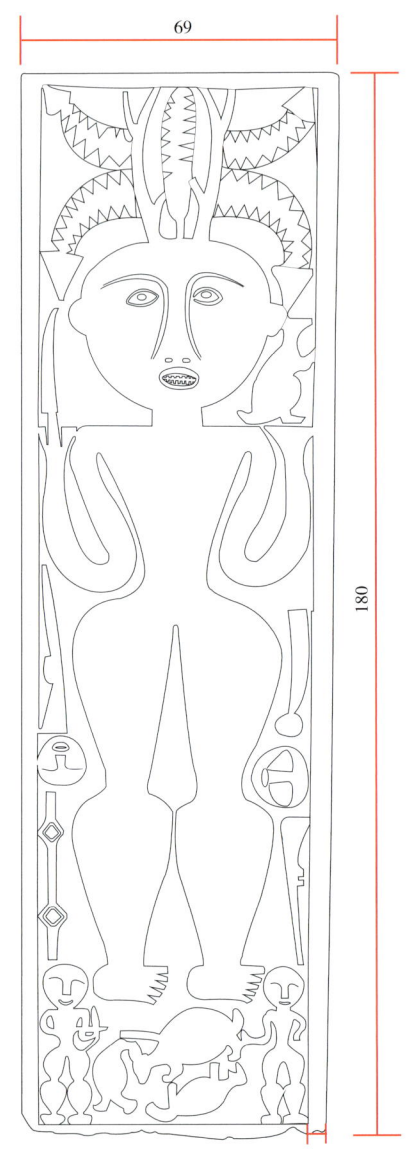

图三　卑南族女人像板雕平面尺寸图（单位：cm）

排湾族房檐雕刻

图一 排湾族房檐雕刻主图1

排湾族的传统木雕技法是族群男子的专利，技法有凹刻、浮雕、透雕等，造型粗犷，线条洗练，纹饰多带有宗教信仰或咒术的意义，少有纯美术创作。人头、人像及百步蛇图案是常见的雕刻题材，源于排湾族所崇拜的神灵，他们认为百步蛇是贵族的祖先，所以百步蛇的图腾纹饰在排湾族的工艺制品中相当常见。

排湾族在家屋雕刻的数量上，房檐雕刻较之立柱、壁板等处的雕刻为多，门楣、屋檐、梁柱等皆有雕刻。而檐桁、槛楣的雕刻与立柱、壁板的雕刻迥异：前者面积狭长，其纹样多作单行重复排列；后者的纹样组成有主纹与辅纹的主宾结构。由于檐桁、槛楣等系横置构件，故其人像纹亦多属横卧式。

本案例均为排湾族木雕横梁，藏于顺益台湾原住民博物馆。案例一长14厘米，宽158厘米，厚3厘米，木质，其上雕刻有百步蛇纹与人头纹相连的纹样，并施以赭红、黑、绿色等色彩。案例二长33厘米，宽247厘米，厚11厘米，深褐色木质，其上雕刻有人头纹及三角波浪纹。两案例皆由排湾族头目或贵族阶级使用，用以装饰房屋屋檐或横梁。

图片来源
图一、图二　顺益台湾原住民博物馆
图三至图五　翁东翰　制图

图二 排湾族房檐雕刻主图2

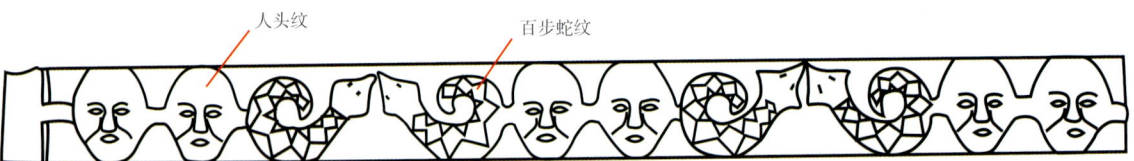

图三 排湾族房檐雕刻分析图1

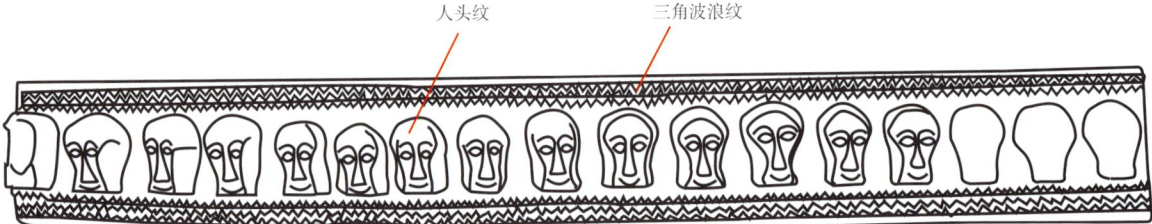

图四 排湾族房檐雕刻分析图2

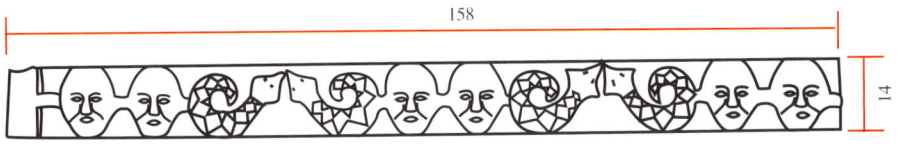

图四 排湾族房檐雕刻平面尺寸图（单位：cm）

图五　排湾族房檐雕刻场景示意图

第六章　高山族传统手工艺和宗教造像

卑南族成年礼用竹棍（少年级）

图一　卑南族成年礼用竹棍（少年级）主图

猴祭是卑南族祈求山神保佑农作物丰收的祭仪活动。在猴祭之前，先将猴子饲养一个多月，待其与人类建立了感觉之后再刺杀。这样做是为了让少年们能够学会割舍心爱的东西，以培养他们离开亲人、随时准备为部族奋战的信念与决心。随着社会的发展和生活方式的演变，卑南族人改用草编的猴替代活猴。

卑南男子传统成年礼分为两个阶段：一是由童年级进入少年级，二是少年级不断从低年级升至高年级直到进入青年级。第一次成年礼是在猴祭中进行，通过猴祭的孩童在经过竹棍击打屁股之后方可进入少年会所，参加会所生活，接受会所教育。

成年礼用竹棍是卑南族猴祭（少年猴祭）仪式中所使用的器物。高年级少年用其鞭打低年级少年屁股，这一环节俗称"打猴屁"，表示同意其晋级。少年猴祭是卑南少年会所中最重要的训练活动。通过刺猴来训练卑南少年的胆识，培养其服从命令与应对进退的品格，并使他们体会生命的意义；同时也让部落中的天灾人祸及霉运，随着猴子的死亡而离去。经过一次猴祭，少年在会所中晋升一级，因此猴祭被视为少年的成年礼。

本案例采集自台东县台东市南王里，现收藏于台湾"中央研究院"民族学研究所。成年礼用竹棍分为7根竹棍，其中1根较粗，长92.5厘米，直径3.5厘米，其余6根为细竹条，长76~96厘米，直径0.8~1.2厘米。每根竹棍上皆绘有黑色不规则几何纹样，且细竹条上系有4至6组白麻布条。

总之，成年礼用竹棍是卑南族猴祭中不可或缺的器具。仪式中高年级少年鞭策低年级少年这一过程，也是猴祭中的一个重要环节。成年礼（少年级）不仅使少年们学习到部落时代成为男子最重要的狩猎技能及胆识，而且更加坚定了其为部落奋战的信念和决心。另一方面也充分体现出了卑南族对于少年培养的重视。

图片来源

图一　台湾顺益原住民博物馆.台湾顺益原住民博物馆文物图录.1999

图二至图五　叶成闻制图

图六　王炜昶.台湾原住民族祭典的盛会.台北：南天书局有限公司，2004.

参考书目

杨洋.台湾少数民族——卑南.北京：台海出版社，2008.

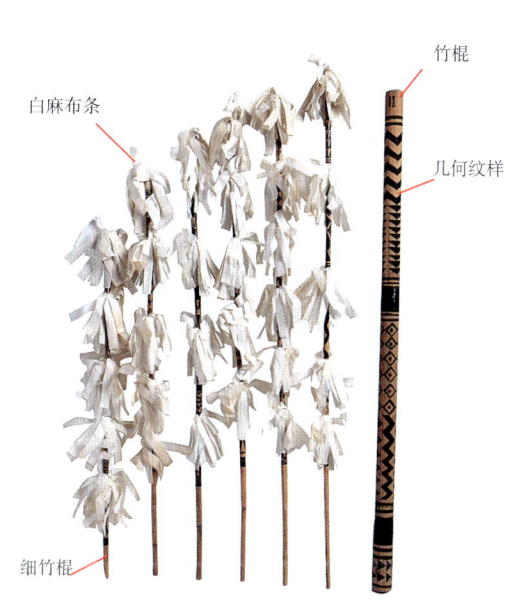

图二　卑南族成年礼用竹棍（少年级）结构名称图

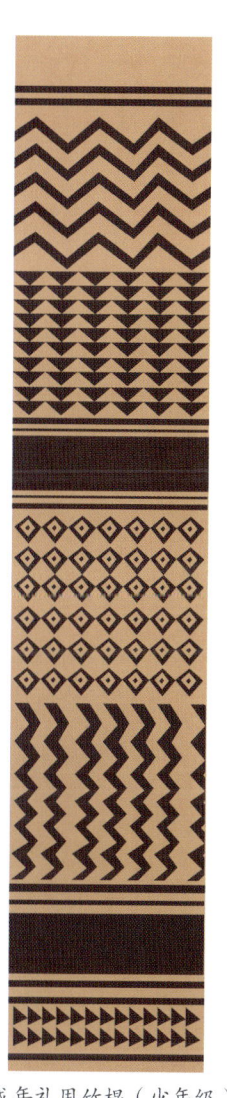

图三　卑南族成年礼用竹棍（少年级）纹样展开示意图

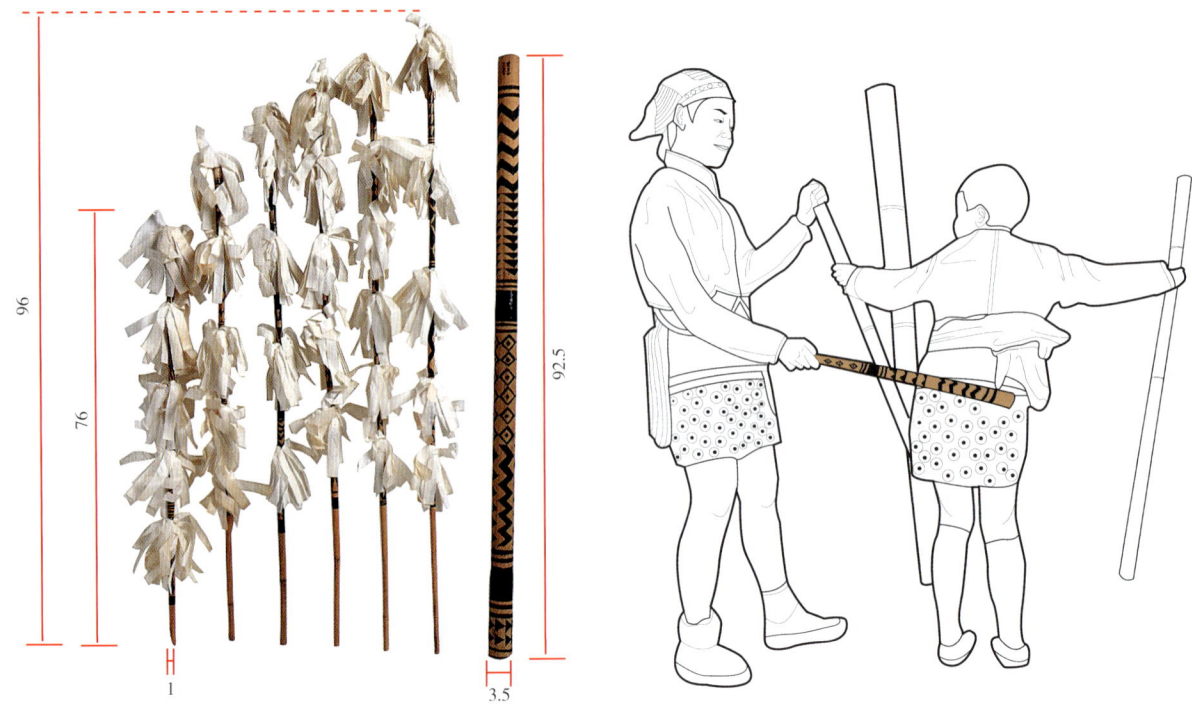

图四 卑南族成年礼用竹棍(少年级)尺寸图(单位:cm)

图五 卑南族成年礼拍打场景示意图

图六 卑南族成年会所前举行仪式表演场景

雅美族礼棒

图一 雅美族礼棒主图

雅美族礼棒是雅美族老妇女在重要祭仪场合中所使用的器具,象征老妇女之权威,具有深厚的文化意义。雅美族传统为崇拜自然的泛灵信仰,和感念祖先渡海来台、创生起源的祖灵崇拜,因此雅美族创造了许多与岁时祭仪相关的器物,推动了其物质文化发展。

本案例现藏于顺益台湾原住民博物馆,以朴莱木、厚叶石斑木等木材制作而成,棒长148厘米,直径2.5厘米,棒身雕刻有平行纹、横纹等丰富精致的彩饰图纹,其一端削成尖状,另一端的上部则有如同船首、船尾之装饰,周边雕刻有三角纹、四边形纹、角纹及涡旋纹等纹样,中央雕刻有象征当代西方基督宗教信仰之十字架图案,亦可以反映出雅美族人社会文化变迁的风貌。

在许多场合妇女都会使用雅美族礼棒:一、在举行主屋、工作房、凉台的落成典礼时,需要通过五六天来筹办收获里芋的事宜,在第一天各主家妇女和前来帮忙采收之妇女,都要穿上正装、背藤篓及梯形的背垫,并手持雕刻的礼棒,始能前往收采里芋。二、在大小船只下水典礼时,掌舵者及船首摇双桨者的妻子,都要穿上正装,手持礼棒,并以礼棒在船尾和船首底部垫有林投树气根的地方,撬动一下,然后向船祈祷说:"请让船只出海轻快安全,能够捕捞到很多飞鱼。"三、传统4月16日,雅美族民众需要举办仪式,要用榄仁树叶包三束刚成熟的粟穗,以马尼拉麻绑住,并放入煮飞鱼的壶中煮;之后,妇女即持礼棒到水芋洼道处举行仪式,以祈祷水芋、里芋能够茂盛丰收。

总之，雅美族礼棒在象征老妇女权威的同时，也是祈求捕鱼顺利、五谷丰登的重要器物。

图片来源
图一　顺益台湾原住民博物馆
图二至图四　叶成闻　制图

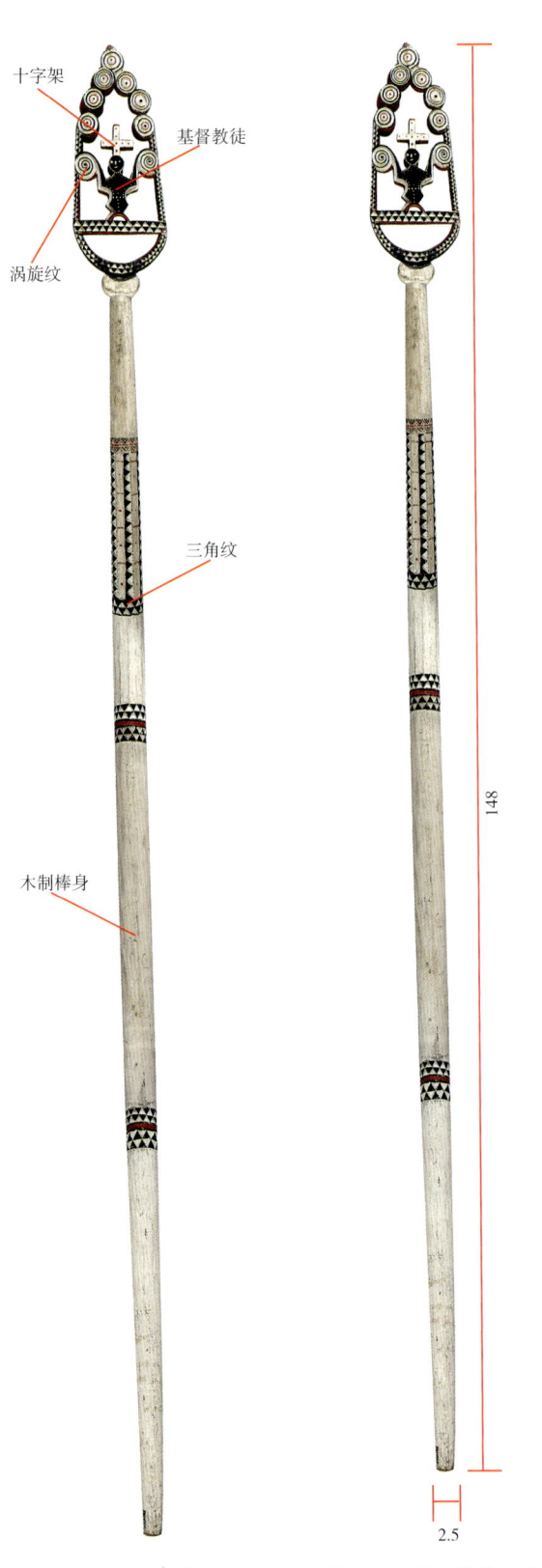

图二　雅美族礼棒名称图　　图三　雅美族礼棒尺寸图（单位：cm）

图四　祭奠仪式上的手持礼棒的雅美族妇女

雅美族椰须藤帽

正面

背面

图一　雅美族椰须藤帽主图

椰须藤帽是雅美族民众常戴的帽子。依其功能可分为工作帽、礼帽两种，前者多于耕作或械斗时所戴；后者则是参加祭典仪式时所用。由于人们的生活离不开耕作和捕鱼，所以工作帽的使用则更为日常，其功能为避阳、避雨或抗击打，形式有斗笠型、钢盔型等，所使用的制作材料有马尼拉麻皮、山林投、水藤、椰须等等。

本案例现藏于顺益台湾原住民博物馆，主要由椰子果皮、藤等材料制成，材质粗厚，高20厘米，直径23.5厘米。为了能够抵挡猛烈攻击，藤帽通常编到第二层帽冠时，都会再编上一层外冠，形成三层的藤盔，更加坚固耐用，但本件作品仅为设计两层的藤盔。

该椰须藤帽属雅美族工作帽的形制之一，其制作过程如下：首先将椰子横切对剖，取其下半部，挖去椰壳，取外果皮部分作为藤帽的衬冠。再用小刀将外果皮的口缘修齐，以小钻沿口缘的圆周钻洞，以一乳藤圈绕于口缘处，用水藤篾绕缝，以固定口缘，作为衬冠起底的环骨。然后在起底环骨之下，再加一条乳藤环骨，用藤篾以简单缝合螺旋编织法绕缝，即藤篾绕缝于一圈乳藤上，而后穿缀于一圈相邻的两条藤篾之间。以此编法逐一加大的乳藤环骨绕编叠合，一直编至所需的帽深。再以鳝鱼骨缝法收口，即完成衬冠。再以椰须覆盖整个衬冠，在帽缘上置一条乳藤并将其束紧。以藤篾绕编乳藤，每隔一段距离，即以小钻钻孔，将藤篾穿过椰须与衬冠，使乳藤固定在衬冠上，以此绕编法将乳藤圈成一圈。在这圈乳藤上，依相同的编织方式，将乳藤逐一往上套入，一直套叠至衬冠的中间部分始止。再取竹篾从衬冠顶以放射状排列，插入乳藤圈中，作为帽冠外层的支骨，每绕编一段距离，即如上述固定乳藤圈的方式，将支骨固定在衬冠上，一直编至乳藤圈与支骨交界处。最后在衬冠内面安上一条细绳,作为帽带。这是一般以椰子外果皮为衬冠所制作的藤帽。

总之,雅美族椰须藤帽充分体现出了雅美族民众杰出的制作工艺技巧,是雅美族极具特色的传统民间服饰之一。

图片来源

图一　顺益台湾原住民博物馆

图二、图三　叶成闻　制图

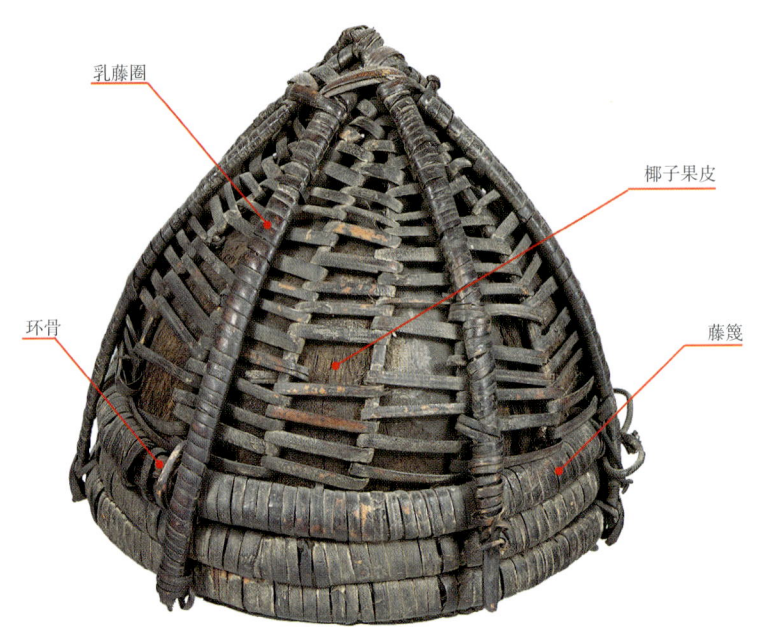

图二　雅美族椰须藤帽结构名称图

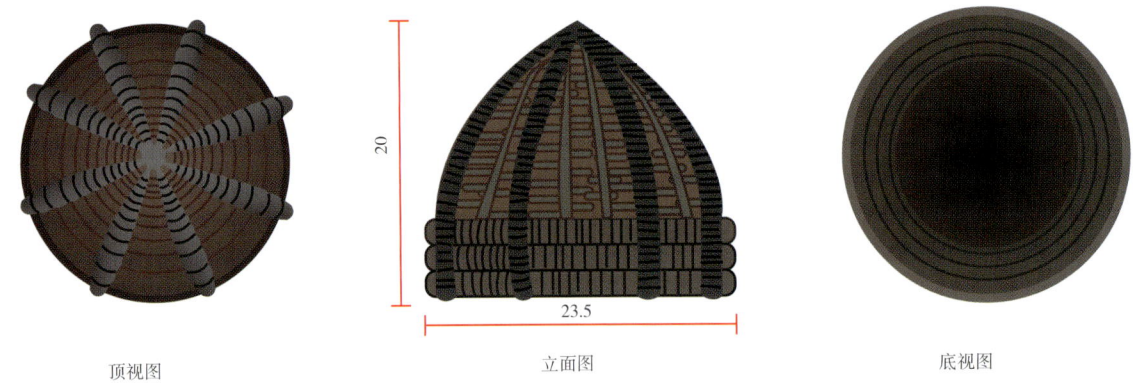

图三　雅美族椰须藤帽三视、尺寸图(单位:cm)

雅美族战甲

正面

背面

图一　雅美族战甲主图

台湾原住民的战甲，又称"藤甲"，是一种经过特殊处理藤编而成的铠甲，多用山上所产的黄藤编成。对冷兵器有较强的防护能力，有时在狩猎或仪式中也戴用。和金属铠甲相比，藤甲具有重量轻、不怕水、透气性强等特点。制作藤甲的方法是，把藤入水浸泡半月，取出晾晒三日，然后油浸一周再取出来晒干，最后涂以桐油，这样在山中行走时，就不会被树枝钩挂，也有一定的保护作用。

本案例现藏于台湾"中央研究院"民族学研究所，由鲍克兰采集自台东县兰屿乡红头村雅美族。战甲前高56厘米，后高47厘米，宽33厘米。战甲呈黑色，由鱼皮、水藤和竹条等采用缝合和编织工艺制作而成。表层以鱼皮数块用藤条缝合而成，甲层以竹条编织而成（人字形编法），边上为藤条缠绕竹竿，对襟，无领无袖，前襟分成四部分，背部上部横九条竹竿，外绕藤条。雅美人爱好和平，如果遇有纠纷，他们会穿着藤编的战甲，戴上藤帽，手持长矛，双方对峙丢石头，只要一方有人受伤，战事即告终止。

而今，随着时代的发展，战甲已退出历史舞台。但它作为古时的重要防护装备，仍具有独特的历史价值。

图片来源
图一　台湾"中央研究院"民族学研究所
图二、图三　詹黎明　制图
图四　叶成闻　制图

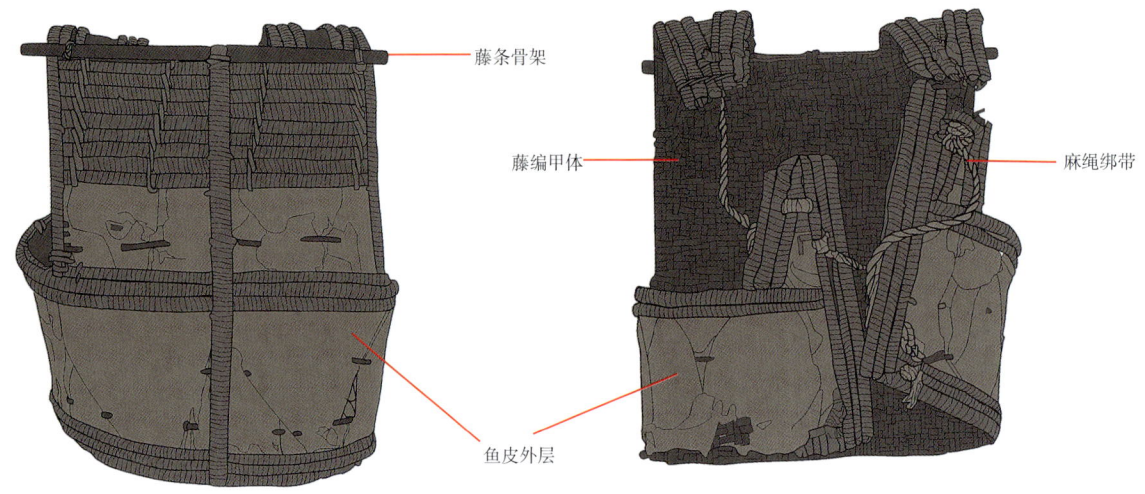

图二 雅美族战甲结构名称图

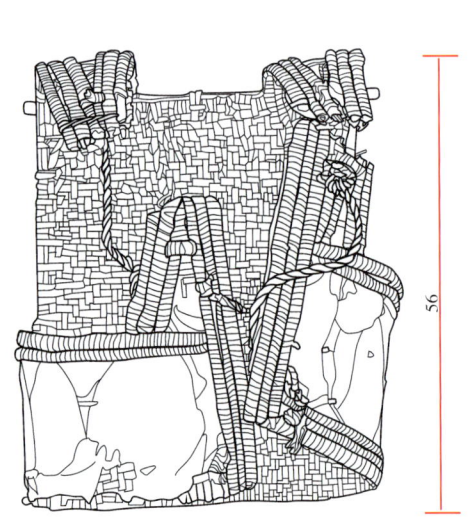
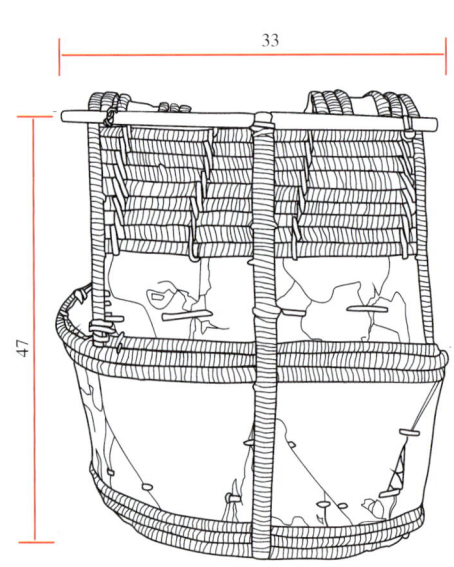

图三 雅美族战甲尺寸图（单位：cm）

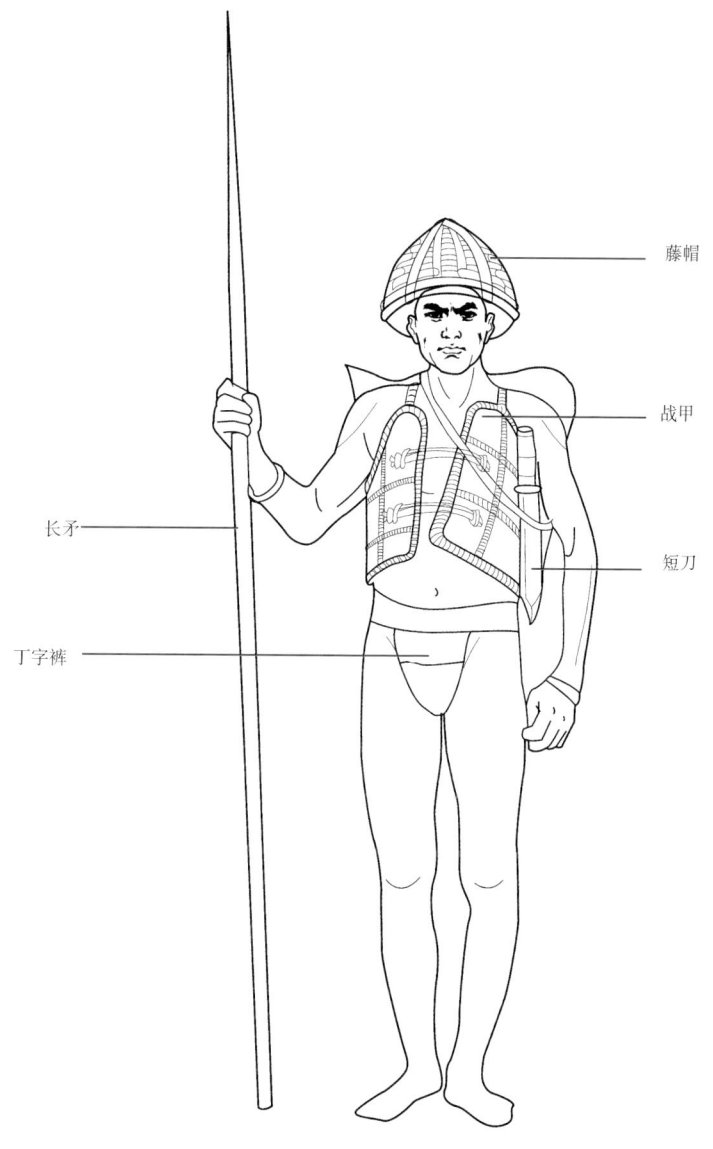

图四　全副武装的雅美族男子

雅美族银盔

图一　雅美族银盔主图

银盔是雅美族民众传统服饰文化中一类极为重要的装饰品，由男子佩戴，在飞鱼祭等重大祭仪场合上使用。飞鱼祭是雅美族独具特色的祭典活动，祭典时男女皆穿着白底夹织蓝纹的典礼服，其中女子头戴椰子须礼帽或是八角礼帽在岸上助威，男子则头戴银盔、身佩长刀，站在木舟上杀鸡奉血，以祈求造物者赐予族人丰富的食物，保佑家家户户幸福安康。

雅美族人是台湾原住民各族中唯一具有金银工艺的族群。虽然兰屿并没有出产金、银、铁等矿物，但是根据当地老人的口述，以及西班牙住巴丹岛的天主神父的古代文书记载，可以了解黄金在巴丹岛和兰屿之间很早就有进行交换的事实；据推测，雅美民众的锻炼金、银的技术和一些与制作相关的工具也是在同一时期获得的。而白银的来源有一个民间传说：雅美族的西曼欧夫妇一天夜里出海捕鱼，无意间在海边捕捞到了一口装满银币的方箱，周围的村民得知消息后，纷纷以他物和他们交换银币。从此以后，兰屿的雅美人开始把银币加工制作成"银盔"。这就是雅美人银盔的起源。

本案例藏于顺益台湾原住民博物馆。其直径为59厘米，高为35厘米，是由打薄的银片采用圈绕法，圈间以铜丝固定而成，外形呈圆锥形。为了避免恶灵侵犯，妨害工作进行，制作时务必遵守许多禁忌，其中特别注重身着盛装及佩戴银手钏。一顶崭新的银盔完工之时，要举行仪式和庆宴，杀猪并将其鲜血挥洒于银盔之上，以将灵气与灵魂注入银盔。雅美族人平常将银盔装在一个特制的藤筐中，只有在特殊的场合，如新船入水和新屋落成之时，男子才佩戴银盔。而在飞鱼祭开始的时候，男子拿着银盔在海边向大海挥动，有邀请鱼群、祈求丰收之意。同时，雅美人亦悬挂银盔于干鱼架上的鱼干中间，有着尊敬鱼类而诱集鱼类的巫术的意义。

银盔不仅是雅美族传统民间服饰中的重要装饰品，也是雅美族传统文化中不可或缺的重要组成部分之一。通常，在一个部落中精通锻炼金、银技术的人并不多，因此制作银盔是雅美族民族极为慎重的事。

图片来源

图一　林清富.顺益台湾原住民博物馆文物图录.台北：顺益台湾原住民博物馆.1999.

图二至图五　叶成闻　制图

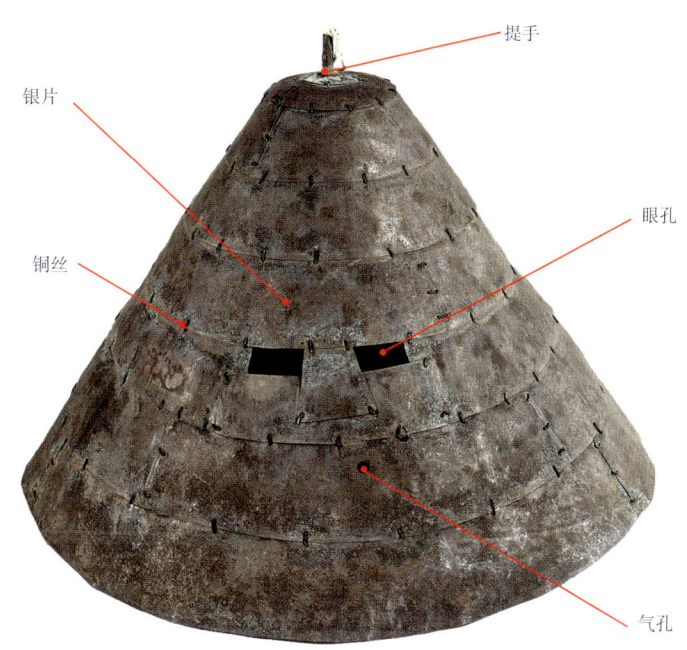

图二　雅美族银盔结构名称图

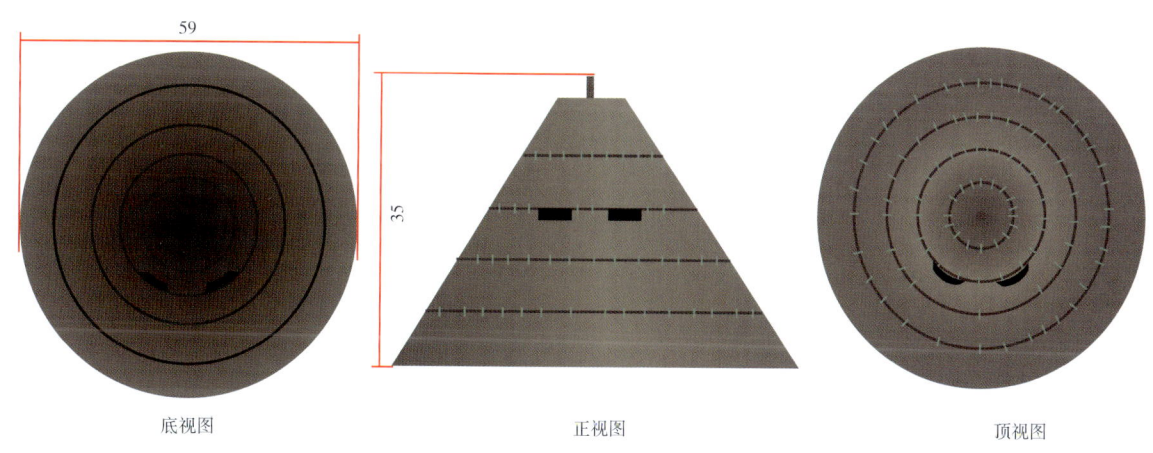

图三　雅美族银盔三视、尺寸图（单位：cm）

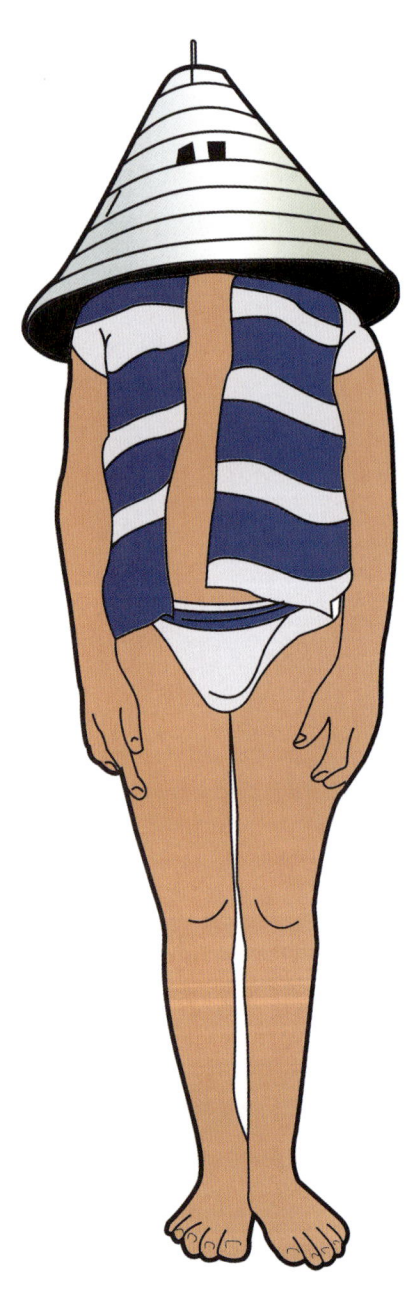
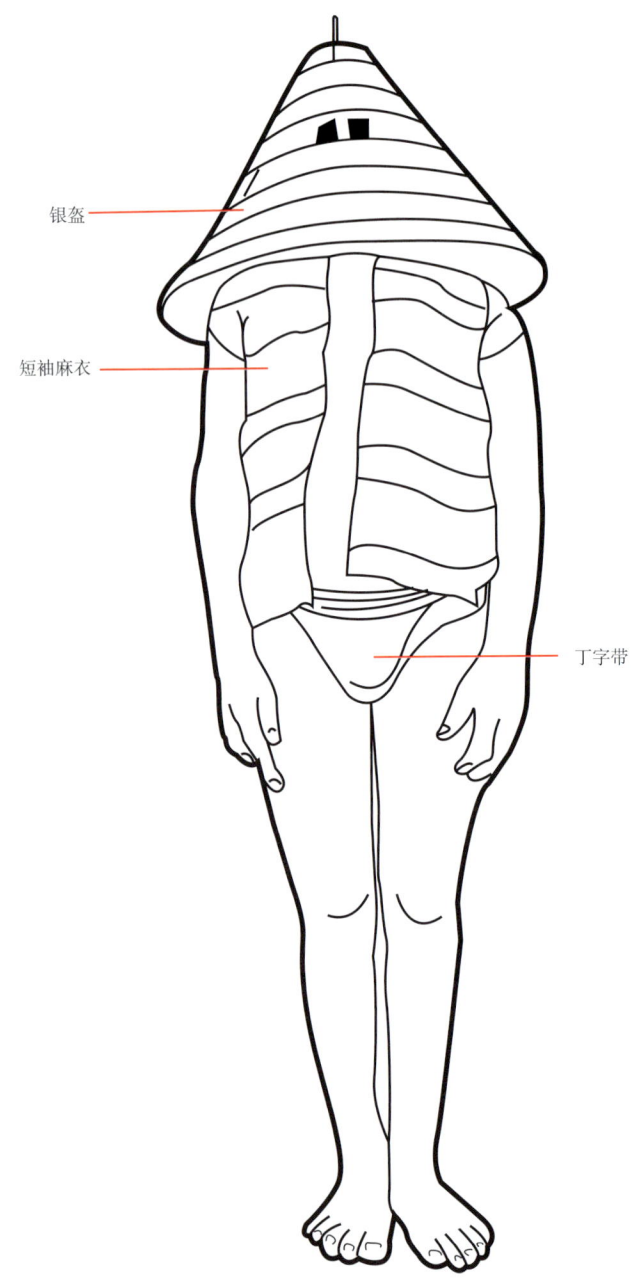

图四 飞鱼祭活动中佩戴雅美族银盔的男子　　　　图五 戴雅美族银盔的男子着装示意图

银盔

短袖麻衣

丁字带

雅美族盾牌

图一　盾牌主图

　　盾牌是古代作战时一种掩护身体，用以遮挡敌方兵刃矢石等的护身武器，属佐兵器，俗称挡箭牌。呈长方形或圆形，其尺寸不等。盾的中央向外凸出，内面有数根系带，称为"挽手"，以便使用时抓握。北方多是木、铁、皮革制作，南方也有用竹、藤编织而成，具有轻便坚韧等特点。藤牌最早出产于福建，明代中叶传入内地及台湾地区，成为步兵的主要装备之一。

　　雅美族人的盾牌与战甲配合使用，是穿在武士身上的防护装具，有时在狩猎或仪式中也戴用。本案例中的盾牌现藏于台湾"中央研究院"民族学研究所，采集于1957年。以16排竹子编成，背后以8支竹子为支架。

　　而今，随着时代的进步，雅美族盾牌也退出了历史舞台，但它作为昔日的作战与狩猎工具，仍具有独特的历史价值与工艺价值。

图片来源
图一　台湾"中央研究院"民族学研究所
图二　叶成闻　制图
图三、图四　林宏建　制图

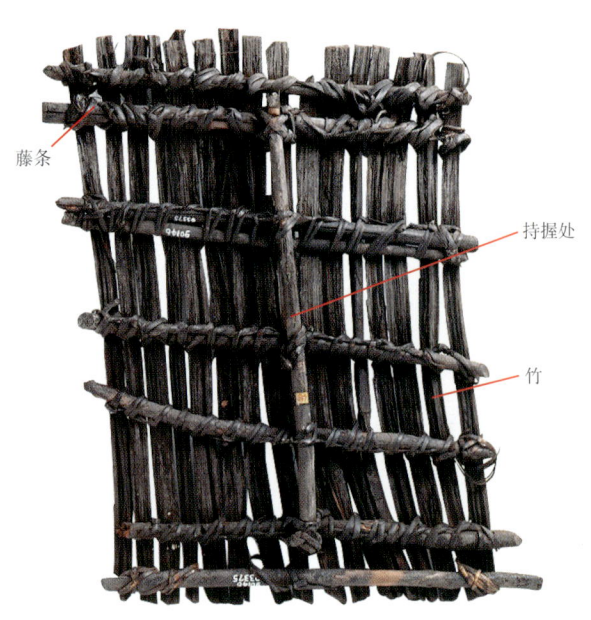

图二　雅美族盾牌结构名称图

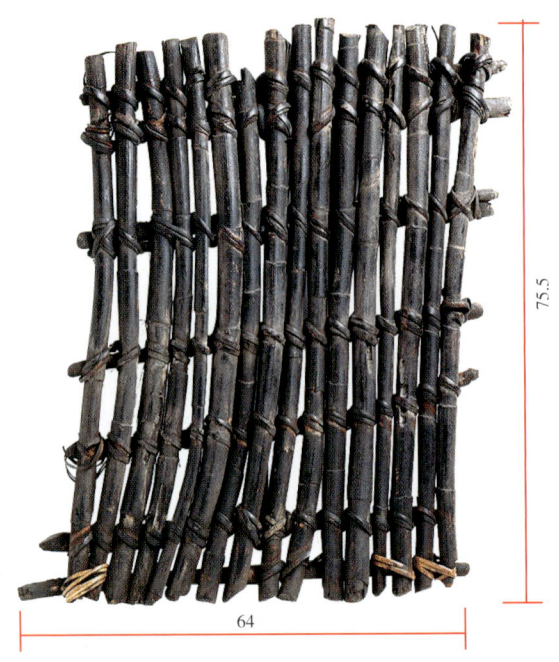

图三　雅美族盾牌尺寸图（单位：cm）

图四　雅美族盾牌使用效果示意图

排湾族人头纹红漆木盾牌

正面　　　　　　　　　　　　背面

图一　排湾族人头纹红漆木盾牌主图

　　木盾是台湾原住民古已有之的器物，目前所遗留的作品数排湾族最多。其构造多以两片厚的木板相拼，采木纹理纵走的方向，在两版结合处以藤皮系紧。东南亚盾牌造型分为四类：棍棒型、平板型、半筒型和屋顶型。排湾族的盾牌属于屋顶型的横把式，是东南亚盾牌造型中较为先进的。排湾族盾牌不但构造严密，盾面还雕饰以美观的花纹，经常以人头、人像、蛇纹或其他变化的纹样组成，摆列对称整齐。盾牌表面的纹样均为浮雕，刻度不深，可以保持盾面的坚固。排湾族的盾牌取材，多用枫木，究其理由应当是枫木材质较轻，持握较为省力，同时枫木的质地较为柔韧，在被利器刺中时，不易破裂。为了弥补木材自身易于顺纹路开裂的缺点，盾牌在距离上下端约10厘米处，各缝有一道藤皮以作加固之用。在盾牌背面还安有一根横把手，把手用木头制成，略呈弓形，易于使用，并用藤皮穿过盾面的小孔，将把手与木板牢牢固定。近年来由于藤皮的获得较为不便，使用藤皮者渐少，多改用人工的铅线或铁钉替代。

　　本案例为排湾族人头纹红漆木盾牌，现藏于顺益台湾原住民博物馆，制作者为排湾族人赖福龙。该物件主材质为木质，木材呈黑褐色，辅以藤皮，施以红漆，长63厘米，宽18厘米，厚1.5厘米。木盾盾面以菱形纹或半菱形纹隔两列对称的人头，排列相当工

第六章　高山族传统手工艺和宗教造像

291

整。制作者在盾面施以红漆，使盾面色彩鲜艳。现今盾牌早已失去其作为武器的功用，成为一种色彩艳丽的装饰品。

图片来源
图一　顺益台湾原住民博物馆
图二、图三　翁东翰　制图

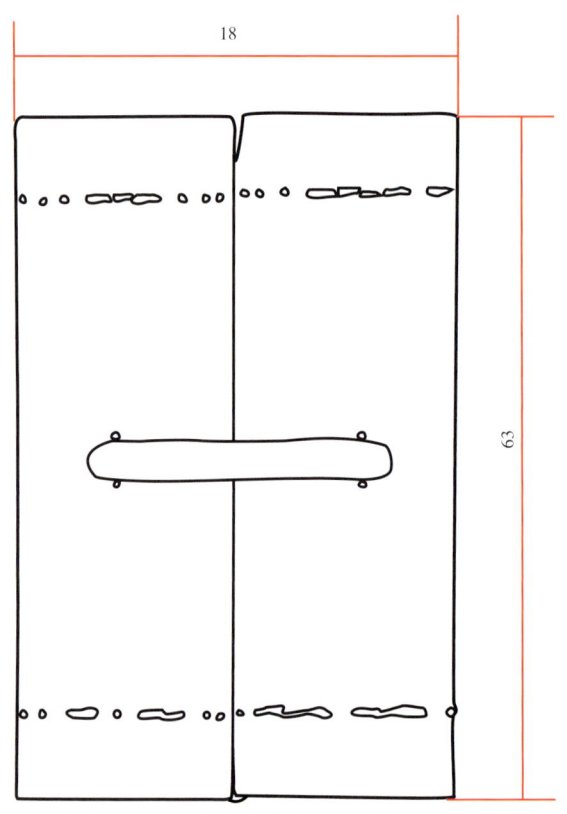

图二　排湾族人头纹红漆木盾牌平面尺寸图（单位：cm）

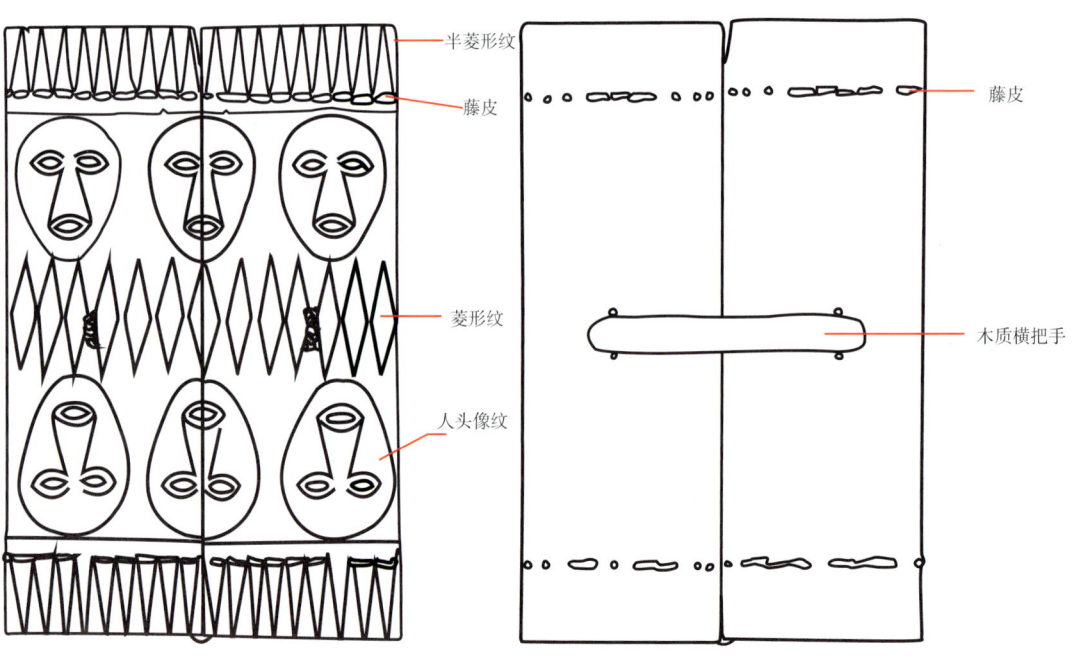

图三　排湾族人头纹红漆木盾牌结构名称图

雅美族八角帽

图一 雅美族八角帽主图

八角帽是雅美族妇女所用的礼帽形制之一，参加祭典仪式时所用。男、女所用的礼帽型制各不相同，男性的礼帽是银盔，女性的礼帽则是八角帽。

本案例现藏于顺益台湾原住民博物馆，深棕色，主要以木材制作而成，同时也运用了金属及塑胶等材料。长56厘米，宽56厘米，高19厘米。一般而言，关于传统社会中实际拥有礼帽的雅美人不多，多半由颇受族人敬重的年老者拥有。

图片来源
图一 顺益台湾原住民博物馆
图二至图四 叶成闻 制图

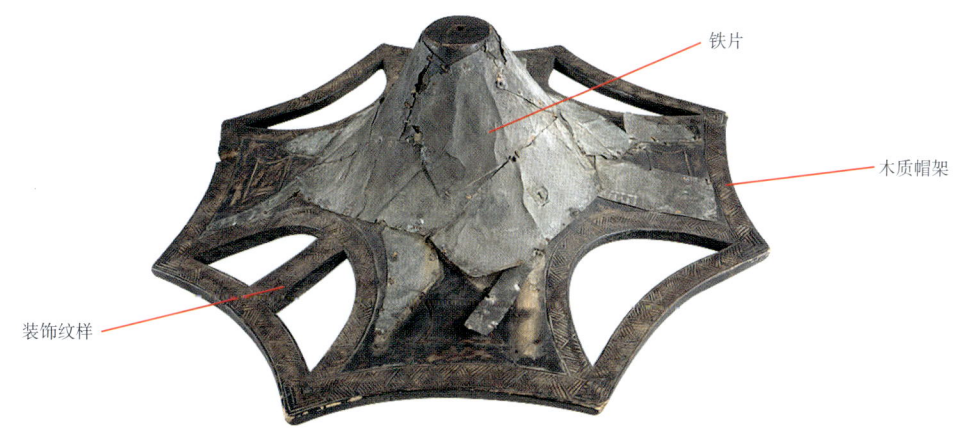

图二 雅美族八角帽结构名称图

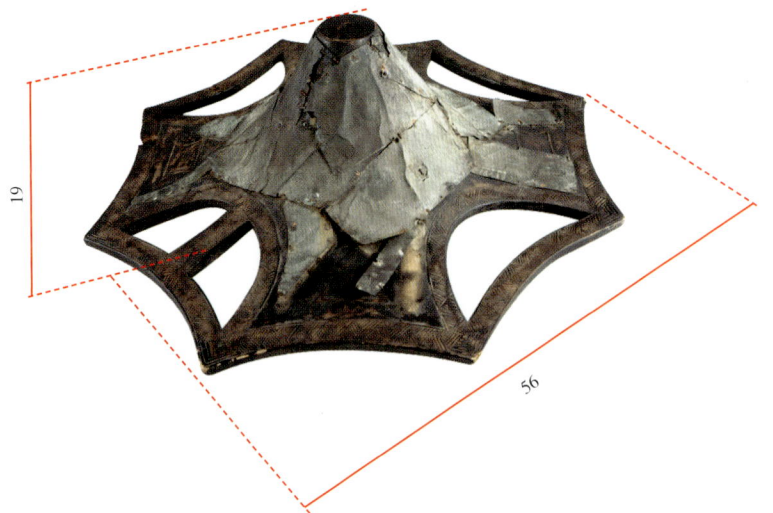

图三　雅美族八角帽尺寸比例图（单位：cm）

图四　佩戴八角帽的雅美族妇女

邹族陀螺

图一　邹族陀螺主图

台湾原住民的传统体育活动，与游戏有着紧密的关系。如刺球、秋千、攀岩、跑步、弓箭、掷石、打陀螺等，极具民族特色，富有竞技性和娱乐性，有助于人们强身健体，磨炼生活必需技能，同时也是闲暇的消遣。

玩陀螺是许多族群都喜欢的娱乐。陀螺历史悠久，有圆锥形陀螺、菱形陀螺和鸣声陀螺三种类型。有陶制、木制、竹制、石制多种材质，其中以木制居多。邹族的陀螺除了用于娱乐，还赋予重要的仪式意义：用于宗教祭仪与岁时祭仪（特别是小米祭仪）。在邹人的传统生活中，小米是日常最主要的食物，邹人新的一年始于小米的播种，终于小米的收获。围绕着小米的播种、收获而依序开展的小米祭仪便成为邹人最重要的祭典之一。小米播种祭后，邹族长老在会所前将陀螺抛掷到地上置放的竹笾上抽打陀螺，由陀螺的方位来预测当年农作的收成。邹族成年男子和小孩，都乐于玩陀螺。他们打陀螺寓意在于希望小米的生长如同陀螺旋转般快速，而同时，快速旋转的陀螺象征着恶劣的天气，通过抽打它祈求上天让小米丰收。由此可见陀螺在邹族文化地位的重要性。

本案例"陀螺"亦可称为"独乐"，为台湾"中央研究院"民族学研究所藏品。形制相当独特，是以一整块木头刻成之哑铃形木球，两头呈圆锥形，中间腰部凹下为细棒状的连轴，总长为14.4厘米，直径为5.1厘米。使用时将长约30厘米的麻绳一端缠绕在陀螺腰部，一端绑在长为47.3厘米木杆上；左手持陀螺掷到地上，右手以杆连绳沿顺时针方向连续抽打，使之旋转不停，快速旋转时陀螺还会发出隆隆的声音。

邹族的陀螺简单实用，它既是宗教仪式中不可或缺的道具，也是老少皆宜的体育竞技项目，可谓是从宗教器具到娱乐器具的典型案例。

图片来源
图一　台湾"中央研究院"民族学研究所
图二至图六　詹黎明　制图

参考书目
宋强.台湾少数民族——邹族，北京：台海出版社，2008.
田富达，陈国强.高山族民俗.北京：民族出版社，1995.

图二　邹族陀螺与麻绳线描图

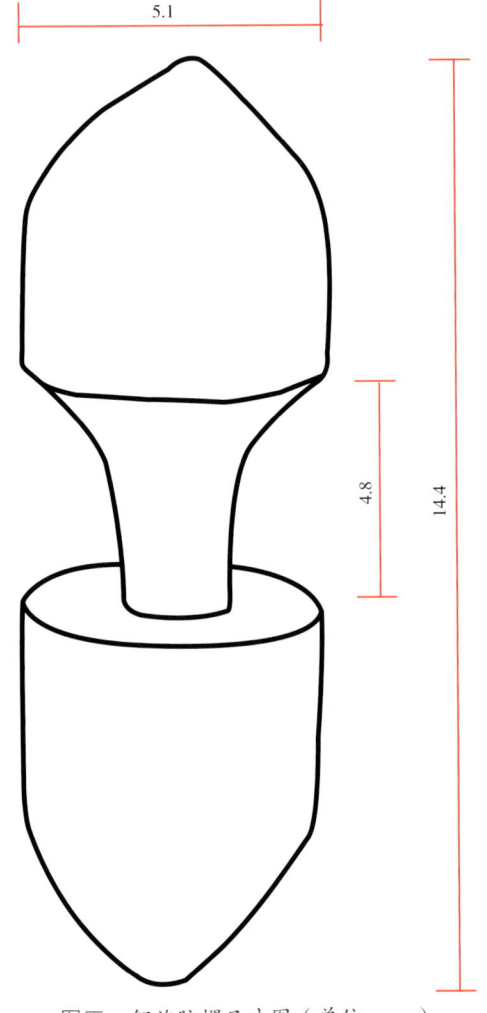

图三　邹族陀螺尺寸图（单位：cm）

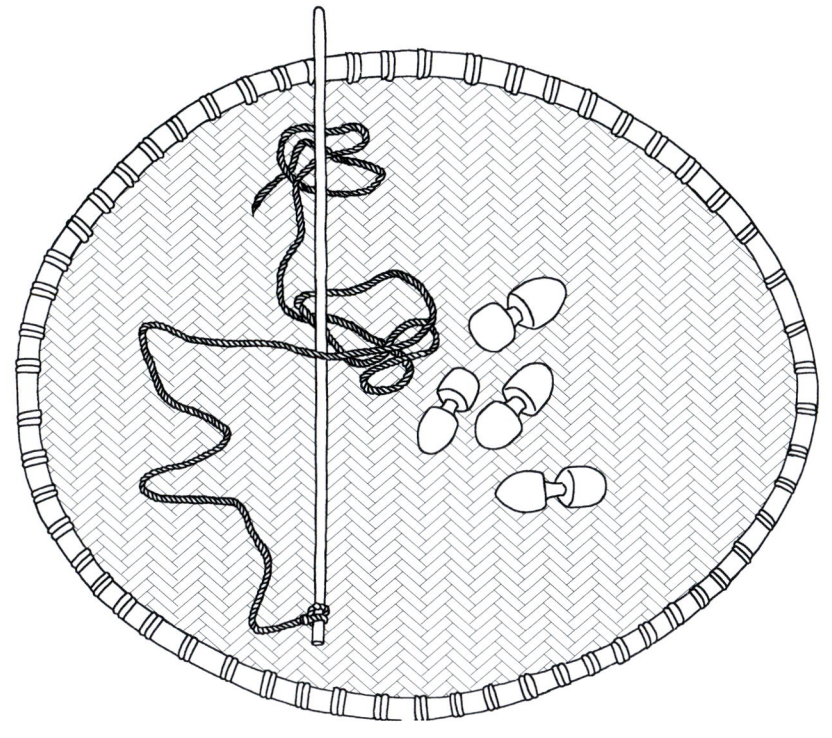

图四 邹族竹筵上的陀螺

布农族圆锥形陀螺　　布农族圆锥形陀螺　　邹族鸣声竹陀螺　　邹族菱形陀螺

图五 高山族其他样式陀螺图例

第六章 高山族传统手工艺和宗教造像

图六　邹族陀螺使用情境图

申 明

  本书编写时收入的个别图片，因条件所限，未能同相关著作权人取得联系，获得授权，敬请谅解。请相关著作权人及时与编者联系，以便奉上稿酬。谢谢！